人性与规律

刘岩松 著

SPM 南方传媒 | 广东经济出版社
·广州·

图书在版编目（CIP）数据

规律与人性 / 刘岩松著．—广州：广东经济出版社，2023.11
ISBN 978-7-5454-8927-9

Ⅰ．①规… Ⅱ．①刘… Ⅲ．①投资—研究 Ⅳ．① F830.59

中国国家版本馆 CIP 数据核字（2023）第 132620 号

责任编辑：周伊凌
责任技编：陆俊帆

规律与人性
GUILÜ YU RENXING

出版发行：广东经济出版社（广州市水荫路 11 号 11 ～ 12 楼）
印　　刷：珠海市国彩印刷有限公司
（珠海市金湾区红旗镇永安一路国彩工业园）

开　　本：730 毫米 ×1020 毫米　1/16　　**印　　张**：18.25
版　　次：2023 年 11 月第 1 版　　**印　　次**：2023 年 11 月第 1 次
书　　号：ISBN 978-7-5454-8927-9　　**字　　数**：268 千字
定　　价：50.00 元

发行电话：（020）87393830　　编辑邮箱：gdjjcbstg@163.com
广东经济出版社常年法律顾问：胡志海律师　　法务电话：（020）37603025
如发现印装质量问题，请与本社联系，本社负责调换。

自序

本人是一名从“草根”做起的投资者，在20年的投资生涯里，我从几千元起步做交易到如今管理数亿元资金，经历了从技术面交易到基本面价值投资的转变。为了适应不断扩大的资金规模，我对自己的投资方法进行了七八次升级，在不同阶段都做到了稳定获利。

回顾过去多年的交易经验，我从最开始的一天交易两三笔股指期货、一两天交易一笔商品期货，到成立基金公司做股指期货量化交易，再到后期的价值投资，这三种跨度极大的交易都做得很好，始终保持稳步前行。这背后主要有两点非常重要的原因。

第一，始终保持独立思考，不受外部信息干扰。在刚开始做投资时，我也像大部分投资者一样想去了解各种信息，但是在我向外部问了几个问题都无法得到证实之后，我就决定封锁外部消息，保持独立思考，根据自己的需求找适合自己的交易方法。我只用了一年半的时间就摸索出一套可以长期获利的方法。也许正是因为有了这一次成功交易的经验，之后，当我在这个基础上不断迭代升级投资方法时，每一次我都能成功。

第二，目标明确。在每个阶段，我都非常清晰地知道自己当下要做什么事情、什么方式是最合理的。我只做针对这个目标的事情，其他复杂、多余的事情完全不考虑。

可能就是因为做到了以上两点，所以我节省了很多时间和精力，能够更加高效地思考、决策，而我的投资能力的提升速度也比其他人快很多。

在投资市场上，大多数普通投资者苦苦摸索多年却也没有赚到钱。很多人觉得投资获利难，持续获利更难。实际上，如果你能够坚持朝正确的方向做正确的事情，投资持续获利并不难。

我们到底应该如何理解投资，做好投资呢？我希望我一步一个脚印积累的投资经验和研究成果能为广大普通投资者提供一些参考积累。我将自己20年的金融投资实践经验与研究成果提炼汇总成《规律与人性》这本书，从市场到人性，从方法到思维，详细剖析了成功投资的核心与精髓。

这本书我写了两年，书中阐述了投资的整体逻辑架构，涉及投资中最重要的两个层面：市场和人性。投资面对的是市场，而人性问题是让你找不到好方法或找到好方法却不能够执行的根本原因。解决投资中的人性问题是做好投资的核心。

关于“人”这部分的阐述，你在其他书中可能很难找到。我在剖析每一种心理问题时，都结合了真实的投资案例和生活案例。如果你能够充分理解这部分内容，我相信你对投资、工作、生活都将有更深刻的认知，一些琐碎的心理问题可能也会迎刃而解。

这本书也许是对“投资”阐述得最深刻的书，也是适合大多数投资者的书。实际上，我们所看到的世界上的很多成功投资者，他们很早就有了投资意识，起步阶段的财富规模也比普通人大得多，或者是在竞争不充分的时代就已经占据一席之地。可以说，这些人天生就是“将军”命。而对于大多数普通人来说，学习这些天生的“将军”的方法几乎没有什么帮助，因为你没有那些与生俱来的优越条件。而像我这种从普通人一步步走到“将军”这个位置背后的经验和方法，对广大普通投资者有更大的实际参考价值。

我曾经看过很多投资类书籍，大多数写得太浅，而像巴菲特、芒格这些投资大师的书，严格来说已经不是投资类书籍了，更像是一种反映社会学或者价值观的书。我写的这本书只针对投资市场和投资者的人性，不讲宏观的大道理，只讲与现实投资最直接相关的方法、逻辑以及人性背后的底层思想。

全书一共包括四个章节，整体的逻辑框架如图0-1所示。

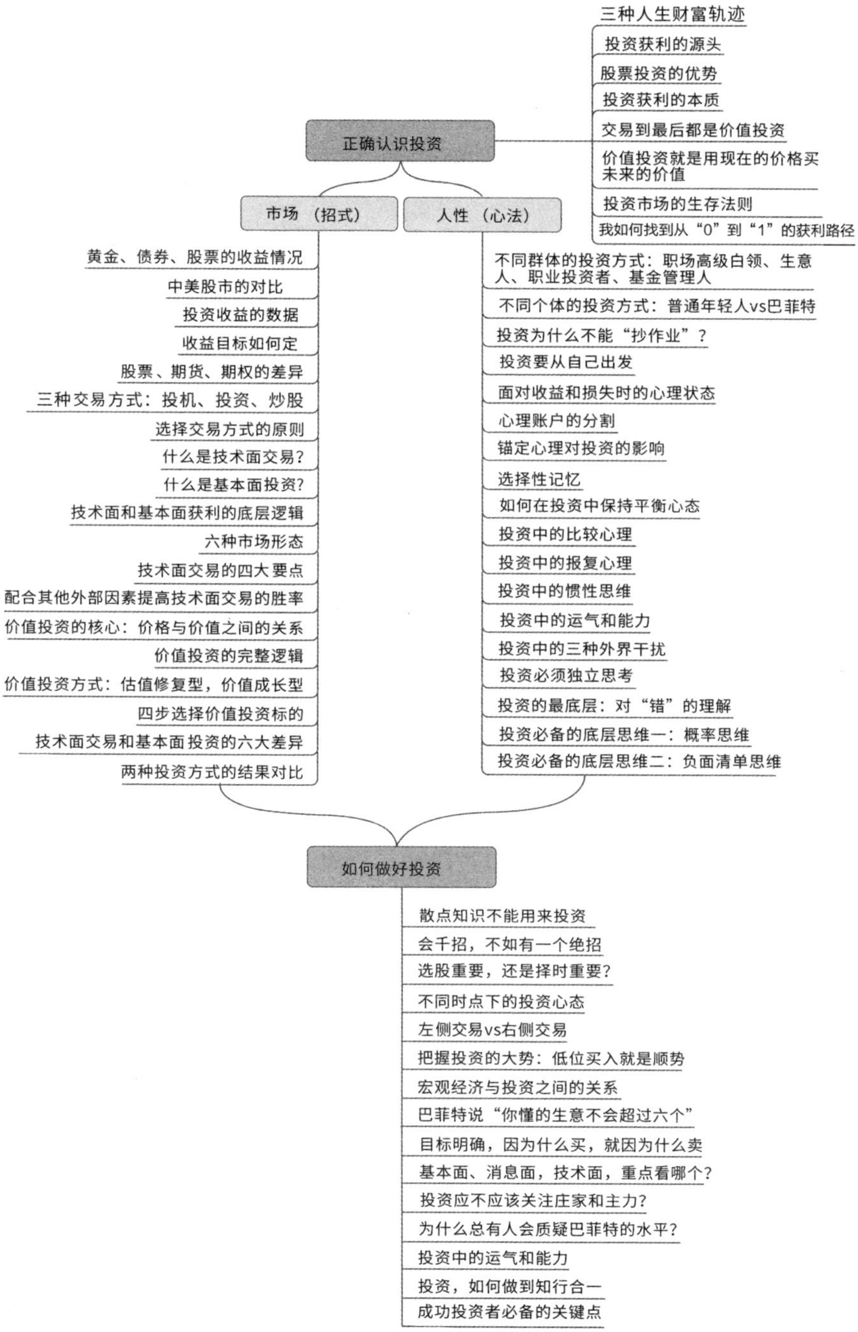
正确认识投资
三种人生财富轨迹
投资获利的源头
股票投资的优势
投资获利的本质
交易到最后都是价值投资
价值投资就是用现在的价格买未来的价值
投资市场的生存法则
我如何找到从“0”到“1”的获利路径
市场（招式）
人性（心法）
黄金、债券、股票的收益情况
中美股市的对比
投资收益的数据
收益目标如何定
股票、期货、期权的差异
三种交易方式：投机、投资、炒股
选择交易方式的原则
什么是技术面交易？
什么是基本面投资？
技术面和基本面获利的底层逻辑
六种市场形态
技术面交易的四大要点
配合其他外部因素提高技术面交易的胜率
价值投资的核心：价格与价值之间的关系
价值投资的完整逻辑
价值投资方式：估值修复型，价值成长型
四步选择价值投资标的
技术面交易和基本面投资的六大差异
两种投资方式的结果对比
不同群体的投资方式：职场高级白领、生意人、职业投资者、基金管理人
不同个体的投资方式：普通年轻人vs巴菲特
投资为什么不能“抄作业”？
投资要从自己出发
面对收益和损失时的心理状态
心理账户的分割
锚定心理对投资的影响
选择性记忆
如何在投资中保持平衡心态
投资中的比较心理
投资中的报复心理
投资中的惯性思维
投资中的运气和能力
投资中的三种外界干扰
投资必须独立思考
投资的最底层：对“错”的理解
投资必备的底层思维一：概率思维
投资必备的底层思维二：负面清单思维
如何做好投资
散点知识不能用来投资
会千招，不如有一个绝招
选股重要，还是择时重要？
不同时点下的投资心态
左侧交易vs右侧交易
把握投资的大势：低位买入就是顺势
宏观经济与投资之间的关系
巴菲特说“你懂的生意不会超过六个”
目标明确，因为什么买，就因为什么卖
基本面、消息面，技术面，重点看哪个？
投资应不应该关注庄家和主力？
为什么总有人会质疑巴菲特的水平？
投资中的运气和能力
投资，如何做到知行合一
成功投资者必备的关键点

图0-1　全书逻辑框架

第一章主要从投资的重要性、股票投资的逻辑和本质、投资市场的生存法则等问题出发，帮助读者树立正确的投资理念。这是做好投资的基础。

从人生财富轨迹来看，懂投资的人与不懂投资的人之间的差距可能比许多人想象的更大。从历史数据来看，要实现财富的保值增值，股票投资就是最好的选择。可是大多数人投资股票不仅赚不到钱，还会亏损，这是为什么呢？

实际上，投资市场就像自然界，我们在投资市场中找长期持续获利的方法，就好比人类在自然界寻找生存方法一样。看懂了人类在自然界的生存法则，你也就看懂了投资者在投资市场的生存法则。在第一章，我详细地讲述了自己最开始做交易时如何找到从“0”到“1”的获利路径，用亲身经历告诉读者从完全不懂到持续获利的路径是怎样的。

第二章和第三章分别从“市场”和“人（投资者）”两个层面出发，说明投资的双方是交易的市场和投资者自己，投资时最重要的就是明确双方之间的关系，有助于读者找到市场规律、摸清投资的底层逻辑。

在投资市场上，真正能够持续获利的人很少。我认为，那些成功的投资者之所以能够做到持续获利，归根结底就是因为他们做好了两件事情：一是掌握了投资的招式，二是修炼好了“内功心法”，这两者缺一不可。

所谓招式，就是投资的方法，我将它归为市场层面的内容。你只有了解了市场的特性，了解了市场上的投资方法，才有可能明白不同投资方法的底层逻辑，懂得在投资时到底要如何操作才能获利。

不过，了解了市场、掌握了投资招式之后，有很多人依然做不好投资。比如，在现实投资中，不少人都曾经买过大牛股，但是最后获利很少。为什么会这样呢？因为有些人虽然看到了机会，却不能把握住。在投资中，如果你懂市场、有方法，那么你可能很容易就能找到一些投资机会。但是只是知道或者看到是没有用的，你必须“知道+做到”，最后才能实现获利。

“做到”的关键就在于“内功心法”。在投资市场上，很多投资者知道但做不到，有方法却不能获利，这是因为他们没有修炼好“内功心法”。“内功心法”指的是解决投资中各种心理问题的能力。

如果你不能处理好投资中的心理问题，那么你会经常做出不合理的投资行为，导致错过本来应该抓住的机会，甚至可能会因为没有坚守规律而犯错，造成严重亏损。

比如，很多人都曾经买过某媒体或某机构鼓吹的“核心资产”或者“茅指数”“宁组合”，结果不仅没有获利，还亏损严重。实际上，这些公司确实都是业绩不错的优质公司，但往往都是在涨幅比较大之后才开始被某媒体或某机构关注，被冠以“核心资产”等美称，吸引众多投资者追高买入。市场上与之类似的信息有很多，往往会对我们的投资造成干扰。除了媒体的干扰，我们还常常受到行情波动、身边人等外界干扰。如果你不懂得辨别外界信息，那么你很难执行自己的投资计划。

再如，在面对获利和亏损时，人们很容易产生一些情绪波动，从而做出不理性的投资行为。为什么赚钱的股票拿不住？为什么投资时总是越跌越补，越补越亏？为什么在股市的涨涨跌跌中耗费了大量的心力，不能坚定持有手中的股票，没有赚到本来能够赚到的收益？为什么常常忍不住追涨杀跌？这一系列投资问题的背后隐藏着很多人性的弱点。想要做好投资，你必须清楚问题的根源，找到有效的解决方法，将这些不利于投资的情绪波动控制在最低限度内。

又如，在投资中犯错误的时候，你会如何面对和处理？人天生是不愿意承认错误的，我们在现实生活中、在投资市场上都可以看到，很多人不愿意面对自己的错误，甚至不敢去回想自己错的地方。当错误已经产生时，很多人仍不愿意接受，总想着从外界找借口。比如，投资亏损后，很多人的第一反应不是反思选股有没有问题、是不是出现了自己计划之外的情况等，而是想方设法把错误归结到外部原因，怪别人给自己推荐了一只垃圾股、怪市场行情太差、怪自己运气太差。你如果不敢于发现自己的错误，接受自己的错误，弥补自己的错误，就没办法理性、客观地看待投资，也不能做真正对的事情。

所有投资做得好的人都是在控制错误、解决错误上做得好的人。只有少犯错、不犯大错，才不会大亏，稳就是快。如果钱赚得很快，亏得也很快，那么赚的钱减去亏的钱，净赚的钱并不多，甚至可能赚十次的盈利都不足以覆盖一次大的亏损，因为一次踩雷就可能全军覆没了。但是如果你有能力在控制亏损的前提下去追求盈利，也许你的十次小亏损只需要一次盈利就能够赚回来。

相比之下，在掌握获利的能力之前，先掌握避免亏损的能力显然更重要。投资的最终目的就是获利，但是如果解决不了亏损的问题，那么你可能永远都无法实现最后的盈利。要想解决这些问题，就要修炼“内功心法”，控制错误，纠正错误。

以上这些心理问题和底层思维归根结底都是人性的问题，所以我将“内功心法”归为投资者层面的内容。

简单来说，你要看懂市场，找到能够持续获利的方法。这是投资招式。同时，你也要看懂自己，知道如何解决投资中的各种心理问题、面对投资中的错误、掌握正确的底层逻辑，这是“内功心法”。

当你对市场和人性规律都有了充分的了解，掌握了投资招式和“内功心法”后，在投资实战层面可能还会遇到一些难题。所以我在第四章从实际投资的层面出发，具体介绍一些关于如何做好投资的实战指南。

如果你能够将本书的内容理解透彻，为自己所用，那么，你一定可以在今后的投资中大展拳脚，甚至持续获利。

目录

第一章

正确认识投资

能否正确认识投资、做好投资，对投资者一生的财富轨迹有着至关重要的影响。尤其是在人生的下半场，投资理财是让财富保持持续增长的一条重要途径。然而，多数人在投资中都赚不到钱，这背后的原因是什么？

这一章，我们将深入剖析投资的本质，从投资获利的源头到股票投资的底层逻辑，再到投资市场的生存法则，一步一步梳理清楚投资的核心原理，找到获利的关键点。

第一节 投资的重要性

投资有多重要？关于这个话题，你也许已经听过很多五花八门的分析了。我将从最现实的情况出发，结合大多数人一生的财富轨迹变化来说明投资的重要性。

当你的财富积累还不充分的时候，投资于你而言有什么意义？当你努力工作创造的收入无法再维持财富增长时，投资于你而言又有什么意义？当你用辛辛苦苦积攒的财富做投资时，面临的最现实、最直接的问题是什么？

一、人生的财富轨迹

从财富轨迹这个角度来看，一个人的投资能力决定了他一生中的财富积累走向，尤其是在人生的下半场，结果往往会天差地别。

根据财富来源的变化，我认为大多数人一生的财富轨迹大体可以划分成两大阶段。

（一）上半场：靠工作积累财富

假设一个年轻人毕业后参加工作，进入一个正常发展的行业，保持上进心认真工作10年到15年，一般都会积累一些财富，收入也会达到一个相对较高的水平。

一个人在这个阶段积累不到财富，有几种原因：第一，这山望着那山高，频繁跳槽；第二，上进心不够，工作不努力；第三，因为家庭条件较差或者家中有病人等负担太重，积累的财富都用于支付家庭开支。

实际上，大多数人从毕业到30岁往往都不太容易有一定的财富积累，因为这是一个沉淀能力的过程。而从30岁到50岁则是主要依靠工作创造收入的阶段，在这个阶段才可能陆续有较大的财富积累。而在50岁到55岁期间，可能很多人工作收入的增长就比较难实现了，往往维持在平衡的状态。

55岁以后，你在工作上创造收入的能力可能会下降。不过在过去的二三十年里，你已经有很多工作上的财富积累，你可以用积累的财富去做投资，从而实现持续的财富增长。这样，你的财富轨迹也迎来了转折点，开始进入财富积累的下半场，要更多地考虑通过投资理财实现财富增值的问题。

为什么我们在人生的下半场会更多地考虑通过投资理财实现财富增值？这里举一个比较现实的例子来说明这个问题。

假设你在35岁时每年赚30万元，也许你会觉得比较满意。而当你50岁时每年赚50万元，虽然收入比35岁时增加了不少，但你可能已经不太在意这50万元的工作年收入了。为什么呢？因为在35岁时，你的财富积累还很少，主要依靠工作这一项收入。但在50岁时，你的财富积累已经比较丰厚了，有工作收入和投资收益两项收入。同时，你的工作能力不如从前，工作收入很难再获得增长，但随着财富积累越来越多，投资的收入可能会逐年上升。

假如在50岁时，你手上有500万元资金可以做投资理财，当年收益率达到10%，就有50万元的收益。这50万元收益就相当于你辛苦工作一年的收入，投资收益在你的收入结构中开始变得更加重要。因此，对于处于这个阶段的你来说，可能不太在意工作收入，而是更关注投资收益。

（二）下半场：借理财增值增加财富

我们在人生的上半场主要是通过工作积累财富，很多人的财富轨迹走势其实是比较接近的。但是在下半场的财富积累阶段，由于每个人的投资水平有所不同，不同人群下半生的财富轨迹开始出现明显的分化，大致有如图1-1所示的三种情况。

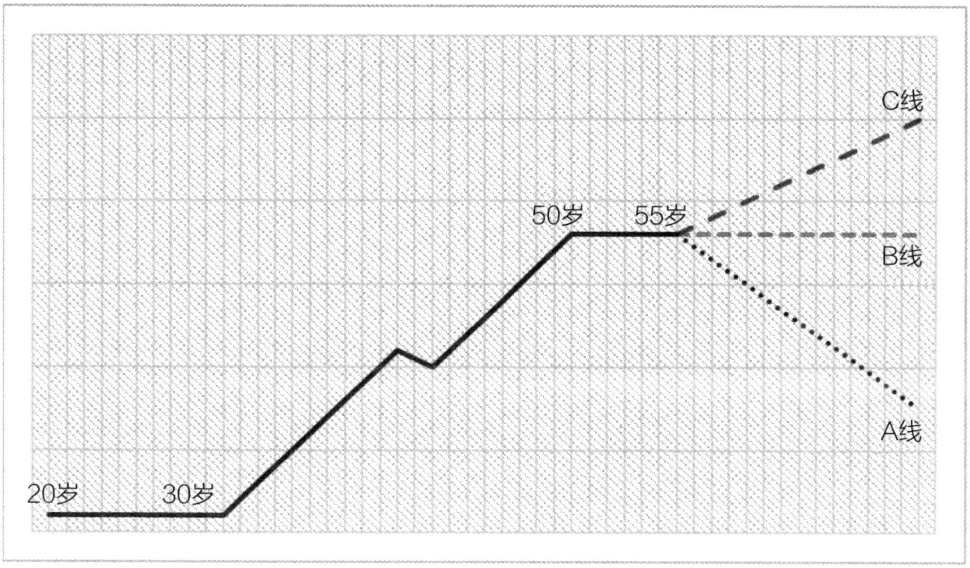

图1-1　人生财富轨迹

第一种是A线的情况。很显然，这代表了一个投资水平差的人的人生财富轨迹。随着年龄的增长，原来的工作收入在降低，他增加财富收入的唯一路径就是投资。不过他不懂投资，为了实现财富增值又急于去投资，这种情况下，多数投资都会以失败收场。在遭遇几次失败之后，他把多年积攒的财富消耗掉了一大部分，而他此时年纪又大了些，也可能心力交瘁了，不想再去努力，所以这时候可能想靠着剩余的财产安享晚年。

第二种是B线的情况。B线代表的这类人很清醒地知道自己没有投资能力，只想过安稳的生活，所以拿着以前工作积攒的财富去做最稳健的投资，因此他后续的财富轨迹可能会持续走平。

第三种是C线的情况。C线代表的这类人在工作时就明白，他的工作收入不会随着年龄的增长而持续增长，但积累的财富可以通过投资的方式实现持续增长。所以他可能在年轻的时候就坚持学习投资，到了人生的下半场虽然工作能力开始下降，但是他的投资能力反而上升了，最终通过正确的投资方式实现了财富的持续增长。

由此可见，投资收益和工作收入的方式有所不同。如果工作做得不好，收入可能只是降低一点，但不会没有收入。但是投资如果做得不好，不仅赚不到钱，甚至会亏掉本金。从这个层面来看，做好投资对于一个人的财富轨迹有很重要的意义。因此，多数人在50岁之后会更在意投资。

当然，投资能力并不是那么容易获得的，需要在多年的摸索中一步步积累。金融市场上的投资方式很多，每个投资者的背景不同。你必须了解金融市场的特性，清楚自己的需求，找到金融市场中适合你的产品和投资方法，再经过千锤百炼，最后才能实现长期持续获利。这是一个漫长的过程，必须提早做准备。

在现实生活中，我们也会看到有些人原先工作能力很强，是很多身边人敬仰的对象，但几年后，他的情况突然发生了翻天覆地的变化——财富大幅缩水。这很有可能就是因为发生了上面所列的A线的情况。可能由于年龄、政策、行业等问题，他的工作收入下降了。这时，他急于用投资收益来弥补工作收入下降的部分，于是开始忙于投资。但由于之前他把心思都放在工作上，并没有为投资做好充分的准备，不具备投资的能力，这时就会出现投资连续失利的局面，导致财富大幅缩水。

在股票市场上，股票有业绩和估值的“双杀”现象。而在个人的财富来源上，也有可能遭遇工作收入和投资收益的“双杀”。想要避免这个问题，就要提早做好准备，持续提升投资能力。

二、投资领域的选择

为什么懂投资的人和不懂投资的人会收获完全不同的结果呢？因为懂投资的人买的都是低风险、高收益的产品，而不懂投资的人买的都是高风险、低收益的产品。在金融市场上，资产最终能否实现保值甚至增值取决于投资者的投资水平高低。如果你连最基本的投资原理都不懂，那些简单的金融骗术就有可能使你多年辛苦积累的资本毁于一旦。那么普通人想进行投资理财，到底应该从哪里入手呢？

（一）投资获利的源头

每个人所在的领域不同，认知不同，最好选择你了解的领域。具体有哪些领域，笔者无法一一举例，笔者认为，任何人都能参与的就是金融市场投资，尤其是股票投资。

很多人认为买股票太难，买保险、买基金比较稳妥。但是你要知道，保险除了提供各种保障之外，其收益主要来源于基金投资。基金是什么？基金是一个集合的理财方式，最终的投资标的就是股票和债券、银行的货币存款等。作为基金最底层的资产，股票和债券的获利都来自企业。因此，企业的成长才是股票和债券获利的源头，也是基金获利和其他许多理财产品获利的源头。

如果你能了解投资获利的源头，那么你的投资方向感一定会更强，投资成功的可能性也会更高。即使你不投资股票，没有那么多时间去选择股票，如果你懂得股票的逻辑，自然也能看懂基金、理财产品，知道哪些基金成功的概率更高。因此，要想学习投资理财，一定要首先学会研究企业，一定要懂得股票投资的逻辑。

（二）股票投资的优势

实际上，从统计数据来看，股票投资是所有投资产品当中收益最高的。具体有多高，笔者将在下一章详细讲解。如果你想要通过投资获得财富，笔者认为股票投资是首选。至于为了应对股票投资的高风险，是否要适当地将部分资金配置给其他风险较低的品种，那取决于你处理风险的方式。但最终你投资获利的主要来源应该是股票投资。

相比于自己经营企业，股票投资有明显的优势。做股票，投资的目标可以是各行各业的企业；但是如果你自己经营企业，那你只能做一个行业。而且你看好的行业以后未必会向好发展，你经营了企业之后一旦发现选错了，如果选择止损离场，就有可能会赔得倾家荡产。如果你买股票买错了，即使产生了一些亏损，你也可以及时止损，在风险可控的情况下退出来。

另外，有很多行业你自己不可能做得了。比如，一条高速公路建好了就可以收费，但是有几个人有能力去建高速公路？有建高速公路的资金实力吗？又如，你想成立一家酒厂，如果要做品质好一点的酒，就要使用五到十年以上的基酒，那么，你需要提前五到十年囤酒作为基酒。这种成本压力，你能承受得住吗？可是在股票市场上，各种香型的头部酒企都有，这些酒厂的发酵池有很多都有几百年历史，你完全可以直接投资它们来获取企业和这个行业成长带来的收益。

再如，人口老龄化是一个必然的趋势，但是现在去做人口老龄化的生意，成功的概率并不高。因为已经有很多企业进入这个行业，可能进入的企业数量增长的幅度早已超过人口老龄化增长的速度。如果是这样，那这就是一门难做的生意。在这个大趋势下肯定还是有企业能赚到钱，但哪些企业会赚到钱？一定是在这个领域中沉淀了很久的龙头企业。如果你现在成立一家企业，想成为这个行业的龙头，笔者认为几乎不可能，因为没有十几二十年的沉淀不可能做到前列。如果你想在人口老龄化市场上分一杯羹，最好的路径就是投资那些在人口老龄化领域有生意优势且处于行业龙头地位的企业。

综合来看，对于多数人来说，股票投资是最好的选择。通过长期投资股票，你可以获得行业、企业成长带来的可观收益，即使出错了也能够在风险可控的情况下全身而退。除了股票市场具备这种优势，再无第二种选择了。

第二节 股票投资的逻辑

很多人在股票市场上做投资时，只关注股价和K线图，看到哪些股票涨得高就跟着别人去买，跌到受不了就“割肉”，完全不知道如何分辨一只股票有没有投资价值。其实这都是因为没有真正理解股票投资的逻辑，也不知道如何投资股票可以获利，这样做投资最后肯定会失败的。股票投资的本质到底是什么呢？

一、股票投资的本质

投资股票的本质就是投资上市公司。一定要记住，买股票就是在买公司。我们买卖股票，买卖的就是上市公司的股票价格，而股票价格是由两个要素决定的：股票价格＝每股收益×市盈率。股票价格的涨跌取决于每股收益和市盈率这两个要素的变动。

假设现在有一家公司今年的业绩增长了一倍，每股收益从去年的1元变成了今年的2元。如果市场行情没有太大的变化，公司的估值就保持不变，一直都是10倍。根据公式可以得出：现在的股价＝每股收益×市盈率＝2×10＝20元，那么这家公司的股价就上涨了一倍，从去年的10元涨到现在的20元，这部分股价的上涨是由公司经营业绩增长推动的。

如果今年市场行情很好，这家公司的市盈率从原来的10倍被炒到了40倍，那么根据公式可以得出：现在的股价＝2×40

=80元，股价从原先的10元涨到了现在的80元，一只8倍股就诞生了。这部分股价的上涨既有公司业绩增长的推动，也有估值上升的推动。

要了解一只股票的价格为什么上涨或者下跌，需要仔细分析业绩和估值。

不过，业绩和估值这两个要素的走势呈现出的特征是完全不同的。一家正常经营的企业，它的市盈率不会持续往单方向变动，通常是涨高了就会回落，跌多了就会修复，最终形成一个区间震荡的走势。比如，一些成熟型企业的市盈率在被低估的时候是10倍，在被高估的时候是50倍，常态情况下可能在20～30倍之间上下波动。当然，如果是初创的发展型企业，它在最初时可能成长空间比较大，估值也会比较高，之后，随着企业的发展趋于成熟，市盈率会逐渐回落到正常水平，最后也呈现出区间震荡的走势。而每股收益的走势不一样，如果企业经营持续向好，它的每股收益是会持续上涨的。表1-1所示为A股市场过去十年间涨幅最大的股票，这些股票所属公司的业绩同比也是大幅上涨的。

表1-1　A股市场过去十年间涨幅最大的股票

（数据统计区间：2013年6月1日至2023年5月31日）

股票名称	股价十年涨幅	净利润TTM十年涨幅	股价复合增长率	净利润TTM复合增长率	最新市值（亿元）	所属行业
同花顺	3928%	8648%	44.71%	56.38%	865	软件开发
隆基绿能	3249%	19625%	42.07%	69.63%	2185	光伏设备
阳光电源	2744%	8223%	39.76%	55.61%	1636	光伏设备
中际旭创	2656%	4519%	39.32%	46.71%	863	通信设备
晶盛机电	2315%	3192%	37.50%	41.82%	902	光伏设备
东方财富	2109%	590919%	36.28%	138.32%	2223	证券Ⅱ
赣锋锂业	2077%	27727%	36.08%	75.57%	1251	能源金属

续表

股票名称	股价 十年涨幅	净利润TTM 十年涨幅	股价 复合增长率	净利润TTM 复合增长率	最新市值 （亿元）	所属行业
亿纬锂能	2032%	4281%	35.79%	45.94%	1309	电池
三七互娱	1726%	28044%	33.71%	75.77%	724	游戏Ⅱ
爱尔眼科	1693%	1488%	33.46%	31.85%	1923	医疗服务
宝信软件	1422%	769%	31.29%	24.14%	1062	IT服务Ⅱ
北方华创	1348%	1810%	30.64%	34.31%	1607	半导体
中航沈飞	1287%	55906%	30.08%	88.29%	1160	航空装备Ⅱ
通威股份	1276%	39899%	29.98%	82.06%	1536	光伏设备
立讯精密	1146%	2947%	28.69%	40.73%	1947	消费电子
中国软件	1108%	135%	28.29%	8.92%	402	IT服务Ⅱ
贵州茅台	1105%	371%	28.26%	16.75%	20462	白酒Ⅱ
山西汾酒	1067%	491%	27.86%	19.44%	2560	白酒Ⅱ
中航电测	1059%	298%	27.77%	14.82%	281	军工电子Ⅱ
汇川技术	1045%	1185%	27.61%	29.09%	1572	自动化设备

也就是说，在决定股价的两个要素当中，估值通常会在一个区间内震荡，业绩随着企业经营业绩的增长是可以持续上涨的。因此，股价持续上涨的动力最终来自企业经营业绩的持续增长。只有企业经营得好，它的股价才能长期上涨，而估值上升到一定程度之后，一旦市场的风向稍有变化就会恢复，不可能无限上升推动股价持续上涨。

在这个逻辑的基础上，可以延伸出如表1-2所示的股票投资策略。在企业预期利润稳定或者增长的情况下，只有在低估值水平或中低估值水平的位置买入并坚定持有，才能真正随着企业业绩增长赚取长期投资收益，这就是价值投资。

表1-2　股票投资策略

公司利润	低估值	中低估值	中高估值	高估值
利润预期增长	√	√	×	×
利润预期稳定	√	×	×	×
利润亏损	×	×	×	×

你如果能够充分理解这个投资逻辑，并在此基础上研究和检验一只股票的投资价值之后再决定是否买入，就可以赚到企业价值增值的钱。这就是在股市长期获利的主要路径。

二、交易到最后都是价值投资

在股票市场上，大多数投资者是按照同一个路径行进：先从技术面入门，然后慢慢转向技术面和基本面结合，最后只看基本面做价值投资。

之所以从技术面开始，主要是因为技术面入门简单，投资者根据一些技术面指标很容易就可以评判出结果。比如，资金流向不是流入就是流出，根据均线交叉就可以推断出买入时机、卖出时机等。相比之下，基本面的分析难度要大很多。要通过分析公司的营业收入、增长率变化、产品毛利率、净利率、企业估值高低等财务和估值数据，最后综合评判才能得出结论。要素又多又复杂，如果只看其中一两项数据，是没办法直接得出结论的。而且你还要对企业和行业的前景、市场格局有一定的认知，这种能力不是一朝一夕就能够获得的，需要很长时间的学习积累。因此大多数人在刚入门的时候会选择技术面交易，这种投资方式更好理解，也能简单快速地得到结果。

但是技术面交易本质上就是一种概率游戏，你只能靠概率和赔率取胜。假如交易10次，有7次盈利，概率就高；赢一次可以赢3元，赔一次只输1

元，赔率就高。但这些都具有不确定性，你要先找到长期坚持交易能赚钱的投资方法，然后严格按照这个方法去交易很多次，才会得到结果。

基本面价值投资中有很多要素可以确定，如果我们可以找到价格低于内在价值且其价值会持续增长的股票，买入后坚定持有，最后一定能赚钱。价值投资赚取的是股市长期增长的价值，这是永远有效的，不会随着市场环境的变化而失效，你只要能研究明白一招就可以用一辈子。除此以外，基本面价值投资在起步的成本、交易方式的适应性及持续性、时空限制等方面比技术面交易有更大的优势。关于具体的对比情况，笔者将在下一章介绍两种投资方法时进行详细讲解。

很多人虽然最初从技术面入门，但最后都走向价值投资，这个路径与一个人的成长阅历有关。芒格说过："40岁之前没有真正的价值投资者。"真正的价值投资者要拥有成熟的投资体系和丰富的投资阅历，这些都是需要时间积累和沉淀的。

20多岁的年轻人还不懂太多生意经，很难做到真正的价值投资。这使得很多人在最开始做投资时技术面分析的比重几乎占100%；随着阅历的增长，他们对行业、生意模式逐渐有了一些了解，就会从发展的角度去评判公司价值，开始关注基本面；了解了财务数据和估值之后，基本面的占比就会越来越高；到最后，当他们对财务和估值的了解变得很深刻，也许就会完全放弃技术面，几乎只看基本面。

价值投资，其实就像口感浓郁的白酒。人在20岁时觉得啤酒比较爽口，30岁时开始有些喜欢喝白酒，40岁时对白酒的口感逐渐有了更多的认识。而口感浓郁的白酒口味丰富，最后就成为很多人的选择。

三、价值投资就是用现在的价格买未来的价值

在金融市场上，有不少人是披着价值投资的外衣做着跟价值投资毫不相关的投资行为。比如，有些人认为长线持有好公司的股票就是价值投资。可是如果你买入一只股票的价格比它的内在价值高出很多，那么可能很难产生多大的收益，甚至可能亏损。到底应如何进行价值投资呢？

价格和价值之间的关系就是价值投资最核心的点。笔者将价值投资的概念总结成一句比较简单且容易理解的话：价值投资就是用现在的价格买未来的价值。

是不是听起来好像平平无奇？虽然每个人都有自己的理解，但是你不能否认，做价值投资，一定要看它的价格和未来价值这两点。“价格”很简单，所有人都可以直接从盘面上看到。而“未来价值”没有现成的数据，需要你自己去衡量。怎么衡量呢？下面举一个例子。

假设现在有一家公司，它今年的净利润是10亿元，市盈率是20倍。通过这两个数据，你可以马上算出它的价格。根据“企业的价格＝总市值＝净利润×市盈率”，10亿元×20倍市盈率＝200亿元，200亿元就是这家公司现在的价格。

想要判断这个价格能不能投资，还需要估算这家公司未来的价值。如果公司在未来两年里，每年的业绩增速都超过了25%，那么两年之后，这家公司一年的净利润就达到15亿元。假设公司所在的行业历史平均市盈率大概是30倍，那么两年后这家公司的总价值＝15×30＝450亿元。

企业现在的价格是200亿元，两年后的内在价值是450亿元，从200亿元涨到450亿元，两年的涨幅是1.25倍，折合成年化收益率就是50%。能不能买？能买！这就是价值投资。

想要做好价值投资，就要解决以下两个问题。

第一个问题，你有没有能力评判，这家公司两年后的业绩是多少，估值

是多少？

很多人其实连价值投资最基本的原理都不理解，不知道价值投资需要了解价格和价值之间的关系，甚至连价格和价值的概念都没搞清楚。这种人还没进入价值投资的门槛，根本不可能做好价值投资。所以你首先要充分理解基本面价值投资方法，对价格和价值之间的关系有基本的认识，在这个基础上判断几次之后就慢慢有感觉了，开始时可能判断不准，到后来就会越来越清晰，最后你就有判断能力了。

第二个问题，判断出来之后，你在实际投资中能不能坚持自己的判断并实实在在地落实到行动上？

如果你做过投资，对“知易行难”这一点应该比较有体会。如果你买的股票迟迟不涨，可是身边朋友买的垃圾股却涨得红红火火，这时你会不会怀疑自己，还能不能坚持自己的判断？又或者当你的投资账户产生一些小的盈利之后，你是不是会因为担心市场回落而变得焦虑，急于落袋为安保住盈利？等等。在执行的过程中，很多问题的出现会让你心生动摇。如果你坚持不了，就算你前面看得再对，最后也赚不到钱。如何能做到坚持自己的评判？这就涉及第三章重点强调的“内功心法”的问题，也就是你把握人性规律的能力和底层思维能力。

在投资市场上，无论你采用的是哪种投资方法，是做价值投资还是做技术投资，其实都必须充分认识投资市场和投资方法的底层逻辑，同时还要看清投资中的各种人性问题和思维局限，努力清除投资中的障碍，直到自己有一套完整的投资方法且能够做到知行合一，你才真正具备靠投资持续获利的能力。

第三节 为什么很多人投资赚不到钱

虽然股票市场长期收益不错，但是在股市中“七亏两平一赚”是常态，很多普通投资者赚不到钱，甚至会亏钱。实际上，大多人之所以做投资赚不到钱，最根本的原因就是没有找到正确的投资方法。如果能够找到一个长期持续盈利的方法，并坚定地去执行，那么盈利就是水到渠成的事。

如何才能找到正确的投资方法呢？从某种角度来看，投资市场和自然界有很多相似之处，我们在投资市场上找长期持续获利的方法，就好比早期人类在自然界中找生存方法一样。

一、投资市场与自然界的相似之处

自然界有日出日落、春夏秋冬等自然现象，有洪水、地震、火灾这些自然灾害。这些自然界的特性都是人力不可改变的，人类只能通过调整自身适应环境。

早期的人类在自然界中生存，面临住在哪个山洞、去哪棵果树上摘果子、在哪条河流捕鱼、去哪个山头狩猎等选择。在洪水泛滥的时候会不会去捕鱼，在山中起火时会不会去打猎，这些行动全都由人类自己决定。自然界并不会因为有人去捕鱼就不发洪水，也不会因为有人去打猎就把山火扑灭。人类只能通过调整自己的方式去适应大自然，比如洪水泛滥时就暂时不去河里捕鱼，山中有火灾的时候就应该远离，选择其他方式去获取食物，而不是冒险去跟自然界对抗。

在现代社会也是如此。有些人认为公司对他不好，老板对他不好，可能是因为没明白其中的道理。无论公司还是老板，都可以看作在商业社会生存的物种，都属于自然事物，他们的目的都是获利。只是有人私心重一些，有人私心没那么重。如果你站在他们的立场考虑，可能你的做法和他们的差不多。你应该做的就是理解这个自然形态，然后调整自己。如果你认为公司、老板都不好，你可以选择离开，但是要知道，你到了下一个组织也可能遇到这种情况。

这就是自然，这就是社会，这就是市场，你无法改变它，只能接受它。当然，笔者的意思并不是让你随波逐流，而是希望你能看清现实，你应该在这个基础上去调整自己，追求自己想要的。把这个社会、这个市场当作不变的，用自己的“变”去寻找一条适合自己生存的道路。

笔者常常会提到一句比较狠的话：所有的错都是自己的错，如果骗子骗了你，那也是你的问题。为什么他没骗别人而骗了你？是你比较好骗吗？如果他什么人都骗，那为什么你没有早点发现他是骗子？这还是你的问题。如果能够用这种态度看待事物，你就知道怎样避免被骗，很多问题也更容易解决。

我们在投资市场上生存也是同样的道理。市场有它的规律，会出现金融危机，就好像自然界中会发生洪水一样；市场也会出现疯狂暴涨的时候，给投资者提供以更高价格卖出股票的机会，就好像森林中起了一场火，能让人类取火种，烧熟很多食物。股票市场上的一切变动，都是我们无法改变的，我们要像古人面对自然界一样去接受它的不可改变，想办法调整自己去应对它。

那么，我们如何用自己的“变”在投资市场上找到一条适合自己生存的道路？同样也可以参考早期人类在自然界中的生存法则。

二、投资市场的生存法则

怎样才能够更好地在自然界中生存呢？假如你在几万年前的自然界中生存，平时除了待在山洞里，就是外出寻找食物，比如采摘树上的果子、捕捉河里的鱼、捕捉野外的动物。果子在树上，爬到树上去摘比较困难，你可以在树下用石头把它打下来；捕鱼要下水，不方便下水时也可以用石头去打；发现可以捕捉的动物，自己去追比较难，同样也可以在远处用石头把它们打晕或打伤，这样捕捉就容易很多了。

经过这样的推导，我们发现：如果用石头打东西很精准，我们就能生存。那么要想增强生存能力，我们就应该练习扔石头。确定了这个目标之后，可以分以下三步来做。

1. 先找出不同大小的石头，根据标的物与自己之间的距离（比如30米），找到一块合适的石头。

2. 不断训练投石头的准确度。

3. 升级工具，通过挑选或者打磨，得到更有杀伤力的石头，进一步提高准确度。

通过这三步，你就可以将自己训练成一个投石高手。如果你能做到准确击中30米以内的物体，那你在自然界中的生存优势一定比其他人大很多。

古人的这个生存法则看起来并不难。简单来说就是围绕你的需求，发现自然界能给你提供什么，定好你的目标，找到最优的获取方式。

在投资市场上，为什么有很多人亏钱？因为他们买股票只是一时兴起，看到一些新闻消息，或者听到身边人的一些看法就盲目进场。这样做投资，前期准备并不充分，只是短期接收到了一些看似有依据的信息，满足了人们此刻想买入的欲望而已。这就好比古人饿的时候才会去找食物，找来的食物只要能吃就行，完全没有思考要如何更快更便捷地获取更多的食物，如何增强自己的生存能力。

像这样的人，你认为他能够生活得好吗？我相信能够生活得好的人都是有计划、有准备的，为未来做好充分打算的人！

想要在投资市场上生存下来，就要按照上面远古人类练习投石的思路去做。你要先了解投资市场的规律，清楚自己在市场上能做些什么、获得什么。面对投资市场繁杂的信息，你应该简单处理，找到最重要的关键点，你要知道自己是为了什么而做，想明白自己做某事的理由是什么，想明白自己的需求是什么，寻找自己和市场对应的那一个点，然后练熟、练精，直到自己能靠这个绝招在市场上持续获胜，那么，你就具备了很大的生存优势，甚至能一辈子都以这一个绝招为生。

下面我来讲讲自己最初做投资时从“0”到“1”的路径，即从完全不懂交易到找到方法并持续获利的路径。

三、我如何找到从“0”到“1”的获利路径

最开始做交易，我接触的是香港恒生指数期货。在正式交易之前，我花了半年的时间来观察市场，每天看行情的波动，慢慢地看出了一点感觉，之后便开始参与交易。起初做交易时，我比较随意地凭感觉做，没有实现盈利。交易了半年之后，我的方向和目标渐渐变得明确，便开始给自己制订交易计划。

当时香港恒生指数每天波动150个点左右，每个点的价值是50元，我能拿出来的所有本金是2万元。我的交易计划就是根据2万元的资金量和香港恒生指数每天的波动率来制订的，具体原则有以下三点。

1. 每天只能交易同一个方向。

2. 每天交易不能超过3笔。

3. 每笔交易的目标盈利位是5～15个点。

定下这三个原则，主要就是为了解决交易过程中的一些心理问题，同时

满足我当时的需求。

第一个原则是为了让自己的思路保持清晰，放弃太大的妄想，相对稳定地控制自己的心态。

当时我的判断经常会出现比较大的错误。比如，今天只买涨，但是市场大跌。不过，在我给自己定下了“每天只能交易同一个方向”这个原则后，我在交易时可以保持冷静、理性，错误的判断在很多时候都不会给我带来太大的损失。

举个例子，假如我今天判断市场会大涨，结果却大跌，由于我不是买入后一直持有，只是在短线交易的方向上买涨，当行情下跌到一定程度之后，我再买涨，买了之后快进快出，最后我虽然判断错了，但是当天买了两三次都不会亏损。

坚持每天交易只做一个方向，让我能够很好地保持冷静，没有那么多妄想，也不会过分急躁，能够避免自己犯大错。反过来，如果两个方向都做，可能就会想着赚完涨的，再反手做空去赚做空的钱。实际上，这样想的人往往很容易两边挨巴掌，可能你买涨的时候市场下跌，等你平掉反手买跌的时候它又涨回来了。

第二个原则主要是为了让自己不要太高频地交易，避免着急动手操作而犯错，从而保持思维清晰、心态稳定。

当然，如果没有机会，可能一次也不会交易。没有机会的时候，你不做就不会产生亏损。但是如果你盲目地做，在没有计划好的情况下去做，心态就会不稳定，面对亏损时就不知道应该如何处理。当一笔亏损产生时，你的心态产生波动，很可能会造成你接下来盲目进行第二笔交易，再次犯错，之后陷入恶性循环。因此，我通过“每天交易不超过3笔”的原则来约束自己，避免发生这种情况。

虽然我每天最多交易三笔，但实际上多数交易的持仓时间在20分钟以内，算是快进快出，交易频率并不算高。“每天只能交易同一个方向”和

“每天交易不能超过3笔”这两点可以让我的心态很好地保持稳定。

第三个原则是目标盈利位，主要是基于我的资金量和当时的需求。

香港恒生指数期货每天在5～15个点这个幅度的波动可能会出现几十次，这种交易机会比较多。如果追求每一笔交易都有50个点的空间，那这样的交易机会可能平均每天就只有两次。

当然，我的这种交易方式可能只适合小资金量。当时我一共只有2万元的资金，只能下一张单。只下一张单的优势就是灵活，香港恒生指数经常在几秒钟之内就有5个点以上的波动。不管我在什么价位下单，成交的机会都比较多。在下单的时候，我经常把价格挂低一两个点位，让价格波动时扫到自己的单。当价格往获利的方向变化，在惯性冲高的时候，我挂出的单就很容易成交。但是这种做法可能只适合2万元的资金量，如果用10万元下4张单，可能就成交不了了。

另外，这种小级别的价格变动刚好符合我当时的需求。那时候我刚开始做交易，经验还远远不足，越简单的事情就越是一件好事。这种小级别的波动不需要考虑原因，只需要看盘感就足够了。因素复杂，就难以分析得清楚，这对新手是不利的。这一点跟现在不同，现在我职业做投资已经20年了，在分析复杂的问题时，我具有优势，所以我现在更喜欢复杂的情况。

在当时，5～15个点的盈利位符合我的需求，而且也是可实现的，对我来说是合适的。香港恒生指数期货每点合约价值50元，如果我每天做三笔交易，一共获利5个点，那么总的盈利就是250元，按一个月22个交易日算就是5500元，差不多是2万元本金的28%。如果水平再高一点，平均每天赚10个点，那每天就赚到500元，22个交易日就能赚11000元，相当于2万元本金的55%。那个时候，我经常可以赚到这个比例。

按照这种方法操作了半年之后，我就能稳定获利了。大多数交易都是赚的，偶尔也会有亏损，但是我已经能够做到每个月只赚钱不亏钱，也经常可以实现一个月30%～50%的盈利目标。

以上就是我最初从完全不懂到找到方法并持续获利的路径，我一共用了一年半的时间实现了从“0”到“1”的突破。

虽然这个方法可能只适合小资金量，但是这个过程对于我的整个职业投资生涯是非常重要的，因为我已经有能力找到稳定获利的方法。在这个基础上，随着资金量的不断增长，我每一次都能很快找到获利的方法。

当我有20万元的时候，我有能力找到适应20万元资金量的投资方式；当我有100万元的时候，我就可以找到适应100万元资金的方式；再到1000万元、1亿元……如此循环下去。在接下来的十几年里，我陆续换了七八种投资方式。为了追求做更大资金的空间，我需要不断舍弃原先的交易方式，更换升级新的交易方式来适应资金量的增长，但每一种方式我都可以做到稳定获利。

实际上，在后续的投资中，我之所以能持续获利，是因为我的交易方式都建立在之前获利的方法之上。一次成功的经验可以套用在下一次，下一次成功了，同样可以继续套用在再下一次。一旦你找到了一条在交易上达到成功目的的路径，之后无论你想用什么方法交易，都很容易获得成功，这也是我反复强调做投资找到好方法很重要的原因。

在投资市场上，我们经常可以看到有很多人兜兜转转好多年，也没有找到获利的方法。为什么我能够在短时间内就摸索出一条交易获利的路径？并不是因为我比别人更聪明，而是因为我能够朝正确的方向寻找方法。每次我都是从自身出发，只看自己的需求是什么，有明确的目标，然后找到自己和市场对应的那个点，集中精力把这一个点打深打透，最后自然很快就能找到属于自己的那条路，很快达成自己的目标。

如果你想要摆脱投资不赚钱或者一直亏损的困局，那么就要按照这种思路去做。市场上有很多种投资方式，各种信息繁杂，你需要做的是了解市场，之后简单处理，先寻找最重要的关键点。你要知道自己是为了什么而做，想明白自己做的理由是什么，想明白自己的需求是什么。只要你能找到自己和市场对应的那个点，找到一条适合你的路，然后分析透彻，练熟练精，做到知行合一，坚定地把它做到最优最好，它就能成为你长期获利的手段。想在投资中获利，你需要做的仅此而已。

第四节　成功投资三部曲

在投资市场上，有很多人始终找不到自己成功的路径。实际上，市场的变化速度很慢，如果能按照正确的方式去做，你一定可以找到正确的方法。但在现实中，很多投资者没有看清市场，也没有看清自己，缺乏主观意识，常常人云亦云，一直都找不到一条自己和市场连接的路径。到底怎么做才能找到自己的投资路径，获得成功投资的能力呢？

一、投资能力与其他技能的区别

投资能力的获得和其他技能的学习是完全不同的。比如，你要学习做一个茶壶，跟着师父好好学就可以，学做茶壶的路径只有一条，很难再出现第二条路径，只要有师父带着你走这条路，你肯定能学会。可是学投资却不一样，即便有人教你，你也未必学得会。因为在学做投资的时候，你会遇到很多问题。

首先，真正投资成功的人本身就很少，你很难找到真正懂投资的人来教你。如果你不懂投资，就不知道如何分辨这个教你的人是不是真正懂投资。

其次，不同于做茶壶，实现成功投资有很多条不同的路径，一个能够做好投资的人可能也只懂得他拿手的那一两种投资方法，但是投资获利不一定要遵循他的这种投资方法，运用其他投资方法也可以获利。也许他教你的方法是对的，但对你来说可能并不合适，那么你就很难靠这种投资方法获利。

最后，即使有了完整的投资方法，你离最终的投资获利依然很远。因为在实际操作中，你会遇到很多心理障碍，让你知道却做不到，无法真正做到知行合一。很多人做不好投资，问题恰恰就出在这里。

要真正将好方法执行到位，我们需要克服很多人性弱点，改变很多固有的思维方式。我们在日常生活中对事物包括处理与同事、家人、亲朋好友、生意伙伴等的关系时，都有自己认为比较合理的思维方式。一般来说，很多人的处事方式都是以自己的需求为中心，但是有些思路在投资中是不可取的。

正如我在上一节提到的，做投资必须按照市场规律去做，因为市场是不可改变的，你只能通过调整自己的方式去适应它。如果你的一些人性弱点、生活中固有的思维阻碍了你的投资，那你就要改变自己。

对很多人来说，改变是一件很难的事情，原因有二。其一，人都有一定的惯性思维，而习惯是比较难以改变的。其二，一旦你做出改变，那就代表你承认自己之前是错的。但是人都不愿意承认自己是错的，很多人宁愿承认自己有罪，也不愿意承认自己有错。这种思维方式是投资中最大的障碍。如果这些心理问题得不到解决，即使你有好的投资方法也执行不了，最终仍旧不能获利。

在投资市场上，短时间来看，有些人可能靠好运气暂时获利，而那些有好方法的人却未必能马上就获利。这就造成很多投资者不知道什么方法是真正可行的。有时候，他们带着侥幸心理去博弈，同样也能暂时获得盈利，渐渐地，他们就会陷入赌博状态，享受赌博带来的快感。而遵循研究方法去思考、推理，同时坚守纪律去做投资，这个过程十分痛苦，而且获利所需的时间有可能比较久。

相比之下，靠运气去博弈更符合人性的需求，于是，很多人自然就选择了这条路。但是在投资中，运气是可遇不可求的，真正具备投资能力，坚持按照好方法去执行才是长久获利的基石。

想要通过学习获得长久获利的投资能力，一定要找到好老师。一个好老师不会只教你一种方法，而是会给你提供完整的逻辑架构并为你指明方向，这样，你才能获得投资的能力，找到适合自己的持续获利的方法。任何领域的学习，最难的就是逻辑架构，先掌握清晰的框架和方向可以大大降低学习的难度。比如学习下象棋，如果你和身边的人水平都差不多，现在有一位老师为你提供了框架并指明了方向，那可能三天之后你下象棋的水平就比身边的人高出一个层次。学习打高尔夫球、唱歌等也是一样的道理。

同样地，学做投资，如果你有完整的逻辑框架和明确的方向，那你一定可以更快地实现从没有方法到有方法、从亏损到持续获利的进阶。

二、投资三部曲

想要做好投资，最重要的是明确投资双方之间的关系，投资的双方就是交易的市场和投资者自己。你要了解市场，看清自己，从自己出发，找到自己和市场的结合点并打深打透，这样就可以持续获利。因此，笔者将投资的逻辑框架梳理为三部曲：市场规律、人性规律、实战指南。

这三部曲就是本书接下来的重点内容，每个部分都很重要，任何一环出现问题都会使你做不好投资。

市场规律部分是市场层面的内容。市场的特性以及市场上的投资方法，主要包括以下内容。

1. 股票市场的收益情况。这些收益数据展现了市场最真实的一面，可以让你在投资中保持一个合理的预期值，减少盲目和不合理的妄念。

2. 你投资的标的到底是什么类型的产品，和其他金融交易产品有哪些区别？

3. 股票交易有哪些操作方法，每种做法有何利弊，底层逻辑是什么？了解这些内容可以让你对自己的投资方式有清晰的把握，在投资中有明确的目标。

4. 市场主流的两种投资方法——技术面交易和基本面投资获利的底层逻辑分别是什么？选择哪一种交易方式，决定了你能赚到哪一种钱。

5. 技术面交易具体应如何操作，包括买卖点判断、仓位配置、止损止盈法则以及有哪些提高胜率的外部因素。

6. 基本面投资要如何理解，具体包括哪些投资方式，如何操作，如何找到价值投资标的？

7. 全方位对比技术面交易与基本面投资，两种方法在思维方式、起步成本、持续性、难度等各个维度有什么不同，投资结果有多大差距？

人性规律部分是投资者层面的内容。在了解了市场、学到了投资方法之后，很多人还是做不好投资，主要问题就出在投资者身上。投资者要么是没有选择合适的投资方式，要么是受到外界干扰，又或者是被各种人性的弱点、思维的局限阻碍，导致无法做到知行合一。因此，在了解市场之后，你还需要了解自己。在人性规律这部分笔者将带你了解如何从自己出发做投资，如何避开外界的干扰，如何克服各种人性弱点，以及如何改变各种思维局限。

1. 投资要从自己出发。在投资市场上，每个人的条件不同、背景不同、需求不同，适合的投资方式自然也不同。我们经常能看到一些知名人士的投资收益不错，但是普通人“抄作业”时会亏钱。同样的方法，别人用可能是赚钱的，但是未必适合你，你必须找到适合自己的投资方法。

2. 在实际投资中，投资者本身与市场距离很近，但是外界的干扰，包括媒体的干扰、身边人的干扰以及自身的人性问题等会让你很难按计划去执行。例如，赚钱的股票拿不住；投资时越跌越补，越补越亏；做T会受到哪些心理干扰，处理不好会出现什么问题；跟别人讨论股票行情会对自己的投资产生什么影响；总是忍不住去追涨杀跌；等等。到底要如何屏蔽和解决这些外界的干扰、人性的弱点，才能在投资中保持独立思考？

3. 如何正确理解和应对投资中的错误。人天生不愿意承认错误，但是这种思想会让人变得不客观、不理性，这在投资中是大忌。因此，我们要了解这种天性的根源，思考如何才能摆脱这种天性，在投资中保持客观理性。

4. 投资必须具备的两种思维：概率思维和负面清单思维。概率思维可以让我们更理性、坦然地看待投资中的盈利和亏损，负面清单思维可以让我们避开投资中的致命风险和不必要的亏损。这两种投资中不可缺少的底层思维应该如何理解，如何才能应用到投资中？

实战指南部分是关于如何做好投资的具体操作。当你对市场规律和人性规律都有充分的了解之后，落实到实际行动层面还会遇到一些难题。

1. 投资市场上的方法和招式很多，但是会千招不如有一个绝招。到底如何做才能练出你的绝招？

2. 投资时机的选择很重要，很多散户之所以会被割韭菜，主要是因为不懂得选择合适的投资时机。到底如何把握投资时机，如何看待不同投资时点下的心态变化？

3. 投资追求的是确定性收益，要懂得把握投资的大势，那么，如何才能抓住确定性、抓住大势？在研究投资标的时，应该把时间和精力重点放在哪些方面？

4. 在实际投资中，很多人在面对“基本面、消息面和技术面各种信息如何取舍”“基本面不错的股票却迟迟不涨”“浮亏巨大时该不该止损”“市场极度悲观时该如何做”等问题时，会变得迷茫和不知所措。归根结底，问题的根源都是没有明确的目标，不知道做投资要“因为什么买就因为什么卖”。这个原则到底该如何理解、如何执行？

5. 做投资，你是看重方法还是结果，能不能分清楚运气和能力？如果找到好方法之后，短时间内没有好的结果时，要如何看待和应对？这是让你在投资中保持知行合一的关键。

从市场规律到人性规律，再到如何做好投资，是本书的重点内容。按照逻辑发展思路，我们应该先讲投资者自身的问题，再说市场的问题。但是投资者的问题涉及很多人性的痛点，对于很多人来说是比较痛苦的，他们可能很难坚持把本书看下去。而且很多人觉得投资方法很重要，更喜欢看投资方法的介绍。为了让读者有兴趣读完本书，我把市场的规律和投资方法放在第二章，第三章才讨论投资中的人性问题。

第二章

市场的规律

这一章主要讲市场的规律，从收益、品种、方法的维度深入剖析。本章主要内容包括：不同投资品的收益情况、股票市场的收益情况，投资者常用的两种投资方法——技术面交易和基本面投资的基本原理、两种方法有何差异、如何根据自己的特性和需求选择适合的投资方法。只有充分了解市场的规律，理解交易的基本原理，你才能够根据自己的需求选择适合自己的交易方式，才能快速找到投资获利的路径。

第一节　股票市场的收益情况

在投资市场上，很多投资者会亏钱其实并不奇怪，因为他们没有明确的收益数据定位。很多股民在刚刚接触投资的时候往往存在急于获利的心理，加上受各种媒体信息的影响，或者领略各路游资大神们的操作，对“靠投资赚大钱”心生向往，错误地把暴利看作市场常态。

当然，不排除市场上确实存在少数牛人。可是，对于一个投资经验不足的人来说，如果追求的投资目标不切实际，脱离了市场的本质，那么，自然会在不断犯错中连续出现亏损。

这一节主要从收益情况的角度讲市场的特性。充分了解市场的收益情况，可以帮助你建立清晰的定位和设定投资目标，让你对投资保持更加客观、理性的认知，减少盲目和不合理的妄想，避免不必要的亏损。

不同投资品实际的长期收益表现如何？在实际投资中，追求什么样的投资目标才是合理、可行的？

一、不同投资品的收益情况

市场上大部分投资者在长期投资时，除了选择股票外，也会把债券和黄金作为主要的投资品。需要强调一点，这里的投资品是指所有投资者都可以通过持有该产品，等待价格上涨获得收益的金融产品，外汇、期货等零和博弈产品没有自然增长的价值，不能作为长期投资，更不适合普通人投资，所以不能称为投资品。

黄金、债券、股票这三种比较常见的投资品，长期投资下来分别能获得多高的收益？

美国作为目前最发达的资本市场，其投资数据具有一定的代表性。有学者做过统计，假设1802年三个美国人手里各有1美元，他们基于各自的风险偏好做出了完全不同的投资决定：第一个人害怕风险，购买了黄金；第二个人愿意承担一定的风险，买了风险相对较小的债券；第三个人敢于冒险，买了风险较大的股票。经过长期持有，到2006年，也就是200多年后，他们原来的1美元分别会变成多少钱呢？

扣除通货膨胀的影响，到2006年，原本1美元的黄金价值变成1.95美元，几乎没怎么涨；1美元的债券价值变成1083美元，涨了1000多倍；而1美元的股票价值变成75.52万美元，涨了70多万倍。

用同样数额的本金投资三种不同的投资品，长期下来的投资结果有天壤之别。

实际上，纵观全球各个国家的历史，可以发现股票的长期收益率均远超过其他资产，不仅跑赢了债券等金融资产，还超过了房地产、艺术收藏品等非金融资产。总体上看，股票的长期投资收益率是最高的。如果你想要追求长期的投资收益，股票就是一个很好的投资品。

看到这里，很多人会有一个疑问：既然股票的长期投资收益最高，那么为什么还有很多人在股市上亏损惨重呢？实际上，很多投资者之所以严重亏损，主要是因为他们没有把股票当作一个投资品，没有追求长期收益的思想。虽然他们买的是股票，但不是真正地在投资，而是在博弈，说白了就是在赌。在追涨杀跌的频繁交易中，不仅浪费了股票成长带来的投资收益，还会造成很多不必要的损失。

二、中美股市的对比

很多人对美国股市的长期投资价值是比较认可的，但是对中国股市的评价却截然不同。很多投资者都有一种感觉，好像美国股市一直在涨，而中国股市常常“跌跌不休”。事实真是如此吗？为了更直观地展现中美股市的长期收益之间的差距，下面将对中美股市的涨跌情况进行分析对比，分别选取中美股市比较有代表性的股票指数来测算收益率。

中国股市比较有代表性的股票指数有三个：上证50指数、沪深300指数、中证500指数。目前股指期货只有这三个指数，在某种程度上也证明了这三个指数的代表性。其中，上证50是超级大蓝筹股的代表指数，沪深300是大盘股的代表指数，中证500是中小盘股的代表指数。这三个股票指数涵盖了中国股市上比较优秀的一批股票的情况。

而美国股市比较有代表性的股票指数是标准普尔500指数，这是美国影响力最大的一个股票指数，是美国的大盘指数，地位相当于中国的沪深300指数。

在这里需要说明一点，我在测算股票指数的收益率时，选择了市盈率相同或者接近的两个时点进行测算，以排除市盈率波动的干扰。

由于股票价格是由每股收益和市盈率这两个要素决定的，其中每股收益是可以持续上涨的，而市盈率是区间震荡的，所以长期来看，股票价格的涨跌最终取决于企业盈利情况。

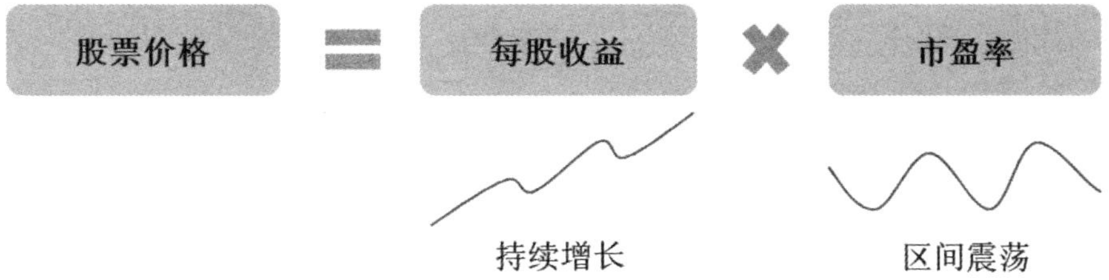

图2-1 股票价格的构成要素

在评判股市长期的涨跌情况时，我们要尽可能排除市盈率波动的影响，这样计算得出的结果才能更加真实地反映股市的收益水平。

（一）中美股市长期收益对比

下面分别对中美四个股票指数的长期收益率进行测算。

1.上证50指数

从2011年9月30日到2019年8月23日，上证50指数从1684点上涨到了2917点，两个统计时点的市盈率均为9.7倍，数据如表2-1、图2-2所示。

表2-1　上证50指数回测区间数据

标的	时间	点位	市盈率
上证50指数	2011/09/30	1684	9.7
上证50指数	2019/08/23	2917	9.7

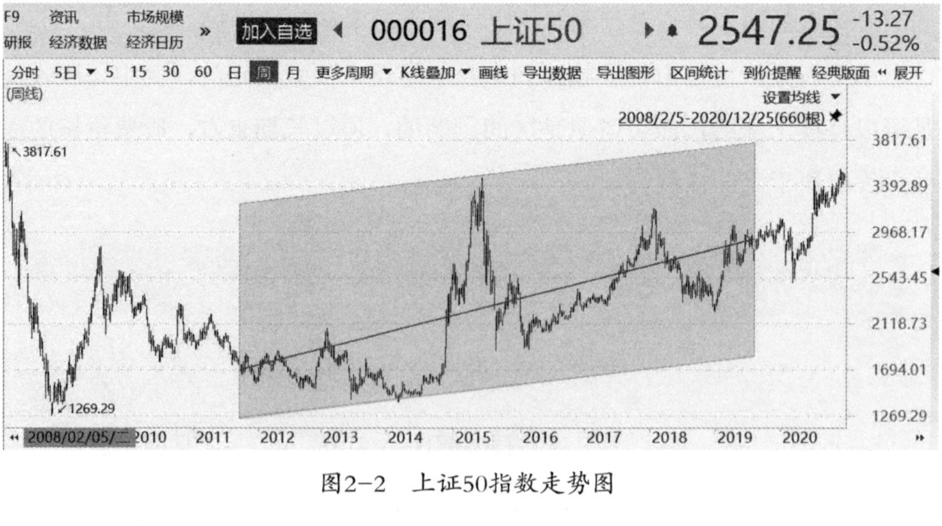

图2-2　上证50指数走势图

由此可以计算出，上证50指数在此期间的涨幅为（2917－1684）/1684≈73%，期间时长为7.9年，折算下来，年化收益率为5.7%。

由于个股的股价在分红派息时也会相应地下调，所以此时计算得到的涨幅只是股价的涨幅，并没有涵盖分红的利息。为了更完整地反映指数的收益情况，还需要在此基础上加上每年的股息率，这样得到的数据才是真正的年化收益率。

近10年，上证50指数的平均年化股息率大约为3.6%，因此，上证50指数在测算期间内的真实年化收益率为5.7% + 3.6% = 9.3%。

在这里需要补充说明一下，3.6%的股息率是大概估算的数据，如果投资者将每年3.6%的股息继续投资于指数基金，那么，这部分股息第二年还会产生3.6%的复利收益。我们只是简单按单利进行计算，不过数据偏差整体不会太大。

2.沪深300指数

从2008年10月31日到2019年8月23日，沪深300指数从1663点上涨到了3820点，在两个统计时点的市盈率均为11.3倍，数据如表2-2、图2-3所示。

表2-2　沪深300指数回测区间数据

标的	时间	点位	市盈率
沪深300指数	2008/10/31	1663	11.3
沪深300指数	2019/08/23	3820	11.3

图2-3 沪深300指数走势图

由此可以计算出，沪深300指数在此期间的涨幅为（3820－1663）/1663≈129%，期间时长为10.82年，折算下来，年化收益率为8%。

同理，在此基础上还需要加上沪深300指数每年的股息率，计算得到的结果才是指数真正的年化收益率水平。近11年间，沪深300指数的平均年化股息率为2.3%。因此，在此期间，沪深300指数真实的年化收益率为8%＋2.3%＝10.3%。

3.中证500指数

从2008年12月26日到2019年8月23日，中证500指数从1984点上涨到了4887点，在两个统计时点的市盈率均为18.8倍，数据如表2-3、图2-4所示。

表2-3 中证500指数回测区间数据

标的	时间	点位	市盈率
中证500指数	2008/12/26	1984	18.8
中证500指数	2019/08/23	4887	18.8

图2-4　中证500指数走势图

由此可以计算出，中证500指数在此期间的涨幅为（4887－1984）/1984≈146%，期间时长为10.67年，折算下来，年化收益率为8.8%。

同理，在此基础上还需要加上中证500指数每年的股息率，计算得到的结果才是指数真正的年化收益率水平。最近11年，中证500指数的平均年化股息率为1%。因此，在此期间，中证500指数真实的年化收益率为8.8%+1%=9.8%。

4.标普500指数

从2013年5月26日到2019年1月4日，标准普尔500指数从1667点上涨到了2531点，在两个统计时点的市盈率是很接近的，一个为17.4倍，一个为17.8倍，数据如表2-4、图2-5所示。

表2-4　标普500指数回测区间数据

标的	时间	点位	市盈率
标普500指数	2013/05/26	1667	17.4
标普500指数	2019/01/04	2531	17.8

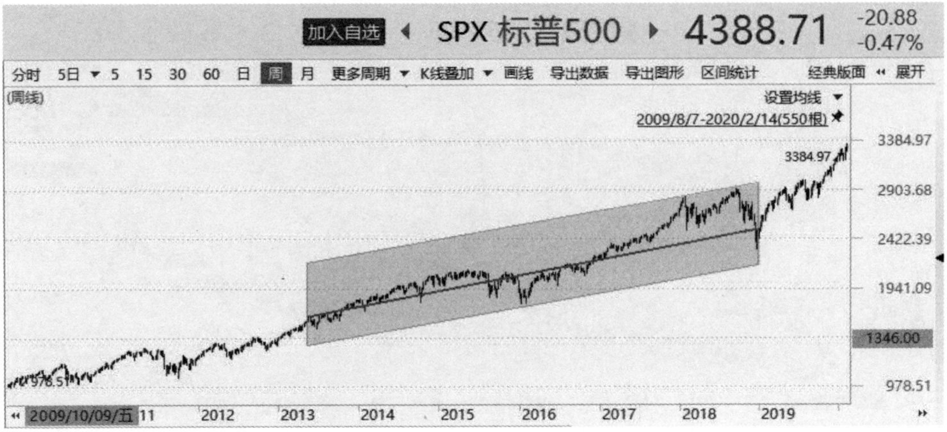

图2-5 标普500指数走势图

由此可以计算出，标普500指数在此期间的涨幅为（2531－1667）/1667≈51.8%，期间时长为5.53年，折算下来，年化收益率为7.84%。

同理，在此基础上还需要加上标普500指数每年的股息率，计算得到的结果才是指数真正的年化收益率水平。在测算期内，标普500指数的平均年化股息率为1.98%。因此，在此期间，标普500指数真实的年化收益率为7.84%＋1.98%＝9.82%。

总体来看，中国股市和美国股市优质股票的年化收益率都在10%左右，数据如表2-5所示。

表2-5 四个中美股票指数的收益率对比

股票指数	年化涨幅	年化股息率	年化收益率
上证50指数	5.7%	3.6%	9.3%
沪深300指数	8%	2.3%	10.3%
中证500指数	8.8%	1%	9.8%
标普500指数	7.84%	1.98%	9.82%

在这里需要强调一下，因为这四个指数的成分股都是整体市场上相对优质的股票，所以这里测算出来的年化收益率水平并不能代表整个股市的收益情况，只能反映纳入指数的这一批较优质股票的收益情况。例如，中国股市目前有近5000只股票，而沪深300和中证500两个指数一共只有800只成分股，这800只股票的平均年化收益率约为10%，但这800只股票在整个市场所有股票中的占比约为六分之一。

从实际数据来看，美国股票指数的涨幅其实并不比中国的高。那为什么很多投资者对中美股市的涨跌情况却有完全不一样的感受呢？其实主要原因在于中美股市的波动率之间的巨大差距。

（二）中美股市波动率对比

表2-6所示为中美四个股票指数的年化收益率和波动率的对比数据。表中的波动率数据是根据四个股票指数在回测区间内每日最大波动幅度的平均值计算得出的，即将指数每天的最高价和最低价之间的波动幅度加总计算平均值得到的。

表2-6　四个中美股票指数的年化收益度和波动率

股票指数	年化收益率	波动率
上证50指数	9.3%	1.85%
沪深300指数	10.3%	1.93%
中证500指数	9.8%	2.08%
标普500指数	9.82%	0.98%

从上表中可以看到，美国标普500指数的波动率只有不到1%，而中国三

个股票指数的波动率均为2%左右，比美股高一倍。在中国三个A股指数中，成分股盘子越小的，指数整体波动率越大：上证50指数波动率（1.85%）＜沪深300指数波动率（1.93%）＜中证500指数波动率（2.08%）。

直接将四个股票指数的波动范围图放在一起，通过阴影面积的大小也可以很直观地看出中国股市的波动率明显大于美国股市，如图2-6、图2-7、图2-8、图2-9所示。

图2-6　上证50指数波动范围

图2-7　沪深300指数波动范围

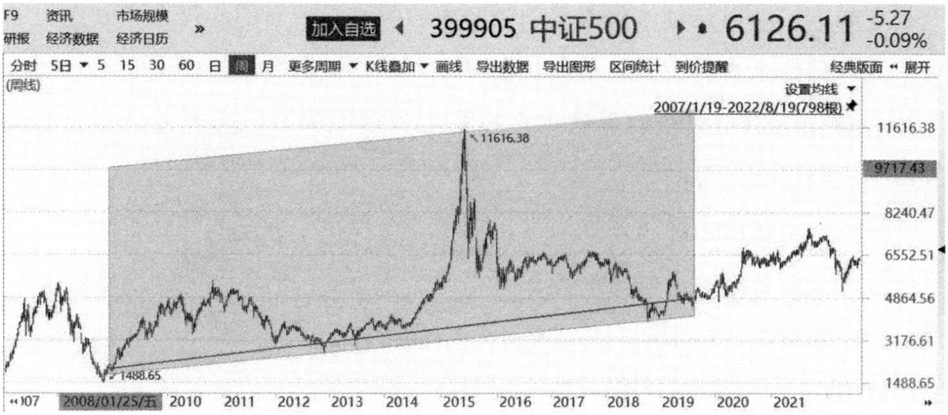

图2-8　中证500指数波动范围

图2-9　标普500指数波动范围

中国股市的波动率比美国股市高一倍，笔者个人认为，这可以说是高了很多。这就意味着，当市场处于牛市阶段或者情绪高涨的时候，美股涨2%，A股涨幅可能高达4%，甚至是8%。而在市场低迷时，A股的跌幅也远大于美股。

为什么中国股市的波动率会高出美国股市这么多呢？主要原因就是中国的散户太多，导致市场上追涨杀跌的羊群效应巨大。正是因为中国股市的波动率太大，所以这种大起大落的走势很容易给投资者的心理造成创伤。尽管从测算数据来看，中国股市的长期收益并不比美国股市差，但是实际的持股体验却差很多，这也就导致很多投资者觉得中国股市的表现远不如美国股市。

另外，中国股市的高波动率，也为投资者提供了充足的博弈空间，从而导致很多投资者喜欢用技术面操作。相比之下，美国股市的波动率小得多，博弈的空间有限，技术面交易者的生存空间比较小，很难有效发挥技术面交易的能力。

未来，随着国内金融市场的持续发展，投资者转向机构化是一个必然的趋势，市场的波动率也会逐渐降低，技术面交易的生存空间势必逐渐被压缩。至于投资者机构化的进程需要多久，这不好判断，但这个方向是确定的。

2023年2月1日，A股已经开始实行全面注册制，这意味着市场上高风险的股票会越来越多，技术面交易的风险也会明显上升。如果没有清晰的止损机制，在交易过程中没有严格地止损，那么无论你之前赚了多少利润，可能一次没有处理好就会“全军覆没”。想要规避这种高风险，就应该做价值投资。另外，实行全面注册制之后，整个市场的格局将会逐渐改变，垃圾股会逐渐退市，“炒垃圾”的情况会变得越来越少，市场波动率随之逐步降低，技术面交易者的能力将会慢慢被弱化。总之，做价值投资才是投资者的合理出路。

三、投资收益的数据

通过前面的分析可以看到，无论在美国股市还是在中国股市，股票的长期投资收益都是很可观的。当然，前提是一定要有追求长期收益的思想，而不是追求不切实际的一夜暴富。

投资股票时追求多高的目标收益率才是合理的？不同的年化收益率，长期下来会有多大的区别呢？下面分享两组投资收益数据。

如果每年收益10%，十年后的总收益是多少？1.6倍。

如果每年收益20%，十年后的总收益是多少？5倍。

每年27%的收益和十年10倍，你会选哪个？是不是觉得“十年10倍”听起来好像更吸引人一些？实际上每年收益27%，十年后的总收益就是10倍。这个数据与你的预期一样吗？

如果把这个年化收益率稍微调低一些，每年收益26%，十年后的总收益是多少呢？9倍。没错，虽然每年收益的差距只是不起眼的1%，但是十年后的总收益就相差了近一倍的本金。如果差距再稍微放大一些，长期累积下来的总收益差距其实也是不容小觑的。

也许27%的年化收益率乍一看似乎不算很高，但是“十年10倍”的总收益应该很少有人会不满意吧?！这个收益水平有多难达到呢？我们可以看看A股市场的真实收益情况。

表2-7 A股上市满十年股票收益数据统计

情况	股票数量（只）	占比
上市满十年的股票	2168	100%
“十年10倍”	34	1.5%
年化收益率超过20%	108	5%
年化收益率超过10%	376	17%

表2-7统计了截至2021年8月A股上市满十年股票的收益数据。上市满十年的股票一共有2168只。其中，年化收益率超过20%的股票有108只，占比5%；年化收益率超过10%的股票有376只，占比17%；而“十年10倍”的股票一共只有34只，占比1.5%。也就是说，抓住一只“十年10倍”股票需要百里

挑一，难度多大可想而知。即使你真的能够选中这只百里挑一的标的，你能坚信它是“十年10倍”的股票吗？能够坚定持有十年吗？把这个概率也计算进去，最终能做到“十年10倍”的难度就更大了。

看到这些数据，你有什么感受呢？股市的实际情况和你日常追求的投资收益目标存在多大的差距？一些做短线交易的投资者往往喜欢盯着每月收益10%的目标。每个月收益10%，一年的总收益就超过2倍。有没有做短线交易的朋友可以做到的？你身边的人有没有能做到的？

上面讲的都是追求股票高收益的一些数据，股票投资虽然收益高，但风险也相对较大。投资市场上还有一些相对稳健的投资产品，虽然收益不如只投资股票的收益高，但是风险相对较小。下面看一些风险较小、收益稳健的数据要如何快速计算。

如果年化收益率为8%，收益翻倍需要多久？9年。

如果年化收益率为6%，收益翻倍需要多久？12年。

有一种非常简便的算法，就是直接用72除以这个年化收益率（去掉%），就能得出收益翻倍大概需要多少年。比如，年化收益率为8%，72除以8等于9，大概9年收益就能翻倍；假如年化收益率为6%，72除以6等于12，那么大概12年收益就能翻倍。

如果你的目标更大一些，想要收益翻两倍，则可以用115除以年化收益率（去掉%），得到的结果就是收益翻两倍所需要的时间。比如，你投资100万元，年化收益率是10%，大概11.5年之后就可以变成300万元。

这里所有的算法都是按复利来计算的，因为投资收益率只有按复利计算才合理。

四、收益目标如何定?

在投资市场上，很多人给自己定的收益目标不合理，导致他们一直在用错误的方法投资。比如，有些人买股票时总想着抓一只大牛股，一年收益翻一倍，两年收益翻三倍，然后就一直盲目地在市场上追涨杀跌、频繁买卖。越是达不到预期，他们就越着急，越容易胡乱操作，最后由小亏变大亏，连市场平均收益水平都达不到，更别提实现收益目标了。做投资，必须给自己定一个符合实际的、可能达到的收益目标。

从前面的分析可以看到，过去10年左右的时间里，A股头部20%的那批优秀公司长期投资下来的平均年化收益率是10%左右。美国股市也一样，最优秀的那批公司的长期平均年化收益率也是10%左右。世界上最牛的投资者是股神巴菲特，他的平均年化收益率是20%。对于普通投资者来说，我们应该追求的目标收益率在10%～20%之间，也就是15%。如果你能达到这个水平，就已经超越市场上大部分人了。

另外需要注意一点，15%的平均年化收益率是长期投资的结果。有些人喜欢制订一些短期的等额目标，比如每个月赚2%，或者每年最少赚20%，等等，如果你是做期货短线交易的话，这样定目标也是可以的。比如，笔者早期做期货交易的时候也会给自己定每个月的目标，不过笔者追求的不是要赚多少，而是不亏损。

但如果是投资股票，做基本面价值投资，就不能制订这种短期的等额目标。因为股票行情波动是周期性的，牛市的时候可能收益会超过你的目标，熊市的时候可能达不到目标，中间还有震荡期。一个牛熊周期可能要7～9年的时间。而且上一个周期是这么长时间，下一个周期就不一定了。

一个月赚多少，一年赚多少，这种短期结果是没办法把握的。你应该做的是找到一个长期有效的方法，并且坚持按这个方法去操作，最后你一定能赚取到合理的收益。

第二节 股票、期货、期权的差异

股票、期货、期权是金融市场上比较常见的三个投资品。其中，股票市场的体量最大，其次是期货市场，期权市场的体量是三者中最小的。

我刚入行的时候，股票市场每天的成交金额只有100亿元左右，如今一天的成交额有时候超过万亿元。而期货市场的品种数也从我早期交易时的10个左右增加到了现在的70个左右。期权市场现在还是只有20个商品期权、4个指数期权以及一些不对普通投资者开放的个股期权。不过，随着市场的发展，期权产品未来也会逐渐增多。

三个投资品本质上各不相同、各有特点，投资者可能会根据自己的需求而选择不同的品种，又或者因为一些机缘巧合而接触到某些品种，等等。比如，有些人因为看到身边的亲戚朋友炒股赚钱了才进入股票市场；也有些人所学的专业与金融、经济相关，后来自然而然地进入投资市场。

实际上，有一部分人虽然已经进入投资市场，但是都是按照自己的本能、直觉或情绪在做投资交易，对不同投资品种的特性尚不清楚。

股票、期货、期权之间有什么区别呢？只有充分了解它们的特性和优劣势，才能够准确地评判这个投资品跟自己的投资方式、所追求的盈利目标是否契合，才有可能做好投资。三个投资品的差异主要体现在两个方面：收益率和杠杆比例。

一、收益率的差异

通常，我们在比较不同金融产品的收益表现时，需要先将它们的收益数据统一折算成年化收益率，之后才能直接进行对比。年化收益率是指将产品的收益折算成每年的平均收益率。下面分别看看股票、期货、期权三个投资品的年化收益表现。

（一）股票的年化收益率

根据上一节中“中美股市的对比”的数据测算，无论在中国股市还是在美国股市，近些年，优质股票的平均年化收益率都是10%左右。注意，这里的统计范围只包括上证50、沪深300、中证500、美国标准普尔500四大指数的成分股。因此，这个收益数据只能反映这些优质股票的收益水平，不能代表市场上所有股票的收益水平。

也就是说，如果你能够坚持长期持有中美股市上的这些优质股票，可以获得的平均年化收益率大约为10%。

（二）期货的年化收益率

投资股票可以获得不错的长期收益，而期货则不同。期货交易属于零和博弈游戏，它跟我们日常生活中的打麻将、斗地主的性质是一样的，有人赢钱时就必然有人会亏钱，不可能全桌的人同时都赢钱。因为期货市场没有自然增长的价值，所以你通过期货交易亏的钱都是被别的投资者赚走的，而你赢的钱也都是别人亏的钱。也就是说，期货的自然年化收益率为0。

（三）期权的年化收益率

从表面上看，期权交易和期货交易的性质差不多，都是“有人赚就有人亏”的零和博弈游戏。不过在期权市场上，买卖双方获得收益的概率和比例其实完全不同。

以认购期权的买方和卖方为例，认购期权的买方是合约权利方，如果标的价格一直下跌，那么期权买方可以选择不行权，最多就是损失一笔权利金，承担的风险是有限的。可是，如果标的价格持续上涨，上涨的空间是无限的，那么行权的盈利也可以是无限的。

如果标的价格一直下跌，认购期权的卖方可以选择不行权，最多就是赚到一笔权利金的收益。可是如果标的价格一直上涨，那么损失会持续扩大。

也就是说，双方的盈亏比是不同的。期权买方是“损失有限、收益无限”，而期权卖方却是“损失无限、收益有限”。但是，期权卖方的钱真的这么好赚吗？为什么盈亏比差异这么大，还是有人愿意做期权卖方？其实关键就在于双方获得收益的概率也不一样。

虽然期权买方看似只损失一小部分权利金就有机会获得高额收益，但是实际上，买方真正能获得高额回报的概率是很低的。同样地，虽然期权卖方看似只获得了一小部分权利金，损失额度比较大，但是实际上卖方损失的概率很低，获得权利金的概率很高。

简单来说，在期权市场上，期权买方付出了一段时间的成本，来博取此段时间单边上涨或下跌的机会。由于市场大部分时间都是震荡的，所以期权买方成功博中的机会其实很小，但是一旦博中，就可以获得高收益，期权的博弈关系主要就体现在胜率和赔率这两个因素上。

在现实交易中，期权买方往往是广大普通投资者。一方面，很多普通投资者抱有一夜暴富的心理，希望以小博大，获得高额收益。另一方面，普通投资者的资金量不够大，对市场的认识也不够充分，无法平衡风险与收益，一旦出现对自己不利的行情，也许只发生一次就是灭顶之灾，所以普通投资者无法很好地承担期权卖方小概率的大额亏损，只适合做期权买方。

而期权卖方往往都是机构，因为期权卖方获利的确定性相对更大。对于机构来说，用一部分资金在这个市场上获得一个相对比较稳定的收益是很合理的。虽然期权卖方看似需要承担很大的风险，但是期权卖方会同时卖出很多个不同的合约，平摊下来之后整体风险就很小。

那么对于普通投资者来说，作为期权买方在期权交易中的收益情况如何？

从整体市场来看，期权交易与期货交易的性质类似，都属于自然年化收益率为0的零和博弈游戏。作为期权买方时，投资者需要付出的成本有多高？我们知道，期权买方需要付出的成本就是一笔权利金，以此来换取一段时间内以小博大的机会。因此，按照期权合约的剩余天数，权利金可以折算成年化成本。

举个例子，2020年6月4日沪深300ETF价格为5. 25元，期权合约的行权价格也为5. 25元，期权合约的权利金及合约剩余天数如表2-8所示。

表2-8　沪深300ETF期权合约的权利金

合约内容	权利金（元）	行权价格（元）	合约剩余天数	年化成本（365天）
认购	0.0918	5.25	19	33.59%
认沽	0.0916	5.25	19	33.52%
认购	0.1666	5.25	54	21.45%
认沽	0.1533	5.25	54	19.74%
认购	0.2313	5.25	110	14.62%
认沽	0.2362	5.25	110	14.93%
认购	0.3077	5.25	201	10.64%
认沽	0.3297	5.25	201	11.40%

根据上表中期权合约的数据，可以计算出每一份期权合约的年化成本。比如，剩余天数为19天的沪深300ETF认购期权合约权利金为0.0918元，也就是期权买方买入一份合约需要花费0.0918元，期限为19天，将成本折算成年化利率即为33.6%。这意味着，如果投资者连续做这个合约，在市场波动率变化不大的情况下，年化成本大约是33.6%。这里只对产品的特性做分析，至于投资者个人的水平有多高、能够赚多少、是否足以覆盖这个成本，属于另一个话题，不做讨论。

以此类推，其余期权合约的年化成本也可以计算得出：54天到期的合约权利金为0.1666元，折合成年化成本即为21%；110天到期的合约权利金0.2313元，年化成本为14%；201天到期的合约权利金0.3077元，年化成本为10%。

也就是说，作为期权买方，在市场波动率变化不大的情况下，每年固定要付出的成本就有10%～30%。

最后，将股票、期货、期权三个投资品的年化收益率进行对比，可以得出：股票的年化收益率约为10%，期货的年化收益率为0，期权买方的年化收益率为-30%～-10%（见图2-10）。

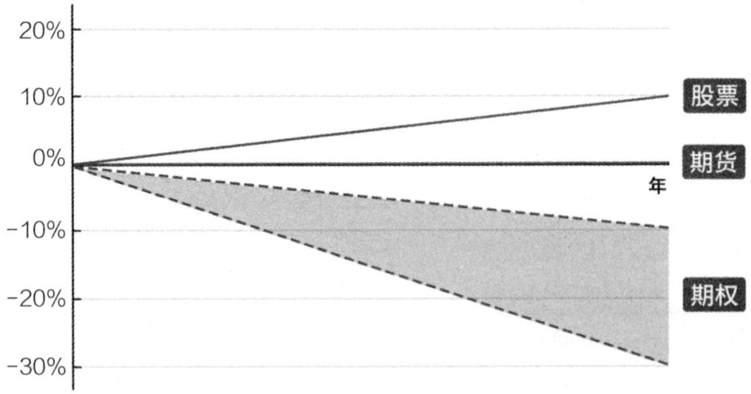

图2-10 股票、期货、期权的年化收益率对比

二、杠杆比例的差异

在杠杆比例方面，股票、期货、期权三种投资品也存在比较大的差异。杠杆比例也叫作杠杆比率，是指投资者通过借贷等工具利用小额的资金撬动数倍的资金进行投资。简单来说，杠杆比例是多少倍，那么投资者就可以利用自有资金撬动多少倍的资金，用同样的本金可以买到价值多少倍的东西。

举一个现实生活中的例子，假设小明要买一辆价值20万元的车，他直接全款支付了20万元，那他就是用20万元的自有资金买到了价值20万元的东西，没有使用杠杆；小王同样也买了这款车，但是他只付了6万元首付，其余的14万元按揭贷款，此时小王用6万元的自有资金买到了价值20万元的汽车，其实就是利用杠杆实现的。

下面对比一下三个投资品的杠杆比例。其中，股票本身是不带杠杆的。一般情况下，投资者通过证券公司的融资业务可以自行额外增加资金，融资利息大概是7%，但这不属于产品天然自带的杠杆。

而在期货交易中，投资者买卖期货签订合约时不需要缴纳全部的资金，只需要按照合约价值的一定比例缴纳保证金。保证金比率越低，杠杆效应就越大，大概缴纳15%的保证金就可以撬动100%的资金，折算下来，杠杆比例接近7倍。

期权的杠杆比例可以根据表2-8中的数据来计算，用0.0918元的权利金买入价值5.25元的资产时杠杆比例是最大的，相当于57倍杠杆。而用0.3077元买入价值5.25元的资产时杠杆比例最小，相当于17倍杠杆。

可以看到，期权的杠杆比例是最大的，其次是期货，而股票没有杠杆。

总的来看，三个投资品的差异可以简单总结如下。

- 股票的自然收益较好，杠杆比例低。
- 期货没有自然收益，但杠杆比例高。

◆期权（买方）的自然收益为负且幅度较大，但杠杆比例极高。

选择哪个投资品进行投资，每个人都有自己的考量。当然，在投资之前，了解清楚它们的特性是最基本的要求。看完以上分析，你应当对如何选择投资品心中有数了。

第三节　市场上的三种交易方式

平时谈到股票投资的时候，人们常常用不同的表达方式。有些人认为买卖股票就是在“炒股”，有些人则认为自己是在“投资”，有时候我们还会听到“投机”的说法。除了说法不同以外，很多人还经常会在“炒股”和“投资”的结果上产生争议。但事实上，很多时候人们所说的根本不是同一个维度的事情。

投资、投机、炒股其实分别代表了三种不同的交易方式。对于这三种交易方式，每个人都有不同的理解，例如，有人认为赚钱了就是投资，亏钱了就是投机；有人觉得长期价值投资就是投资，短线博弈就是投机……

到底应该用什么标准来区分这三种交易方式呢？可能很多人都没有明确的标准。笔者认为可以按照两个标准来区分，一是看盈利目标和为了达成此目标所需要的时间周期，二是考虑企业本身。

一、区分投资、投机、炒股

看看以下三个案例，你认为每个案例所代表的交易方式分别是哪一种呢？

案例1：小李认为某只股票未来两年业绩都会比较好，同时它目前的估值水平是适中的或者偏低的。经过一番计算之后，小李预计这只股票未来两年会有50%的收益，这部分预期收益来自业绩增长和估值提升两个方面，于是买入这只股票。

案例2：小明发现最近发生的一个突发事件造成短期内某只股票大跌，他觉得这只股票会反弹，并且未来1～3个月内会有较大的上涨机会，于是在此时买入。

案例3：小兵买入某只股票，目标是在未来几天时间内获得10%～20%的收益。

以上三个案例中，三个人的盈利目标是不一样的，预期的时间周期也不一样。

案例1中的小李希望随着企业的成长获取目标收益，时间周期是2年。我认为这种交易方式可以定义为投资。

案例2中的小明因为捕捉到一个阶段性机会而买入该股票，希望获取目标收益，时间周期是1～3个月。我认为这种交易方式可以定义为投机。

案例3中的小兵是靠股价几天内的快速波动赚取收益。很显然，这只股票短短几天时间的涨跌和公司的业绩、行业的变化是毫无关系的，主要取决于市场及个股的资金走向。我认为这样的交易方式可以定义为炒股。

根据盈利目标的不同，三种交易方式可以总结如下。

- 随着企业发展、主要看企业经营层面的状况进行交易的行为属于投资。
- 根据市场波动寻找阶段性价格偏差机会的行为属于投机。
- 只看几天时间内资金影响所带来的股价快速波动机会的行为属于炒股。

根据时间周期的不同，三种交易方式可以总结如下。

- 以年为周期的交易为投资。
- 以月为周期的交易为投机。
- 以日为周期的交易为炒股。

当然，以上对三种交易方式的定义并不是标准的定义，在这里只描述出三种方式的大致方向，方便读者理解和区分这三种交易方式。

下面列举三个例子来详细说明一下这三种交易方式。

投资：某只股票的年净利润是100亿元，市盈率是7倍，目前总市值为700亿元。小李预计该公司未来两年每年业绩增速是15%，两年后净利润可达到130亿元。另外，这只股票历史长期平均市盈率为10倍，未来两年可能会估值修复。那么两年后，这家公司的市值将有机会上升到130亿×10＝1300亿元。市值从现在的700亿元上升到两年后的1300亿元有80%的上升空间，于是他决定买入持有。这种交易行为就属于投资。

投机：2008年，乳制品行业爆出三聚氰胺事件。当时这个“黑天鹅”事件导致乳业股票大跌，可是小明认为以后大家肯定还是需要正常喝牛奶的，行业龙头的地位还是会持续，于是买入了乳业龙头股票，等待行情修复上涨。

在这种情况下，小明买入乳业股并不是因为评判它未来的业绩会持续增长，而是捕捉到一个因事件影响所产生的低价买入的阶段性机会。这种交易行为就属于投机。

炒股：最近某个板块在市场上关注度很高，今天的涨幅很大。小兵关注了其中一只股票，今天已接近涨停。此时小兵买入该股票，目标是今天涨停，并等待明天、后天持续上涨，然后找时机把它卖掉，期望的目标收益大概是10%～20%。

小兵这种只盯着短期的资金流向，不考虑企业的长期发展，只做短期博弈的交易方式就属于炒股。

看过这些案例，相信你对投资、投机、炒股这三种交易方式已经有了比较清晰的认识。在实际投资中，你会选择哪一种交易方式呢？

二、选择交易方式的原则

投资、投机、炒股这三种交易方式没有好坏之分，每个人都可以根据自己的需求来作选择。但是，需要特别注意的一点是，80%以上的投资者的投资行为其实不属于这三种情况中的任何一种。他们不是选择了第四种交易方式，而是总没有章法地随便操作，没有完全采用一种交易方式。他们会在买入时采用一种交易方式，在卖出时又换成另外一种交易方式，买卖的理由不一致，所以不能简单将他们的交易方式进行划分。

比如，很多人可能最开始是按照投资的想法去买入，但赚了一点后就按炒股的方式去卖出；有些人是按照投机的想法去买入，但是被套住了，之后又转变成按投资的方式去卖；还有些人甚至在买入的时候没有任何理由，虽然出现亏损，却一直套着不卖。这些情况在投资中很常见，导致很多人一直亏损却不知道问题出在哪里。

投资、投机、炒股这三种交易方式，只用其中任何一种都没有问题。但无论你采用的是哪一种投资方式，都必须按照同一种方式去做，简单来说就是“因为什么买，就因为什么卖”。

因此，你首先需要明白如何区分这三种交易方式，把不同交易方式之间的界限划分清楚，这样，你才能知道自己是为了什么而操作，是按照哪一种交易方式来操作。在这个基础上，再努力做到“因为什么买，就因为什么卖”，即按照同一种方式去操作。

如果你的目标是看几天的行情，那你就做几天的行情，不管这几天有没有达成目标，只要预期的时间一到你都要把它了结；如果你的投资目标是预计未来两三年获取一定的目标收益，在买入之后，只要一切都还在你计划的路径当中，你就不应该提前采取任何措施，而是应该等到你预期的时间点再行动。千万不能因为受到市场波动、账面盈亏的影响就随意改变自己的交易路径。

只有完全采用某一种交易方式，你才能够在成功或失败中得到经验、吸取教训，才能提高自己的交易能力。相反，如果你买卖的理由不同，且不是同一个路径的，你就永远无法掌握交易的结果，这在本质上属于一种瞎蒙式的“赌”。因为这些结果都是运气带来的，与你的技术和能力无关，这样的投资最终结果一定是失败的。

在实际投资中，很多投资者会遇到很多问题，从而无法坚定地做到“因为什么买，就因为什么卖”。究竟要如何处理这些问题，如何才能真正做到目标明确、“因为什么买，就因为什么卖”呢？关于这个话题，后文会进行详细讲解。

第四节 技术面交易与基本面投资概述

目前，技术面交易和基本面投资是市场上主流的两种投资方式。这两种投资方式有着本质上的区别。下面先来简单介绍一下这两种投资方式。

一、什么是技术面交易?

技术面分析，是指利用K线或者技术指标来观察和预测股票的走势。比如股票的资金流向、换手率、均线交叉、KDJ、MACD等指标属于技术面分析要素。这种通过技术面分析寻找交易机会的交易方式就是技术面交易。

一般来说，投资者根据技术面指标很容易就能够得出评判结果。例如，资金流向不是流入，就是流出；换手率为1%～2%属于正常水平，达到5%以上则比较高；通过均线交叉来判断买入或卖出时机，当5日均线上穿15日均线时（为短周期平均线上穿长周期平均线）应当买入，当5日均线下穿10日均线时（为短周期平均线下穿长周期平均线）应当卖出；等等。

二、什么是基本面投资?

基本面分析，是指通过行业特性及发展情况、企业经营业绩和估值水平等与企业内在价值相关的信息来衡量和评判股票的投资价值。这种通过基本面分析寻找投资机会的投资方式就是基本面投资。

相比于技术面交易，基本面投资需要分析的要素更多，包括企业的财务状况、估值情况、行业特性等，而且各类要素的分析难度也很高。在财务方面，我们要看公司的营业收入情况、近几年的收入增长率变化情况、非主营业务的变化情况、净资产收益情况、产品毛利率、净利率等要素。在估值方面，我们还要看企业的估值高低。需要注意的是，基本面分析的每一项结果都不能单独拿出来使用，起码需要结合几项结果进行综合判断才能得出结论。

三、两种投资方式获利的底层逻辑

我们在股票市场上做交易，能赚到的钱有两种：一种是企业利润增长带来股价上涨的钱；另一种是不考虑企业本身的要素，只把股票当作一个博弈的标的，赚取别人亏损的钱，也就是零和博弈的钱。技术面交易和基本面投资赚的是不同的钱，选择哪一种交易方式决定了你能赚的是哪一种钱。

一般来讲，赚取企业利润增长带来股价上涨的钱就是基本面投资。做基本面投资，本质上就是在投资企业，随着企业经营业绩增长获利，要关注那些与企业本身价值相关的基本面要素，重点关注其中两个要素：企业的利润情况和估值情况。

而与企业本身价值无关的其他因素属于技术面要素，包括K线、均线、各种指标、资金流向等。选择技术面交易，赚的就是零和博弈的钱。技术面交易只把企业当作一个代码，本质上跟公司没有关系，做短线博弈就等于进了赌场，上哪一张赌桌都一样，最后能不能赚钱取决于你的胜率和赔率。

打开看盘软件，你主要关注的是哪一种要素就代表了你是哪一种类型的投资者。多数时间用于看K线的人往往是技术面交易者，而多数时间用于看F10里面的企业基本面信息的人往往是基本面投资者。

长期来看，整体股市是上涨的，即使你选的投资标的不算很好，只要能够获得市场平均收益，就会有一定的增长。相比之下，技术面交易者往往是在某个时间段做短线，这样可能就浪费了股市自然增长带来的收益。而基本面投资者是长期持股，可以获得自然增长率。

有些人可能会提到量化交易。这里说明一下，量化交易其实不属于交易方法，它属于基本面投资或技术面交易方法中的一种应用工具。简单来说，量化交易是用计算机来统计历史数据，然后通过历史数据的辅助，为对未来的判断提供更多的数据支撑。

量化交易可以将技术面的历史K线和价格、均线、各种指标、资金流向量化，也可以把基本面的各个财务数据量化，比如对收入情况、扣非净利润、净资产收益率等财务数据进行量化。因此，量化交易并非投资方法，而是用在某一种投资方法中的一个辅助工具。

四、为什么多数人喜欢技术面交易？

虽然只有做基本面投资才能够获得股市自然增长带来的收益，包括巴菲特、彼得·林奇等成功的投资大师都做着基本面投资，但是在投资市场上，多数普通投资者更喜欢技术面交易，也都是从技术面交易做起。为什么多数人会选择技术面交易呢？最主要的原因有以下三点。

（一）买入理由简单，容易得出评判结果

我们交易股票，首先要做的是买入，买入就需要有一个买入的理由，而不能闭着眼睛乱买。在投资上，技术面就是最容易找到买入理由的地方。

股票投资需要研究的东西太多，普通投资者往往没有精力，也没有能力去完全深入研究，一般都更喜欢选择一个能够简单、快速地做出决策的方

式。技术面交易的特点之一就是容易得出评判结果，这也是多数投资者喜欢技术面交易的一个核心原因。

技术面分析看的是K线和均线、KDJ、MACD、乖离率、布林线等各种技术指标以及资金流向等，通过这些信息观察和预测股票的走势，寻找交易的机会。

比如，看一只股票的K线，我们会看最近它的价格是大涨、大跌还是横盘，昨天有没有出现一根大阳线，等等。5日、10日、30日、60日、250日的均线是大家平时经常看的，均线往往代表了一种趋势：K线在均线之上，往往代表着趋势向好，动能较强；K线在均线之下，往往代表着势头较差，动能偏弱。

而基本面分析是看一家公司的本质。我们交易的众多股票代表一家家上市公司，股票价格的涨跌取决于上市公司的盈利状况和估值的高低。基本面分析是根据这些企业本身的数据来判断企业未来的价值，看的是公司背后的逻辑、产品背后的逻辑。你要去分析那些跟企业内在价值相关的信息，包括行业特性、行业发展情况、企业经营业绩、估值情况等，最后衡量和评判出股票的投资价值，找到投资机会。由于要分析的基本要素很多，难度也比较大，如果没有系统的逻辑就根本不知道如何综合判断，所以很难得出结论。

相比之下，技术面分析很容易就可以得出评判结果。这种简单、快速获得结果的方式往往更符合人性的需求，所以在现实中，很多人更愿意分析技术面，而不愿意分析基本面。

（二）能满足多数人赚快钱的需求

从表面上看，技术面交易更能满足多数投资者想要快速赚钱的需求。如果是做基本面投资，赚取企业业绩增长带来股价上涨的钱，这个过程往往是漫长的。从业绩增长的速度来看，一家像贵州茅台一样优质的公司，年利润增长幅度大约为20%。即使这家优质公司已经是市场上最牛的，但是，20%的利润增长所带来的股价上涨也不足以满足部分投资者进入投资市场的需求。

很多投资者希望博得短期的价差，他们认为，只有不断博得短期的价差才能够获得更高的收益。一家企业的利润增长20%需要一年的时间，但一只股票的价格上涨20%完全可能在一周之内就完成。想赚快钱的人不会用一年时间来赚20%，他们希望的是一周赚20%，而想要在短时间内赚取这么多收益就要做短线博弈。这就是很多投资者选择技术面交易的原因之一。

巴菲特曾经说过，没有人愿意慢慢变富。但是我们要知道，快速致富的路径是难以行通的。即使有短期获利的机会，广大普通散户也很难抓住。市场上有很多职业股民，他们每天的工作就是看盘，比普通散户更有优势。如果你只是在工作之余偶尔打开手机、电脑看一下行情，下个单就能赚到钱，你觉得这合理吗？

想想看，如果你三个月才去麻将馆打一次麻将，比起那些天天待在麻将馆的人，你的水平会高过他们吗？在股票交易市场也是一样，有很多人天天在股市里盯着，如果你是一个完全业余的投资者，你可能连他们都战胜不了。即使真的有人能赚到这种短期的利润，也只会是那些天天守在电脑旁的职业股民。

实际上，就算是那些天天守在电脑旁的职业股民，多数也没赚到过这种利润。在投资市场上，只有极少数人能够获得暴利，他们找到了一种适合自己的方法，而且只在某一段时间才有可能做到，没有人能长期做到。至于为什么不能长期做到，我们后面再细讲。

因此，技术面交易能满足很多人想快速赚钱的心理，但最终的结果是只有极少数人能赚到钱，且不是长期可持续的。尽管在投资中很难做到快速赚钱，但是这种需求依然很庞大。其实从这种庞大的需求来看，我们应该知道这件事情是行不通的。如果大多数人都赚钱，那谁亏钱给他们呢？这本身就是不符合常理的。只能是少部分人赚钱，大多数人亏给他们，这样才合理。

（三）普通投资者的资金量比较小

很多人更愿意选择技术面交易，跟他们的资金量较小也有关。

想想看，价值投资领域最牛的典范巴菲特，他的长期平均年化收益率是20%，价值投资能做到这个水平就很了不起了。但是一个人如果只有5万元的资金，就算他能做到巴菲特的水平，那么每年也只能赚到1万元。对这个收益，任何人都不会满意。

巴菲特刚开始管理基金的时候是26岁，最开始的时候，巴菲特也做过技术面交易，但是后来他的资金量比较大，他总是觉得技术面交易有所不妥，也就是确定性不够。当他接触到基本面投资的时候，他就决定走这条路。其实根本原因就是庞大的资金量使得他必须追求确定性，促使他往价值投资这个方向靠近。

与巴菲特的情况截然不同，大多数普通投资者的资金量很小，所以很多人到了股票市场，首先追求的不是确定性，而是高收益。严格来说，很多投资者都没有思考过自己的做法到底能够获得多高的收益，而他们追求的高收益无法通过基本面投资来实现，自然只能选择技术面交易。

巴菲特说过，如果你和一个人讲价值投资，他在一分钟之内不能认可，那他就永远不会认可。这句话是有道理的，认不认可价值投资是人的个性问题，它跟一个人看事物的格局有关，一个只愿意做短线博弈的人只在乎短期利益，而一个愿意做价值投资的人看中的是长期利益。

不过，我认为这只是其中一个方面，更多的是由资金量的大小决定的。就像一个连饭都吃不饱人的确很难去考虑理想，资金量太小的投资者也很难只关注长期利益。如果你现在手里有1亿元资金，你会在股市上炒短线吗？我想大多数人都不会，可能还会看几眼以前从来不看的银行股。如果你有10万元资金做投资，亏20%才亏2万元，可能只要努力一下很容易就能把亏损的钱赚回来。但是如果你拿1亿元做投资，亏20%就是亏2000万元，2000万元是多少人一辈子都赚不到的。所以当一个人资金量大的时候，他对价值投资的倾向性自然就会变强。

简单来说，就是钱少的时候不怕风险，更期望高回报，而钱多的时候厌恶风险，即使回报低也没关系。资金量的大小使得投资者对风险和收益有不同的看待方式。中国多数投资者都是资金量不大的中小投资者，所以他们更倾向于选择技术面交易。

以上这三点原因都是出于人性的需求，但这样做到底对不对，还需要全面了解一下这两种方法，然后再仔细进行思考。

第五节 技术面交易

前面我们了解了投资、投机、炒股三种交易方式。实际上，炒股这种交易方式采用的就是技术面交易方法，在交易时完全不考虑企业本身的情况，只关注短时间内市场资金流动所带来的股价快速波动的机会。它就是一个博弈游戏，是一个靠胜率和赔率取胜的概率游戏，想要实现获利就必须严格按照一种好的技术面交易方法去执行。那么，技术面要素主要有哪些？具体应如何操作？

一、主要的技术面要素

（一）K线

看看下方这幅K线图，我认为，这是一个相对完整的牛熊加震荡的周期。看K线，主要是看形态。我们先看图2-11所示的这个大形态，我将它分成了五段，相对来说看得更清晰一些。

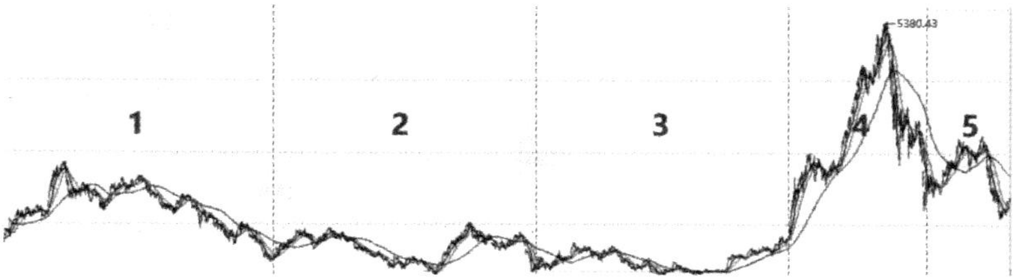

图2-11 K线图

第1段，市场的震荡幅度相对稍大一些，上涨的时候速度也很快，下跌的时候虽然时间很长，但幅度很大。

第2段比较震荡，但上涨和下跌的幅度明显都比第1段要小一些。

第3段也是一个震荡区间，但下跌的幅度明显比第2段还小。

前面这3段整体行情的波动率从大到中再到最小逐渐收敛，之后又出现一个大的行情——第4段开始暴涨，暴涨之后就面临着暴跌。因为市场涨幅过大，泡沫过多，暴涨之后一旦开始下跌，下跌的空间自然会很大，所以第4段的后半期下跌的幅度很大。

之所以说牛市是散户的第一杀手，是因为暴涨的时间太短，投资者来不及反应，利润空间又太大，所以很多人没有想明白就冲进去了，而且随着行情越走越高，投入的资金也越来越大，随着市场转向大幅下跌，很容易就出现大幅亏损。

最后，第5段是在第4段暴涨和暴跌之后的大震荡。经历了第4段后半期的暴跌之后，第5段的前半期先是快速反弹，反弹之后整体的趋势还是力量偏弱，所以第5段后半期下跌的速度也是比较快的。

以上就是这个大形态的整体情况。K线大局看的就是周期波动率，这是核心要素。

可能有些人会在第4段的时候分上涨三浪、下跌五浪，这相对来说比较含糊，而且周期也不够长，如果我们要看浪型，那么，放在一个比较完整的牛熊周期来看才比较合理。

技术面交易最核心的点就是波动率，波动率是最外层的大框架。通过图2-11，你可以看出一个完整周期的波动率。我们要做的就是看到当下的波动率，然后预测下一个周期的波动率可能会发生什么情况。

如果现在是中度波动，那么接下来的行情相对来说就不稳定。波动率越低，接下来爆发大行情的概率就越高。波动率越高，上涨和下跌的速度就越快，你就更要小心。

总体来看，大波动率会变成中波动率，中波动率会变成小波动率，但是大波动率不会直接变成小波动率，而小波动率则会直接变成大波动率。

（二）均线

均线往往代表了趋势，我们看均线主要就是看趋势。图2-12中有三条均线，分别是10日、20日、60日均线。其中，10日均线高于20日均线，20日均线高于60日均线。短期均线高于长期均线，往往代表市场的趋势是向上的。

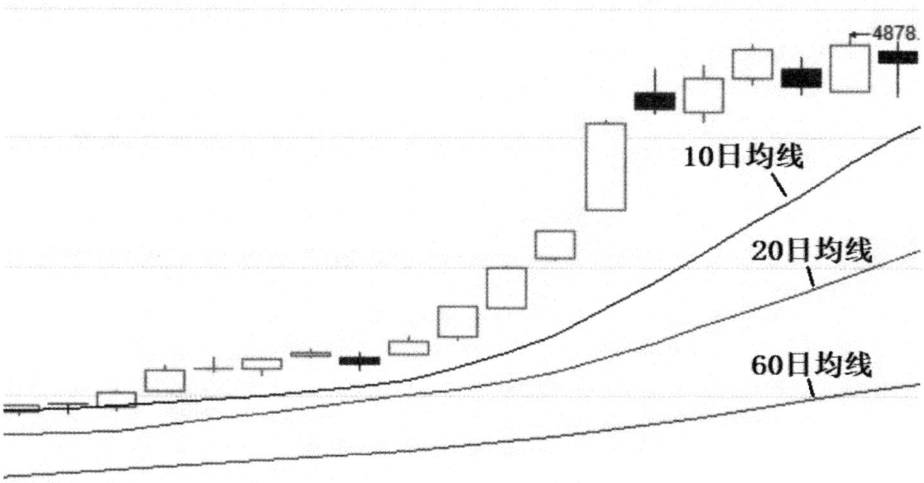

图2-12　趋势向上的三条均线

我们再看图2-13，图中同样有10日、20日、60日三条均线。不过，这三条均线错综复杂。10日均线有时候上穿20日均线，但又低于60日均线；20日均线有时候上穿60日均线，同时也上穿10日均线，没有形成明显的趋势。三条均线不断交织，像这种情况往往没有一个明显的趋势。

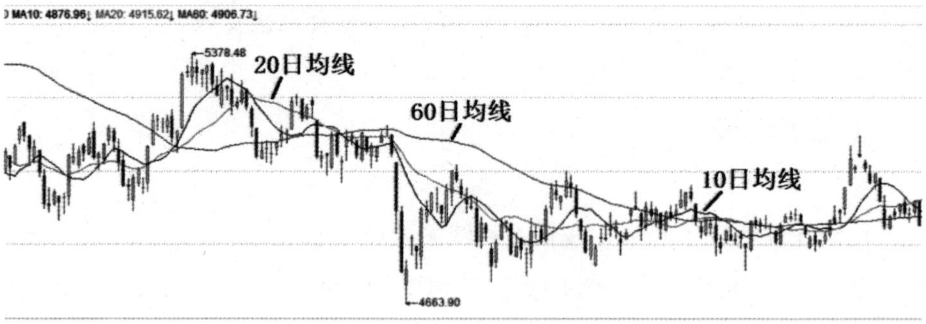

图2-13　无明显趋势的三条均线

图2-14中，10日均线低于20日均线，20日均线低于60日均线。小周期低于大周期，整体趋势向下，这就是我们经常说的空头排列。

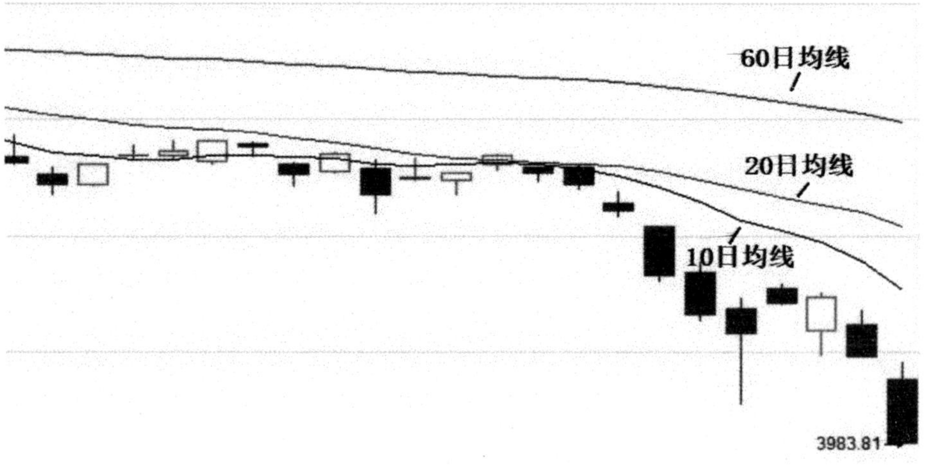

图2-14　趋势向下的三条均线

其实，均线这个指标的用处很简单，无非是看趋势，近期是向上、向下，还是没有明显趋势。作为一个辅助指标，均线在技术面交易中还是有一定作用的。

（三）乖离率

乖离率，简单来说就是一种偏离度。偏离度越大，乖离率数值就越大。虽然我们肉眼也可以直接看出偏离度的大小，但是乖离率是一个具体的数值，可以让我们更加清楚地知道偏离度到底是多大，然后判断我们接下来该怎么操作。

偏离度大小的参考分两种情况：第一种是当市场行情疯狂上涨（见图2-15）时，偏离度过高，这个时候我们就要考虑是不是应该离场；第二种是当市场行情疯狂下跌（见图2-16）时，偏离度过高，这个时候我们要考虑的是有没有可能最后一股力量已经卸掉，是否有抄底的机会。

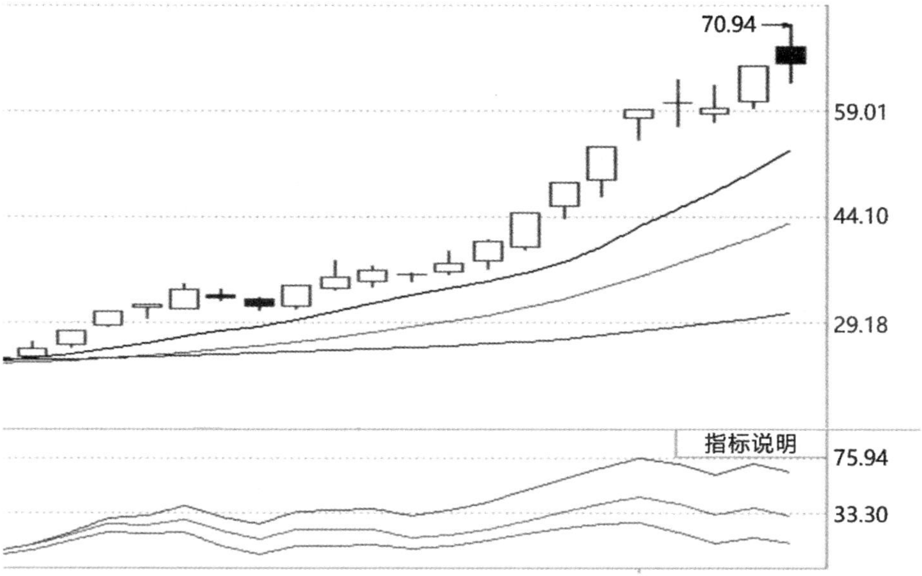

图2-15　行情上涨

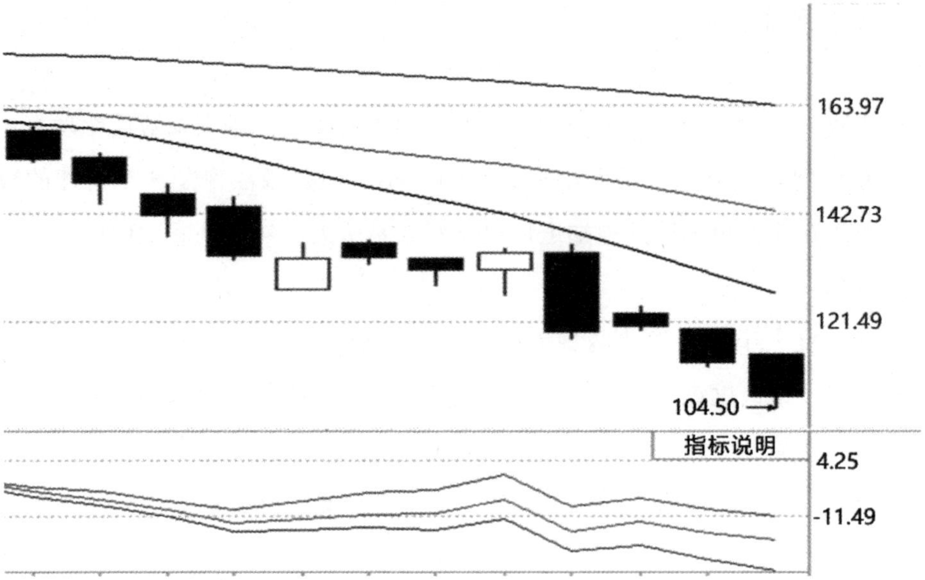

图2-16　行情下跌

乖离率的算法是用当日的收盘价与某几日平均价的差价除以某几日平均价，其实就相当于除以多少日的均线价格，最后得到一个百分比。比如，你认为15日的周期比较合理，那你就用当日的收盘价减去15日的均线价格，再除以15日的均线价格，就可以计算出当前价格与15日的均线的偏离程度，即乖离率=[(当日收盘价-N日平均价)/N日平均价]×100%。

这个道理很简单，也很容易理解。投资者重点要对周期的概念有一定的理解。你要确定一个自己认为合适的周期，这个周期跟你的目标收益率要相匹配。

比如，你确定的周期是15日，然后希望15日能获利的空间在25%以上，这样就相对合理。如果你设定的目标位为5日这个周期，然后目标盈利为25%，那就不太合理了。这就要求你对交易品的波动率特性有一定的概念。

比如，市场上有些股票是活跃的，有些股票是不活跃的，那么，你对活跃和不活跃的股票制订的标准就应该是不一样的。活跃股在活跃的时候，15

个交易日可以涨30%～40%。而不活跃的股票即便在活跃期，15个交易日之内也可能仅能涨10%。因此，当你买不同股票的时候，你要根据它的波动率设定不同的收益率。

这里我们不再做过多的解释，如果你想了解更多的内容，可以直接从网站上查资料，一般交易软件中都会有相关的介绍。

（四）MACD

MACD指标是在均线的基础上衍生出来的一个指标。

这里的均线不是我们通常所说的简单移动的平均线MA，而是另外一种移动平均线EMA。简单来说，MA是简单平均线，直接取每天的收盘价加总除以天数，算出一个平均价；而EMA是加权平均线，计算均价时，越近期的值，权重就越大，越早期的值，权重就越小，也就是说EMA更关注近期价格走势。

关于EMA具体如何计算等内容，这里不做详细介绍，大家可以自行查询阅资料。对于各个指标，我只简单说明一下它的意思，便于大家理解后面的内容。这些是比较基础的知识点，只有思考明白了，才能理解后面叠加的数据。

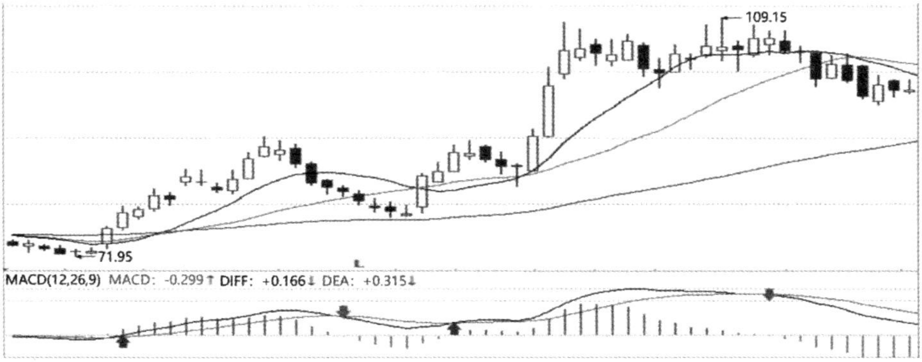

图2-17　MACD指标

MACD指标的计算主要分为3步。

第1步：先找两条均线，计算差离值DIFF

我们需要先找出短周期EMA均线和长周期EMA均线，用短周期的EMA减去长周期的EMA，就可以得到差离值DIFF，即DIFF＝EMA(CLOSE,SHORT)-EMA(CLOSE,LONG)。

如果短周期均线的价格大于长周期均线的价格，那么两者相减得到的差离值DIFF为正值，说明行情是上涨的。

第2步：计算DEA值

DEA是DIFF的加权移动平均线，也就是用一个时间（M）将DIFF进行EMA平均，即DEA＝EMA(DIFF,M)。

第3步：计算MACD指标

MDCA值是DIFF与DEA差值的两倍，即MACD＝2×(DIFF-DEA)。

总结一下，计算MACD指标的具体公式如下：

DIFF＝EMA(CLOSE,SHORT) - EMA(CLOSE,LONG)；

DEA＝EMA(DIFF,M)；

MACD＝2×(DIFF-DEA)。

这里要注意一点，我们要自己设定均线的周期参数。一般交易软件里面的均线指标都有一个周期数值，这个数值没有固定标准，可以根据我们的理解来改变。如果你不知道这些指标具体是什么周期，那么，它和你交易周期的匹配度可能不合理。你应该明确自己的交易周期，然后据此匹配周期参数。

MACD这个指标的细节比较复杂，需要你对均线有比较深刻的理解。MACD指标就是在均线的基础之上进行延伸。实际上，你在日常交易时只需要关注均线就行了，其他很多指标都是均线的衍生品。

如果你对均线的理解足够深刻，那么这个公式自然不难理解。如果你对均线的理解不够深刻，就不需要先去了解MACD，因为你不知道它的根源是什么。均线就是MACD的根源，我们必须先了解均线，熟悉均线之后，自然很容易就可以充分理解MACD了。

（五）布林线

布林线（BOLL）由三条线组成，如图2-18所示，中间的均线叫中轨，这是一条我们常见的均线，通常周期在20～30日之间。而上、下两条线分别是中间这条均线加减X倍的标准差，通常是2～3倍之间。

从图2-18中可以看出，当行情波动较大时，外围的两条线会拉得更开，这说明标准差更大；当行情波动小时，外围的两条线就收敛，说明标准差更小。

图2-18　布林线

布林线主要是用中轨上、下的两条线来衡量的。有些有震荡思维的人喜欢在行情接近上轨时卖出，在接近下轨时买入。而有些有趋势思维的人刚好相反，喜欢在行情接近上轨时买入，认为趋势将要来临，而在行情突破下轨时卖出，认为趋势将持续向下。所以，布林线的使用方式不是绝对的，到了轨道附近是该买入还是卖出，要根据你整体的操作思路，布林线可以作为一个辅助的小工具。

这个指标的关键要素就是均线加减的标准差。很多人可能不太理解标准差到底有什么作用。这里列举一个例子来帮助大家理解一下标准差。假设现在有两组体重数据，第一组三个人的体重为别为60、70、80公斤，第二组三个人的体重分别为50、70、90公斤。

大家扫一眼这两组数据，就能看出第1组数据的偏离度低，第2组数据的偏离度高。这两组数据的平均值都是70公斤，我们如何用一个数据来衡量偏离度的大小呢？用标准差。

标准差的算法是以平均值为中心，将所有数据和平均值的差值的平方加总，除以数据的个数，取平方根。这些数据的偏离度越大，那么差值的平方加总就越大，除以数据个数再开平方根之后得到的标准差值就越大。

第一组数据：

$$标准差=\sqrt{[(60-70)^2+(70-70)^2+(80-70)^2]/3}$$

$$=\sqrt{66.6}\approx 8.16$$

第二组数据：

$$标准差=\sqrt{[(50-70)^2+(70-70)^2+(90-70)^2]/3}$$

$$=\sqrt{266.6}\approx 16.33$$

第二组数据的标准差明显大于第一组数据的。

这就是标准差的原理。看了上面这个例子之后，你应该知道标准差的作用了。至于如何取数据才合理，这些细节就需要自己研究了。我只把基本的原理讲明白，其余的细节内容都有详细的公开资料，这里不再细讲。

总的来看，K线反映价格，而价格是技术面交易的第一核心要素。均线是一个最简单的辅助观察价格走势的工具。乖离率反映了价格与均线的偏离关系。MACD反映了短均线和长均线之间的关系。布林线就是波动率的一种表现形式。

实际上，这些技术面要素都是价格的一系列衍生品。因此，K线的形态是最重要的。做技术面交易，看价格和均线这两个指标就足够了。你将这两个指标研究明白之后，可以再考虑把其他指标加入自己的过滤系统，但是不建议你将其他指标作为自己的交易指导。

笔者个人认为，越往后延伸的指标越复杂，不应该过多地考虑，应该将基础的评判依据作为买卖的理由。而那些复杂的指标最多只能作为过滤工具，越复杂的指标越不能作为买卖依据，因为任何买卖依据都不可能绝对正确，一个指标太复杂，如果出错了将很难调整。

简单来说，大家只要理解技术面交易的几个指标之间的关系就好，真正要用的只有K线和辅助的均线。笔者做交易的过程中只用K线就能获利，后期用均线作为辅助，做量化交易时把几个指标加入最后的过滤系统。因为量化交易是用计算机执行的，所以需要更缜密一些。如果是人为的手动交易，那就不需要其他指标了。

二、六种市场形态

在具体讲解技术面交易的操作方法之前，我们先认识一下各种市场形态。技术面博弈的买入机会不多，要视不同的市场形态而定。常见的市场形态大体包括以下六种。

（一）连续上涨

连续大幅上涨的股票在回调时往往速度比较快、幅度比较大，不建议选择。

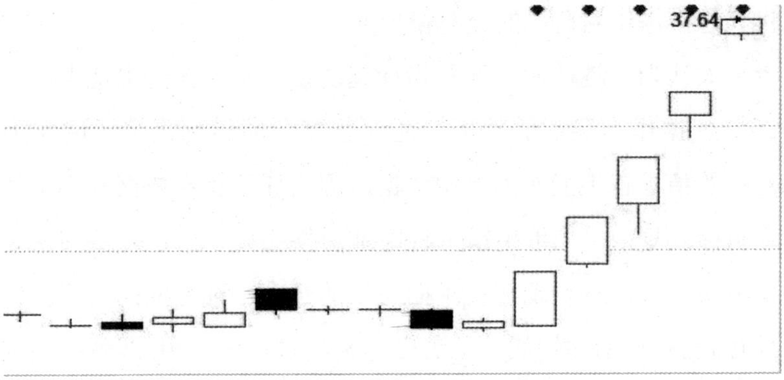

图2-19　连续大幅上涨的市场形态

（二）上涨后震荡

上涨后震荡的股票往往主要趋势是向上的，往上涨的概率比较大，是比较适合寻找买入机会的市场形态。

图2-20　上涨后震荡的市场形态

（三）上涨后回调

上涨后回调的市场形态和上涨后震荡的市场形态差不多，这种股票上涨的动力强，股性活跃。我们在寻找买入机会时，可以把这两种形态作为主要的选择方向。其中，上涨后回调的市场形态可能更好，因为这种市场形态的时间跨度更大，有充分的反应时间，取胜的概率更大。

图2-21　上涨后回调的市场形态

（四）连续下跌

对于连续下跌的股票，我们很难知道什么时候是底部，而且经常会出现越跌速度越快的情况。即使买在底部，股价也不会马上就反弹，还可能在底部震荡一段时间。

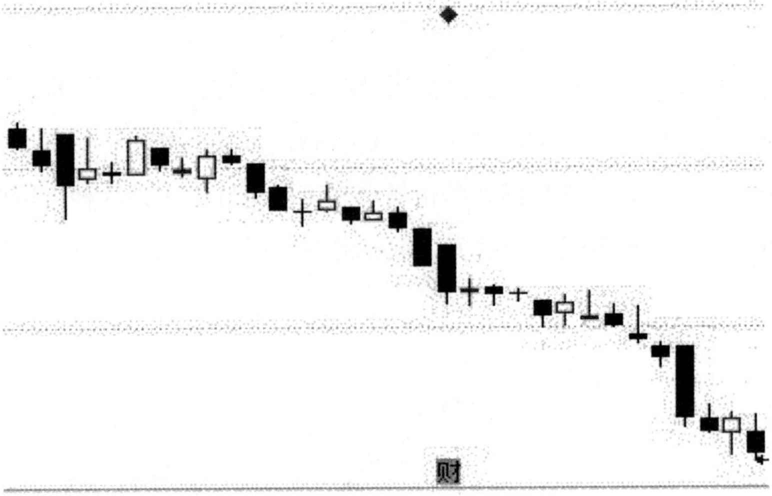

图2-22　连续下跌的市场形态

（五）下跌后震荡

股票的走势往往有一定的趋势，下跌后震荡通常是对之前下跌的力量进行缓冲，之后继续下跌的概率仍然比较大。

即使你能够在这种市场形态中找到投资机会，这一招也不适合作为你的投资方法。投资的盈利大部分来源于牛市，但是由于牛市中没有这种市场形态，所以，你不可能在牛市中找到这种投资机会。

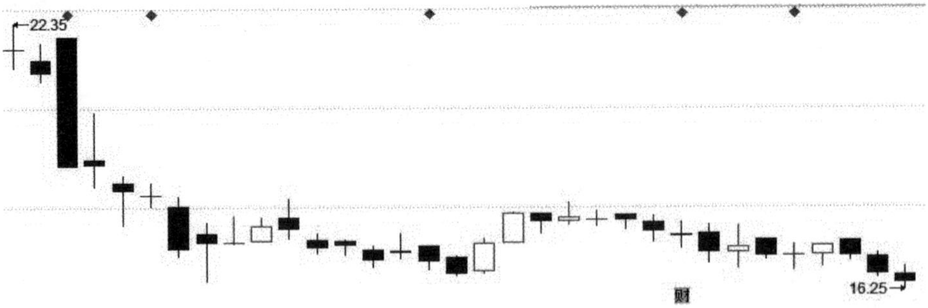

图2-23　下跌后震荡的市场形态

（六）下跌后反弹

下跌后反弹的市场形态和连续下跌、下跌后震荡两种市场形态一样，下跌趋势力量很大，往上涨的概率都比较小，不值得去博弈。如果你将这种投资方式作为主要方向，那么你可能在最赚钱的牛市中找不到投资机会，必须换一种方式应对。

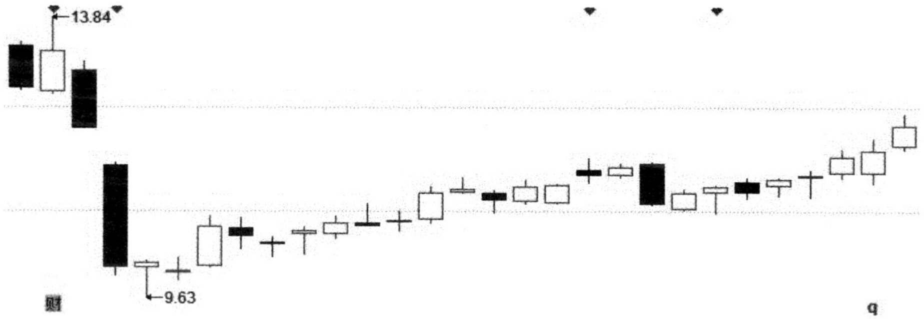

图2-24　下跌后反弹的市场形态

三、技术面交易如何做?

（一）技术面交易的特性

技术面交易不考虑企业本身的情况，只关注市场资金流动带来的股价快速波动机会。它就是一个博弈游戏，有一定的概率能赚钱，也有一定的概率会亏钱，不可能每一笔交易都赚钱，因此，你必须接受亏损也是常态。

这就好比你去赌场，即使赌场前面连开了20把“大”，你也无法确定第21把一定是“小”。技术面交易和赌博都是概率游戏，只是概率的大小不同而已。

既然技术面交易是一个概率游戏，那么我们要做的就是找到一个在胜率和赔率上能够取胜的好方法，然后靠着这个好方法长期持续交易。在持续交易的过程中有赚有亏，赚的减去亏的，最后剩下的才是我们真正赚的。

在投资市场上，我们经常会见到一些人非常在乎每一笔交易的得失，这些人其实都没有用概率思维去看待问题。用概率思维看待问题的人注重方法，只要方法合理，每笔交易的结果如何不重要，因为他知道交易最终是靠方法获胜的。而没有概率思维的人每次都只在乎盈亏结果，赚了就开心，亏了就难过。在投资中，这样的人最后注定会亏损。你只有注重方法，最后才可能获利。

那么，如何找到一种好的技术面交易的方法呢？

（二）一种好方法的四大要点

一套技术面交易系统有四大要点。把握好这四大要点，你就能找到最简单、最有用的一招，只靠这一招就能够实现获利，甚至反复用能够持续获利。

1.选择买卖点

从技术面上看，一只股票的上涨行情一般分为三波，当然，不是说所有股票都能涨三波，也有一些股票涨一波就没了。有的股票是真正有价值的，有的股票完全是炒作出来的，但炒作力度也分大小，所以我们很难具体作出评判。

我认为，技术面交易主要是寻找这些股票第二波上涨的机会，这时最合适、风险收益比最划算。

一般来说，如果一只股票有三波上涨行情，那么在第一波行情中，我们往往很难找到机会，因为这个阶段的行情往往上蹿下跳，我们根本不知道它何时会启动，而且在行情来回波动中也很难坚定持有。而第三波行情的风险很大，波动更加剧烈，价格又在高位，此时同样不应该买入。相比之下，第二波行情的买入机会相对容易找到，而且更加稳健，所以我们主要找第二波行情的启动点。

如何找到第二波上涨的机会？我们要在第一波上涨之后，行情回调震荡时，寻找第二波上涨的机会，也就是前面六种市场形态中的第三种。通过图2-25，我们可以看到这个二次启动的图形。

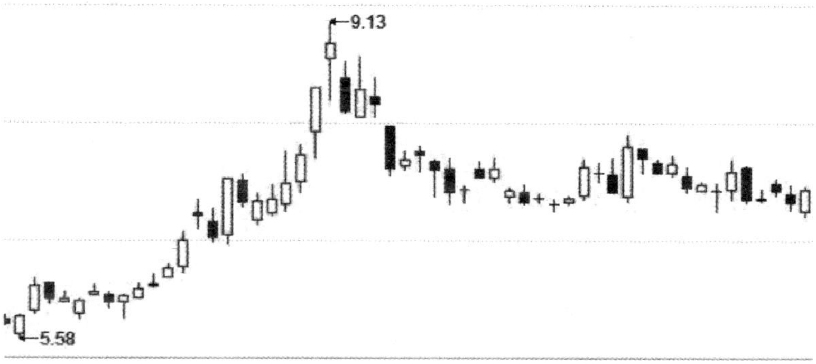

图2-25　行情上涨后回调

我们主要是寻找如图2-26所示的这种市场形态，买入之后等待行情出现第二波上涨。

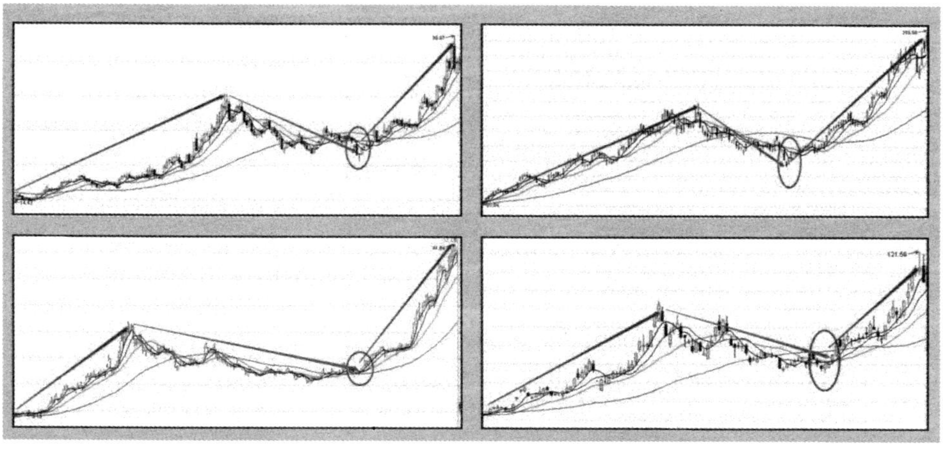

图2-26　第二波上涨

当然，不是所有股票上涨回调后都会出现第二波上涨。当没有资金炒作时，股票上涨后又回落也是很正常的情况。因此，我们还需要采取仓位配置和止损策略来应对。

2.仓位配置

之所以很多人在交易时都处理不好仓位配置的问题，主要是因为他们没有通过底层的人性心理去考虑。从底层的人性心理来看，配置的股票数量太多或者太少都不好。

如果你只选一只股票，这只股票的仓位太重，它的涨跌就很容易给你带来比较大的心理压力。涨多了你可能会兴奋，心态浮躁。跌多了你又可能会很悲伤，在该止损时不舍得止损。也许一次股价持续下跌就会让你“受重伤”，后面都很难再翻身了。

如果你把仓位分成10份，买入10只股票，这样投资的风险相对来说小一些，单只股票止损带来的痛苦也会减少很多，但是你需要有足够的精力全面兼顾。你要买入10只股票，可能在这之前你得看上百只股票才能够挑选出来10只，而且买入之后还要及时跟踪，这时你可能没办法同时清晰地追踪每一只股票，也没办法想得很深。

一般来说，配置3～5只股票是比较合理的。这样的仓位配置可以避免单只股票仓位过重时股价涨跌带来的大喜大悲心理，以及持有过多只股票带来的无法兼顾这两个问题。解决了配置几只股票的问题，我们还要考虑如何定一笔交易的投资金额。

我建议让每一笔交易都定量，按照统一的资金、统一的原则去交易。如果每一笔交易都要考虑买20万元还是买25万元，这个过程会浪费很多心力。每一笔交易都定量可以让我们避免这种问题，减少不必要的消耗心力的思考，把心力集中在行情研判上，这才是你当下最需要做的事情，这一点非常重要。

具体的资金规划要如何做呢？假设你炒短线的资金是100万元，如果全仓平均买入4只股票，那么每只股票的交易金额都是25万元。但是，因为你不能确定刚开始交易就能够持续盈利，所以你买入了数只股票，有的股票涨，有的股票跌，当你卖出之后，下一次的资金会有所变化，有可能不足100万元，那么下一次开仓你就无法保证每只股票都能够买入25万元。因此，这个投资金额不应该是25万元，而应该定得低一些，如23万元。留下的8万元，相当于总资金100万元的8%，这部分可以作为一个弹性空间。这样，即使一段时间内行情不好，我们的交易亏损了，也能保证后续每一笔交易的金额都是23万元。

如果你现在已经买了4只股票，但是还有看好的新股票，该怎么办？这时，你绝对不可以把钱分出一部分，买入第5只股票。笔者的建议是，当你持仓的股票已经有4只时，要等到其中一只股票达到计划的条件卖出之后，再买入第5只股票。这样持续滚动，一直保持这种仓位分配比例。

这种按照统一的资金、统一的原则交易的方式有三个好处。

第一，能克服人性中的贪婪和恐惧。

第二，能减少时间和精力解决管理问题。

第三，能让你能够坚定地按计划执行，只有坚定执行才能知道你的方法是否可行，才能让你的投资判断能力快速提升。

3.设定止损止盈机制

由于技术面交易是一个靠概率和赔率取胜的零和博弈游戏，是没有确定性的，所以你必须用一个合适的规则来解决它的波动问题。也就是说，未来的行情有可能持续上涨，有可能持续下跌，也有可能反复震荡。如果行情持续下跌，就一定会产生巨大的亏损，可能一次失败就会让你全军覆没，所以你必须设定止损机制以及与其相匹配的止盈机制。每一笔交易你都要先根据止损止盈机制，设定好止损位和目标盈利位。一旦行情下跌到止损位时，你就要坚决把它平掉。只要保证最后赚到的钱比亏损的钱多，你就是获利的。

具体如何设定止损止盈机制呢？其实就是看概率和赔率之间的关系。

在概率上，笔者认为交易成功的概率不超过50%。在交易的过程中，我们的每一笔交易到了止损位都必须严格止损，如果哪一次不止损或者止损的空间超出了原计划，就会造成更多的亏损，最后可能出现盈利无法覆盖亏损的情况，这就不划算了。有时候，行情在突破你的止损位之后很可能马上又涨回来，这就意味着我们会经常止损错误，所以交易成功的概率在50%以下。

在赔率上，为了确保最后能够获利，我们就要多赚、少亏，这才是合理的方式，才符合赔率的逻辑。笔者之前在交易的过程中，经常把赔率设定为1∶3，也就是一笔交易亏损的时候如果亏1元，那么赚的时候要赚3元，这是这笔交易下单时的基本目标。如果止损位设定为亏损10%，那么目标盈利位就是盈利30%。

将赔率设定为1∶3是比较合理的。如果赔率过高，可能很难做到，你就需要经常止损。如果赔率太低，概率又无法提升，你整体的操作方法可能就不太合理了。有些人在炒短线时，经常小有获利就忍不住落袋为安，或者等到亏损幅度比较大时才意识到没有及时止损。这主要是因为他们没有清晰的止损止盈机制。如果你按照上面的思路设定了明确的止损止盈机制，那么在交易时心里就会有清晰的概念。如果你的目标盈利位是盈利9%，那么根据3∶1的盈亏比，对应的止损位就是下跌3%。如果你衡量之后觉得下跌3%是分分钟的事情，不值得一搏，你就应该选择不做。如果你认为一笔交易的止损位大概是下跌7%，可是目标盈利只有10%，亏损和盈利的比例只有大约1∶1.5，那么这笔交易就不划算，你也不应该去做。

这里再强调一遍，止损很重要，到了该止损的位置一定要坚定地止损。即使你清楚地知道这次只是市场的一个简单的小波动，导致跌破了你的止损价，你认为它很快就会修复，也要坚定地止损。不管你有什么看法，不管修复的概率有多大，它都不是完全确定的，你应该坚定地执行以上操作，用方法来制衡。

如果你能坚定执行，做到1：3的赔率，那么即使成功的概率只有40%，长期交易下来也能够获利。可以简单算一笔账，如果你的成功概率为40%，赔率为1：3，假设你交易了10次，亏了6次，每次亏1元，一共亏损6元；赚了4次，每次盈利3元，一共获利12元。12元减去6元还剩6元，那么这6元就是你这10次操作的收益，平均每次操作获利6毛，这就是你长期交易能够获得的单次平均收益。

举个例子，如图2-27所示，假设有一只股票从150元涨到了510元，现在回调到了330元，你认为这个位置是比较好的买入时机。

图2-27　股价走势图

如果下跌到280元，则亏损50元，大概亏损15%，止损离场。如果上涨，可能会回到高点510元附近，从现在的330元到510元，上涨了180元，有55%的利润空间。那你的赔率就是15%：55%，接近1：3。

你如果每次都这样做，而且能做到每三次对一次，每三次有两次止损、一次获利，就相当于做三次赚了一次55元，亏了两次15元，共亏30元，赚的减去亏的之后总获利25元，平均每一次赚8元，大约相当于330元的2.4%。

也就是说，如果每次都是这种行情，相当于你每一次操作平均大约可以获利2%。在这个基础上，你再计算一下你的周期是怎样的，每年能有多少次这种机会，每年有多大的利润，你就知道这个方法值不值得选择了。

想要在技术面交易中获利，关键是有一个好的技术面交易方法，严格执行，最后靠胜率和赔率取胜。只要保证最后赚到的钱比亏损的钱多，你就是获利的。

4.技术面交易方法的持续性

有一个好的交易方法不代表可以一劳永逸，因为技术面交易方法不是一个可以持续获利的方法。

假如按三年的时间来算，所有的投资方法都不可能持续获利。如果从更长的时间来看，比如十年，基本面投资可以持续获利，但技术面交易可能就不行，因为市场的波动方式会不断变化。

以图2-28为例，我把一个完整的周期分成了五个阶段，研究技术图形交易的人可以看出，这五个阶段采用的交易方法是完全不一样的。

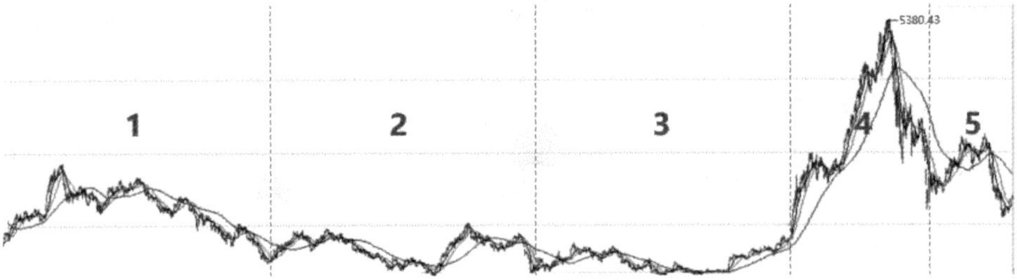

图2-28　一个完整的周期

图2-28中，第1段的波动率可能是2%，第2段是1.5%，第3段是1%，第4段超过3%，第5段在2%～3%之间。因为波动率不同，所以获利的方法也不同。

比如在波动率为1%的时候，你设置7%的止损位、20%的收益可能是合理的。但是当波动率达到3%的时候，可能就要设定15%的止损位、50%的收益才是合理的。

在第3段时，波动率只有1%，你可以做到稳定获利。在第4段时，波动率超过3%，你原来的交易方法可能瞬间就不灵了，甚至会产生大幅亏损。

假如你的策略适用于震荡市，在下跌的时候买入，涨到一定幅度就卖出，那么当市场处于震荡状态的时候，你可能会平稳地获利。但是这种方法如果用到第4段的牛市阶段，就很难获利了。

在震荡市期间，市场回调的速度很慢，你可以慢慢思考，耐心等待。而到了第4段这种牛市阶段，市场持续上涨，向上的动能很强，回调的时间并不多，即使回调可能也是快速回调之后又马上上涨，如果你在快速回调的一刹那没有反应过来，行情可能马上就上去了。牛市时期可能不适合用震荡思维去操作，有很多机会你可能抓不住。因为你的方法是在震荡下跌的时候买入，所以牛市的时候你就不习惯去追。

如果你采取趋势思维，那么在第4段这种牛市阶段中，你会获利丰厚，但在第1～3段的震荡时期就会经常追高，之后市场回落，你可能要止损，再次追高，市场又回落还要止损。可能会连续多次出现这种情况，行情一直没有起来，那么这段时间的连续止损可能让你产生比较大的亏损。不过，一旦市场真正出现趋势，你就会获得丰厚的利润。

除了以上两个简单的例子中的方法，市场上还有很多种技术面交易方法。我想表达的意思是，任何方法都不可能长期可行，你要知道市场大的运行规律，知道你的方法能够适应哪些环节，不能适应哪些环节，然后你才知道自己在什么时候可以赚到钱，什么时候可能亏钱。这样，你就不会在获利丰厚的时候自信心膨胀，也不会在连续亏损的时候太过恐惧，产生太大的挫败感。

在日常交易中，我们经常看到一些投资者在某一段时间做得很好，当大家都称赞他的水平很高时，他的收益情况却开始下降，不仅不赚反而亏损，这是因为他有一定的交易能力，但是他的交易能力不可能应对所有的行情。他在过去一段时间做得很好，是因为之前的市场走势刚好与他的投资方式相匹配，而当市场变动与他的交易思路不匹配时，就会产生亏损。

当然，就像前文说的，从更长远的角度来看，技术面交易方法也是不可持续的。市场逐渐机构化是必然趋势，未来市场的波动率会逐渐变小，这就意味着技术面交易的博弈空间会不断缩小，原来的技术面交易方法会逐渐弱化。

这个结论可以用中美股市的对比来证明，美国股市的投资者大部分是机构，中国股市的投资者大部分是散户，中国股市的波动率目前比美国股市高一倍，从图2-29中的阴影面积就可以看出。其中，第一幅、第二幅、第三幅走势图是中国A股三个重要指数，第四幅走势图是美国标普500指数，A股三个重要指数的波动明显大于标普500指数。未来，如果中国股市的波动率降低到美国股市的水平，那么技术面交易的空间就很小了。

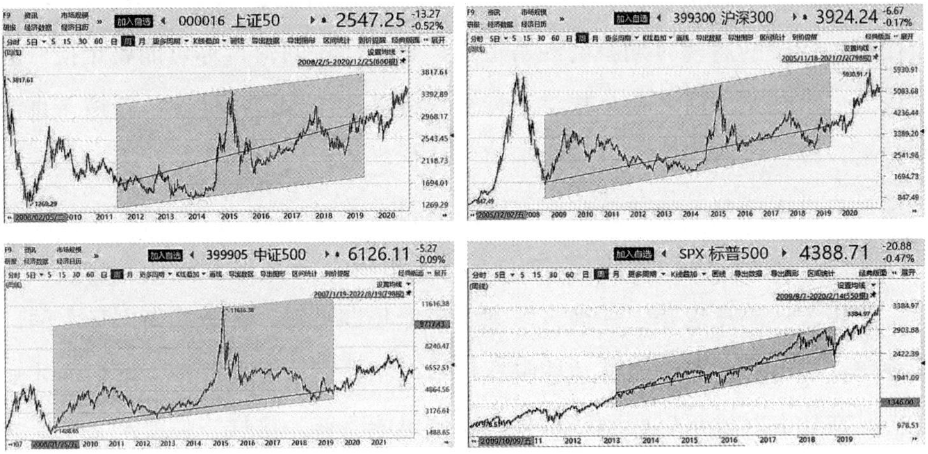

图2-29 中美股市对比

（三）配合其他外部因素以提高胜率

因为技术面交易获利的根源就在于胜率和赔率，所以想要增加获利的机会，我们可以通过以下三种方式来适当提高胜率。

1.看大势

市场大势不好时，交易成功的概率就低，这时我们可以选择不操作。等待大势好时再操作，交易成功的概率就高。

如何判断大势？可以看指数。把指数在30日、60日、250日均线上作为大势好的主要标准，此时持有股票获利的机会更大。

2.看市值

选择市值较大的股票，可以有效回避庄家股。

市值越小的股票越容易被操控，交易时可以尽量避开市值在百亿元以下的股票。很多人以为市值小、容易被操控的股票才是自己需要的，投资这种股票才能更快赚到钱。实际上，主力操控股票的目的就是希望他买你卖、他卖你买，你想跟着吃肉最后往往反被割肉。而那些市值大的股票往往不容易被操控，可以避免一些操控行为。

3.借助第三方辅助工具进行基本面筛选

借助一些工具排除掉风险比较大的股票，可以提高成功交易的概率。比如，公众号岩松观点的“股查查基本面诊股系统”，可以通过企业的基本面情况进行过滤。虽然技术面交易的思路是根据市场买卖力量进行交易，但本质上买的还是一家企业，企业质地好，投资风险就比较小，持续上涨的机会也会更大。“股查查基本面诊股系统”主要是根据企业的各项财务指标对企业的“风险”“经营”“估值”三大类目进行综合评估，从而对每只股票给出比较明确的价值判断，以快速筛选出质地好的股票。

通过以上三种方式，我们可以进一步提高技术面交易的胜率。

四、技术面交易获利有多难?

在投资市场上，很多投资者都想快速赚钱，但是他们又没有自己的方法，于是在市场上找各种方法。这种需求催生出一种商业现象：在市场上，有一批人专门教那些所谓“龙头战法”，因为只有“龙头战法”才能满足他们短期内快速赚钱的心理需求。

这些“龙头战法”真的可行吗？实际上，你只要冷静思考一下，就知道这是不合乎常理的。大家想想，你身边的朋友有没有通过“龙头战法”真正赚到钱的，最多也就是听说过有人通过这些方法赚到了钱，在现实中却没有遇到过。

运用这种方法不是完全不可能成功，但是只有少部分脑子灵活、愿意苦苦钻研又极度自律的人才有机会成功。即使有人成功找到了在短期内快速赚钱的方法，他也一定不可能靠这个方法长期持续快速赚取收益。因为行情的波动方式在变化，市场群体结构在变化，所以任何一种技术面交易方法都不可能“包打天下”。

（一）短线战法获利的三个基本条件

少数暂时能够获得成功的人必具备以下三个条件。

第一，每日持续用很长时间去盯盘、复盘，他不可能随随便便看一下盘就能抓住机会，而是将全部心力都集中在这里。如果一个人只有80%的心力在这里，那么，他可能不太容易成功。如果一个人只有50%的心力在这里，笔者认为他不仅不能获利，还可能进入“坟墓”。所以如果这种方法真的可行，首先你必须全身心投入。

第二，对数字的敏感程度非常高，对收益率、行情变化时的波动率要极度敏感，需要培养出条件反射的能力。如果你在交易时，每一笔都要用计算器慢慢算，或是脑中没有数据关系，你可能就捕捉不到短期的价格。很多机会往往都是在比较短的时间内出现的，一旦错过这个机会，交易的结果就会有很大的差距。

第三，非常愿意承认自己的错误，认为自己做对、做错都是正常的，同时有概率思维，注重方法，而不是注重每笔交易的结果。你如果能做到这一点，你在止损时就会更加果断，把自己培养成一个交易机器，把情绪波动控制在最低限度以下。

如果你能做到这三点，你就有机会成功。如果这三点中缺了任何一点，你就很难成为通过短线战法获利者。

（二）股票市场的两大群体

市场上的股票大体可以分为两种类型，两类股票分别对应着两种投资群体：一种是真正具备价值的企业，这类股票往往都是价值投资者选择的标的；另一种是本身价值就很低的企业，这类股票占大多数，往往是那些游资和短线炒家的聚集地。

像茅台、伊利、格力这些有长期投资价值的牛股就是第一类股票。一般来说，我们平时很少看到这些股票出现在涨停板，因为买入这种股票的主要是机构和价值投资者，他们都是比较长期地持股，而游资不会去炒作这种股票。如果游资把这些股票的价格拉高到远远超过价值，那么机构和价值投资者可能会抛出，这些游资也接不动，很难从中获利。

游资炒作的股票往往都是没什么价值的公司，也就是第二类股票。一般来说，在企业没有发生大的变动的情况下，它的业绩不增长，股价却持续大幅拉升，最后股价多数要跌回来。这些股票没有大机构买，买入者多数是散户。买入这种股票，其实玩的就是零和博弈，机构想赚散户的钱，散户想跟着机构赚其他散户的钱。显然，散户的想法是不切实际的，而且在这个局中，他们本身就处于明显的劣势地位。

（三）炒作活跃股的四种人

通常，参与炒作活跃股的人大体可以分为四种类型。

第一种是主力。他们拥有较大的资金量，有丰富的经验，有控制能力，在一定程度上可以控制价格波动。因为具备这些条件，他们成为这个局中的控制者，但是有一定的法律风险。

第二种是短线高手炒家。他们凭借自己多年摸索出的交易经验以及极强的自控力找到了一套适合自己特性的交易方法。在大起大落的市场中，找到了自己的利润空间。他们就是成功的短线交易高手。

第三种是那些想炒短线，有自己的一套方法，但方法还不成熟，或者数理逻辑不行，或是自控力不足，总之还做不到获利的人。但是他们可能也不会有大的亏损。

第四种就是广大普通投资者，来到投资市场只是想赚钱，没有方法，也没有计划，只是听身边一些人的消息，随波逐流。这些交易者不仅很难赚到钱，多数还会亏损。且不论股票交易的成功率高低，单论没有交易计划、不知道什么时候该止损这一点就已经让很多投资者不可能获利了。

这里再强调一下，技术面交易是胜率和赔率的游戏，它没有确定性，也许一次损失就可以让你把之前所有的盈利都亏完，所以你必须有止损机制，这一点是最重要的。很多普通投资者都没有这个概念，有些人即使曾经想过，到了该止损的时点也下不了这个决心。

以上这四种人在同一张赌桌上玩零和博弈游戏，哪些人赚钱，哪些人亏钱，已经一目了然。显然，主力和短线高手炒家是有能力赚钱的，他们赚的钱就是广大普通投资者亏掉的钱，所以亏得最惨的往往就是第四种人。

说到这里，大家不要认为这不公平，毕竟前两种人是专业的，而第四种人是业余的，专业人士赚业余者的钱是很合理的。其实在很多行业中都是这样，如果你在自己的行业是专业的，实际上很多时候你也赚了其他业余者该赚却没赚到的钱。

（四）“龙头战法”为什么不可信?

下面我们再来看看市场上盛行的所谓“龙头战法”是什么。通过前文的讲述，大家可以感受到，主力做局靠的是资金和控局能力，不存在什么战法，战法只是给股民用的。而短线高手炒家就是把这个战法玩好的人，但是他们肯定不会出来给你讲课，主要的原因有以下三点。

第一，他们没时间，因为他们每天要看盘，收盘后要复盘，所有的心力都在盘面上，脑子也在不断地运转。他们即使想教你，也没有时间。

第二，他们的方法是根据自己的需求、对未来财富目标的计划以及多年积攒下来的学识等综合情况，找到的一种适合他们自己的方法。所以，即使他们把这种方法教给你，你也未必学得会。任何人都只能根据自己的情况，找到匹配自己特性的方法。虽然不同的方法有很多雷同的地方，但是具体的方法都需要根据自己的情况去摸索，复制别人的是行不通的。比如，他文科好，你理科好；你一年赚100万元都不满足，他一年赚30万元就很开心；等等。这些差别决定了每个人适合的方法都不一样。

第三，即使高手愿意把自己的方法教给你，你可以复制他的方法，也会出现资金容量的问题。短线交易在交易的那一个时间点所容纳的资金量会很小。比如100万元的资金可以买进去，但是高手把方法教给了别人，他跟着高手买了1000万元，这时，这个空间可能容纳不了1000万元，如果他在高手之前买入1000万元，反而会把高手的价格抬高。这就好比大家在森林里找蘑菇一样，有人告诉你哪里有蘑菇，蘑菇可能被你先找到，而蘑菇的数量只有那么多，你找到了，那个人就没有了。

从这三点原因来看，真正的短线高手虽然有方法、能获利，但是他们不可能教你。而那些所谓“龙头战法”教你做技术面交易、短线交易的可信度也有限。

既然如此，为什么市场上还有这么多人做这件事情呢？主要是因为广大股民有需要，不然这个生意也做不成。教“龙头战法”的人都是什么人呢？其实往往就是我们刚刚说的第三种人，他们没有能力在投资上持续获利，但是对交易有一定的见解，所以就有了这一种商业行为。他们教你如何赚钱，但实际上他们自己赚不到钱，如果有些人想要快点赚钱，自然就愿意来学。

散户股民如果真的去学，不仅白白浪费了一笔学费，学了一些没有实际用途的方法，而且在实践中还会因为方法错误而被市场惩罚，又产生一笔交易亏损。

说到这里，大家千万不要认为第三种人是坏人。反过来，那些相信这种“龙头战法”等的散户才应该好好反思一下，如果不是这些散户有需要，他们的生意就做不成。就好像不少人都指责过基金公司常常在高位发基金一样。实际上，基金公司平时也发基金，但是很多基民在低位不敢买，在高位的时候才追高买进，这就导致很多基民亏损。你觉得这是基金公司的错吗？

做投资，我们一定要学会反思自己，理性思考。这正应验了我常说的那句最狠的话：“所有的错都是自己的错。”你不能用别人的好坏去区分对错，你应该分析自己的利弊，如果分不清，那也应该从自身找原因。

五、期货比股票更适合用技术面交易

如果你真的具备一定的技术面交易能力，那么期货市场其实比股票市场更能让你发挥出这种能力。虽然股票技术面交易和股指期货技术面交易都是零和博弈游戏，但是它们在以下三个方面有着明显的差异。

第一，期货市场既能做多，也能做空。股票市场虽然也有融券做空的机制，但这只是少数，整体还是以做多为主。

期货市场的多单和空单是对等的，而且可以无限制地对开，可以有100张多单、100张空单，也可以有1万张多单、1万张空单，甚至可以有100万张多单、100万张空单。当股指期货价格不合理时，市场上就会有一些人进行反向操作，一般不容易被操控。而一只股票在市场上的发行数量是固定的，若机构操控了一定数量的股票，就可以操控这只股票的价格。相比之下，操控股票价格比操控期货价格容易很多。

第二，一般股票技术面交易者炒作的大多是几十亿元市值的股票，而股指期货市场代表的是整个股票市场，市值高达几十万亿元。两者相差了上万倍。

相比之下，股票价格波动往往会受到比较大的干扰，包括行业波动的影响、相关概念板块波动的影响、所在指数带来的影响等。因此，股票技术力量的主导性往往不够强。而股指期货代表着几十万亿元的股票市场，它的价格波动往往不会受到那么多因素的干扰。相比于某一只几十亿元的股票来说，股指期货价格随意跳动的情况会少很多，因此，技术面交易的连贯性也会很强。一只蚂蚁和一头大象下一步的行动轨迹，哪一个更容易评判呢？肯定是大象。

第三，参与博弈的群体不同。股票技术面交易往往是机构和散户之间的博弈。主力控局之后，总是希望在自己买的时候散户卖，在自己抛的时候散户买，在中间拉升的过程中自己少花钱，让散户帮忙去推动。同一只股票，一般不会有多个机构共同参与。

而期货市场往往是机构与机构之间的博弈。期货市场日内可以回转交易，没有A股的这种“T+1”的制度，交易者经常在一日内多次交易，散户的灵活度非常高。因此，主力想赚散户的钱可能比较难，散户构不成强大的对手盘，主力的强大对手只能是另外一个机构。

综合这三个方面的差异来看，股指期货技术面交易者看到的市场往往更加真实。如果你真的具备较强的技术面交易能力，应该去期货市场，那里每日可以进行多次交易，还可以用杠杆放大交易的金额，而且因为看到的市场更加真实，更能够发挥出真实的技术面交易水平。

第六节　基本面投资

基本面是一家企业的股票价格上涨的根本推动因素，反映的是企业本身的业绩增长情况。价值投资就是判断企业未来的价值，通过分析未来的价值与当下的价格之间的关系，看两者之间有多大的修复空间或成长空间，将这个获利的空间折算成年化收益，再衡量是否应该买入。

做基本面投资，本质上就是投资上市公司。买卖股票，其实就是通过股票价格的变动获利。而股票价格是由两个要素决定的：股票价格＝每股收益×市盈率。股票价格的涨跌取决于每股收益和市盈率这两个要素的变动。

前面我们已经分析过这两个要素变动的特征，其中估值呈现区间震荡的走势，而业绩有可能持续上涨。因此，股价持续上涨的根本动力来自企业的经营业绩。企业经营得好，其股价才能长期上涨。

例如，贵州茅台2010年净利润为50.51亿元，之后11年间净利润持续上升，2021年净利润增长到500多亿元。（见图2-30）可以看出，一家好公司的净利润持续上涨是推动股价持续上涨的唯一核心原因。

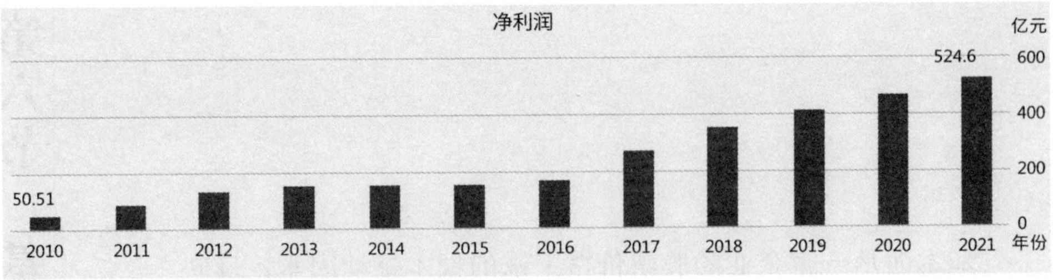

图2-30　贵州茅台2010—2021年的净利润

从市盈率的历史走势来看，贵州茅台上市之后的市盈率经过了一段时间的下跌修复。整个历史走势主要可以划分为四段：第一段平均市盈率是20倍；第二段从20倍开始大幅上涨，之后又回落到了20倍；第三也是以20倍为中枢值上下波动；第四段从20倍开始上涨，到60倍后开始回落。

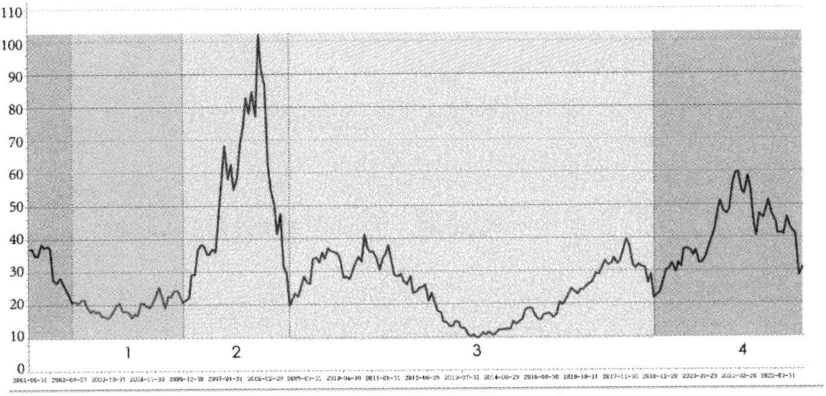

图2-31　贵州茅台历史市盈率走势图

从图2-31中可以看出，贵州茅台的市盈率呈现区间震荡的走势。一家正常经营的企业，它的市盈率不会持续往单方向变动，通常涨高了就会回落，跌多了就会修复，最终呈现区间震荡的走势。

因此，想要随着企业发展赚取长期投资收益，就要做基本面价值投资。只有找到未来利润保持稳定或者持续增长的好企业，在它的估值处于较低位时买入并坚定持有，才能实现获利。

在实际投资中，要判断企业未来的收益能否持续上涨，是有一定难度的。而判断企业的市盈率高低相对容易很多。因为市盈率是区间震荡的，所以当市盈率比历史波动区间的中枢值低时，我们就可以结合其他条件考虑买入，当市盈率比历史波动区间的中枢值高时，我们就不考虑买入。

虽然企业也是在不断变化的，我们不能完全通过历史情况来衡量未来，但是市场经常出现忽高忽低的情况，我们可以将估值的中枢值作为衡量当下估值高低的一个重要参照点，对是否投资一家企业做出基础的判断。

当然，在具体判断的时候，我们还要衡量企业现在的价格和未来的价值之间的关系，这是价值投资的核心。

一、价值投资的核心：价格与价值之间的关系

价值投资投的是什么？我认为，价值投资投的是现在的价格和未来的价值之间的关系。如果公司现在的价格低于未来的价值，那就是买入时机。如果公司现在的价格高于未来的价值，那我们就不应该买入。这里涉及三个问题：第一，什么是价格；第二，什么是价值；第三，价格和价值之间有什么关系。

（一）什么是价格？

价格就是我们在交易软件看到的、企业外在的、用来交易的数字。

一家企业的价格不是指股票价格，而是指公司的总市值。很多投资者在投资的时候只关注股票价格的绝对值的高低，认为一只股价5元的股票很便宜，而一只股价100元的股票很贵。将股票价格绝对值高低作为衡量企业股价是否便宜的标准的做法其实是完全错误的。

无论衡量价格还是价值，本质上衡量的标的都是企业本身。股票软件上显示的股价只反映了一家公司每股股票的价格。由于每家上市公司的股本数量不一样，所以不同公司的股票价格自然不具有可比性，也不能直接用于判断企业的价格，将每股价格乘以总股数得到的总市值才是一家公司的价格。

例如，A公司的股价是5元，股本数量是10亿股，那么A公司的总市值就是50亿元；B公司的股价是20元，股本数量是2亿股，那么B公司的总市值就是40亿元。虽然A公司的股价低于B公司的股价，但是A公司的总市值高于B公司的总市值，说明A公司的价格高于B公司。

这就是价值投资的第一个要素“价格”，一只股票目前的总市值就是它现在的价格。

（二）什么是价值?

价值是指企业内在的、真正的能力和财力。公司未来的价值就是它未来的合理价格，通过对公司未来的业绩和估值的预判，可以得出未来某一段时间后公司的价格。比如，一家企业三年后的净利润预计是5亿元，它所在的行业的历史平均市盈率是20倍，那么它三年后的合理价格就是100亿元（净利润×市盈率 = 5亿元×20 = 100亿元），这就是它未来的价值。

在实际投资中，公司未来的价值不容易预判。一方面，公司的业绩会有所变化；另一方面，公司的市盈率也随着市场情绪的波动而不断变化，市场资金的情况、人们对这个行业和企业的认可度等都在持续变化。因此，我们只能评判出企业相对合理的价格区间，不可能分析得出准确的数字。

企业的收益和市盈率（估值）这两个要素的预判也有明显的不同。

一般来说，一家企业内部的人员对自己所在的企业未来的利润会有比较明确的预判。企业业绩的波动幅度也是比较小的，预测时一般不会出现离谱的错误。如果你预计今年公司利润为10亿元，最后企业的实际利润可能在8

亿～12亿元之间，上下波动20%左右。通常不会有几倍的差距，不至于预计利润10亿元，实际利润达到30亿元。

但是市盈率（估值）却不同，这不是企业本身可以控制的，它主要受外部因素影响。估值变化的弹性幅度比较大，有时候出现几倍的变动也属正常。比如，一家企业在正常情况下的估值应该是20倍，如果企业所处的行业前景好，大家都认可，它的估值就可能变成30倍。如果不仅企业所处的行业前景好，而且股市整体的市场行情也很好，它的估值就可能变成60倍。

如果一家企业的高管告诉你他们公司未来的赚钱能力很强，让你买他们公司的股票，你一定要慎重考虑，哪怕他是董事长。因为决定公司未来价值的要素不仅有业绩，还有市盈率。公司内部人员只知道公司的业绩，无法估算市盈率，因为公司的市盈率主要受外部因素影响，所以他们很可能无法评判公司未来的价值。

公司赚钱能力强不代表它就值得投资，你一定要看它目前的市盈率处于什么位置。如果一家公司内部业绩持续增长，持续赚钱能力很强，但是它的市盈率已经被高估了几倍，那么，该公司业绩增长的速度可能还比不上估值过高下跌回落的速度，它的股价最后可能会慢慢下跌。

（三）价格和价值之间有什么关系？

我们做投资，看到的、交易的都是股票的价格，投资能否获利取决于股票未来的价格是上涨还是下跌，而股票未来的价格是由未来的价值决定的，未来的价格是涨是跌取决于企业现在的价格和未来的价值之间的关系。

企业的价格（即企业的总市值）会不断变动，有时高，有时低，有时也会随着企业的价值同步变动。这种波动就像股指期货的波动，股指期货的价格围绕着股票指数的价格波动，在这个过程中，由于市场会出现一些好的预期或差的预期，会使得股指期货出现高水或低水现象。引起股指期货价格变动的核心原因一直都是股票指数，而引起股票交易价格变动的核心原因是股票的内在价值。

简单来说，价值和价格之间的关系就好像主人牵着狗，狗在主人前后跑，但狗始终以主人的行动轨迹为核心。A股市场的波动比较大，其实就相当于牵狗的绳子比较长。虽然有时候A股的企业价格会远远偏离真实价值，但是始终不会脱离企业的内在价值。

长期来看，企业的市场价格会围绕企业的内在价值上下波动，如图2-32所示。如果企业现在的价格比未来的价值高，那么未来价格下跌的概率就高。如果企业现在的价格比未来的价值低，那么未来价格上涨的概率就高。

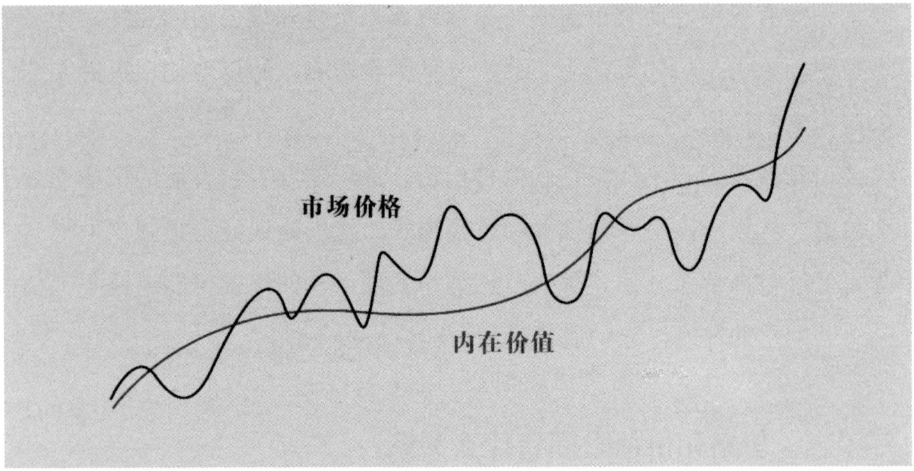

图2-32　价格和价值之间的关系

因此，我们做基本面价值投资，重点就是判断出企业未来的价值，看看企业现在的价格比未来的价值高还是低。当我们发现企业的价格低于它的内在价值或者与内在价值接近时，如果这个企业未来的价值可持续增长，那就应该买入。当我们发现企业的价格明显高于它的内在价值时，就不应该买入。其实，价值投资的思路就是这样。

举一个容易理解的例子，假设现在有两个人，他们当下的财力一样强。

小张现有的财产是1000万元，他的能力很强，钱是通过努力工作赚来的，事业蒸蒸日上，每年能赚300万元。从表面的价格来看，他的价格就是1000万元，但是他有持续赚钱的能力，实际的价值可能值5000万元。

小王现有的财产也是1000万元，不过这1000万元是家里拆迁得到的补偿款。小王的能力很差，工作月收入4000元。你觉得这个人的价值是多少呢？因为小王的收入能力很弱，创造的收入相比于1000万元的财产几乎可以忽略不计，所以按市盈率估值的方法都失效了，只能用市净率来估值。而且他可能没有能力用好这1000万元，我认为0.5倍的市净率比较合适。这样算下来，小王的价值就是500万。

这两个人现有的资产同样都是1000万元，表面价格都是1000万元，但是小张的内在价值是5000万元，小王的内在价值只有500万元。如果把他们分别看作两家上市公司，毫无疑问，投资小张能赚大钱，而投资小王则会亏得很惨。

在实际投资中，要衡量企业现在的价格和未来的价值之间的关系，还需要考虑时间问题，也就是“未来”究竟有多久。举一个例子，假设现在有一家企业的年净利润是5亿元，市盈率是20倍，总市值是100亿元。企业现在的价格就是它当前的总市值100亿元。你预计公司的业绩大概每年增长25%，三年后的利润可能会达到10亿元左右。那么三年后公司的价值是多少呢？

一般来说，如果一家公司每年的利润增速能够达到25%，那么它的市盈率就不止20倍，可能会从20倍提高到30倍。也就是说，这家公司三年后的利润可能达到10亿元，市盈率可能达到30倍，那么它三年后的价值将达到300亿元（净利润×市盈率 = 10亿×30 = 300亿元）。

根据这些数据，我们可以计算出投资的收益率情况。在投资市场上，所有的收益率数据都要折算成年化复合增长率，这样算才是最合理的。经过三年的时间，100亿元变成300亿元，假设年化收益率是x，那么$100\times(1+x)^3=300$，可以算出年化收益率大约为44%。你再计算一下该年化收益率能否达成你的目标，最后评判这家企业当下的价格值不值得投资。

这些其实就是简单的基础数学题。在投资中，我们不需要掌握多复杂、多高级的数学计算方法。只要我们脑海中有基本的数理逻辑，知道如何灵活运用，就足够了。

因此，做价值投资，你在看到表面价格时，心里一定要对该企业未来的价值有一个判断。判断能力可以慢慢培养，但前提是你一定要有价格和价值这两个维度的意识。如果你连这两个最基本的概念都搞不清楚，很容易就会落入“高风险、低收益”的投资陷阱。

（四）致命亏损：买入价格远高于价值

在投资市场上，在股市出现灾难性暴跌之后，一些人在行情好转时可以把本金赚回来，而有些人却持续大幅亏损，很难翻身。为什么会出现截然不同的结果？关键就在于用什么价格买了什么价值的股票。

假设一只股票的价值是10元，在行情好的时候它的股价被市场炒到了50元。当股市出现灾难性暴跌时，市场上大量股票的价格都跌到非常低的水平，这只股票的股价很可能会跌到5元。由于一些人对于价格和价值这两个概念没有足够的认识，他们不知道50元的股票价格已经远远超出这只股票的真实价值。如果他们以50元买入这只实际每股价值只有10元的股票，那么，大概率是很难回本的。

这种高位套牢可能至少要等到下一波牛市高位才有希望解套。可能要等到它的每股价值从现在的10元上升到30元，同时再出现一波新的市场泡沫的时候才有机会回本。按照中国股市目前的规律，大概七八年为一个周期。在这期间，如果这家公司的经营跟不上，也许永远都没有机会回本。

同样是一只每股价值10元的股票，有些人认为股价15元、20元高于股票的价值，选择不买入，等股价下跌到10元以下再买入。当股市出现灾难性暴跌时，股票价格也有可能下跌到5元。不过有10元的内在价值支撑，当市场回归理性时，股价很快就可以恢复到10元或以上，在10元以下买入的投资者很容易就能够回本，甚至获利。

在实际投资中，有许多投资者为了追求短期高额的回报，总是被市场上那些炒作幅度比较大的股票吸引，导致买入价格远高于股票的内在价值。这样的投资方式未必能赚得到很多钱，但一定隐藏着巨大的风险。这就是大多数投资者的投资出现严重亏损的主要原因。

像这种价格远高于价值的股票，其估值水平往往已经明显高于合理水平。企业的估值水平涨多了必定会回落，不可能无限上升。如果企业的估值在前期已经被市场炒得比较高，一旦市场风向稍有变化，那么随着估值恢复到合理水平甚至下跌到被低估水平，股价的跌幅很可能会比较大。

要想避免这种大幅下跌带来的致命亏损，就要重视估值。股票价格取决于估值和业绩两个要素，价值投资无非是看这两个要素。导致股票价格下跌的原因可能是企业的业绩下滑，也可能是估值下跌，我们最应该重视的是估值。

一方面，估值的高低是比较容易评判出来的，所以估值下跌其实最容易回避。另一方面，估值下跌的速度往往比业绩更快。如果一家企业不属于周期性行业，在正常成长的情况下，它的业绩变化幅度通常不会太大。如果它去年的净利润是80亿元，一般很难突然就暴跌到20亿元。相比之下，估值有时候变化幅度会很大，并且变化速度很快。如果企业的估值虚高，那么它随时可能下跌，且下跌的幅度会很大。

比如，一家企业在正常情况下的市盈率是20倍，现在市场把它的市盈率炒到了80倍。如果企业的业绩没有变化，而市盈率从80倍修复到40倍，那么股价就会下跌50%。如果从80倍修复到20倍，那么股价就会下跌75%。企业的估值下跌一半时，它的业绩要增长一倍才能弥补投资者的损失。一家企业每年业绩增长26%算是很好了，但是它的业绩要连续三年都增长26%才能够达到增长一倍。想想看，市盈率从80倍跌到40倍可能只用了一两个月的时间，但是业绩增长一倍却需要几年的时间。很多人在买股票的时候并没有考虑估值的问题，他们亏损的主要原因就是估值下跌。

我认为，价值投资最重要的一点就是低市盈率。一家公司的股票估值太高，往往意味着它现在的价格已经高于内在价值，即使它的业绩不错，也不应该买入。

以贵州茅台这家企业为例，如表2-9所示，从2003年底到2020年底，公司的股票价格增长了近80倍，这个数据不包含每年的分红。如果将股价复权，可以算出贵州茅台的股票价格实际增长了370倍。再看企业的经营数据，可以发现同期贵州茅台的净利润增长了近80倍。

表2-9　贵州茅台的相关数据

时间	股票价格	净利润（亿元）	每股收益	市盈率
2003.12.31	25	5.87	1.94	13
2020.12.31	1998 复权价9258	467	31.17	64

也就是说，贵州茅台股价的实际增长明显比价值的增长高出数倍，因此，贵州茅台在这期间的市盈率也增长了数倍。一家企业的市盈率在17年的时间里增长了近4倍，从13倍上升至64倍，此时的股价是否合理呢？

一般来说，一家成熟上市企业的市盈率波动不应该有很大的跨度。即使跨度大，多数也是由高变低。因为企业在前期体量较小、增长较快，所以市盈率比较高，而随着企业逐渐成长壮大，增速放缓后，它的市盈率会慢慢下降。贵州茅台属于成熟型企业，市盈率大幅上升至64倍，估值明显过高。从市盈率数据来看，显然此时不应去投资这家公司。

在实际投资中，常常有人很困惑，明明自己买的公司业绩很不错，为什么还会出现严重亏损。其实最大的问题就是他们只看企业的经营业绩，而忽略了它的市盈率。毫无疑问，贵州茅台是一家好企业，但是如果你在市盈率为70倍、80倍的时候买入，那在一定的时间范围内肯定要亏损。

（五）价值投资为什么有效?

在资本市场上，常常有人说价值投资是无效的。实际上，如果你能够充分理解这一节的内容，分清价格和价值的概念后再去投资，你就会发现价值投资一定是有效的。

美国一位比较成功的投资人曾说："第一，价值投资是有效的。第二，价值投资不是每年都有效。第二点是第一点的保证。"

简单来讲，这三句话的意思就是：价值投资有效，但不是一直有效，而就是因为不是一直有效，所以价值投资长期来看才有效。

为什么这么说呢？其实价值投资是不是有效，取决于市场是不是有效。市场到底有效还是无效，这个问题已经争论了几十年。有效市场派和无效市场派都有各自的拥护者，其中，两位诺贝尔经济学奖得主是比较有代表性的。

一位是美国著名经济学家尤金·法玛，他提出了有效市场假说。所谓有效市场假说，简单来讲就是在法律健全、功能良好、透明度高、竞争充分的股票市场，一切有价值的信息都会及时、准确、充分地反映在股价走势上，包括企业当前和未来的价值。所以投资者不可能通过分析以往的价格获得高于市场平均水平的超额利润。

有效市场理论建立在理性人假设的基础上。也就是说，参与市场的投资者都足够理性，能够快速对市场上的信息做出合理的反应。用一句话简单概括有效市场派的观点就是：人总是理性的，市场总是对的。

无效市场派的代表人物是美国普林斯顿大学心理学教授丹尼尔·卡尼曼，这是一位拿到诺贝尔经济学奖的心理学教授。丹尼尔·卡尼曼推翻了正统经济学中的“理性人”理论。在他看来，人并不总是理性的，有厌恶损失、迷恋小概率事件、攀比、嫉妒、从众等心理，这些心理因素都会影响投资行为。

两种观点好像都有道理，那么投资市场到底是不是有效市场呢？

要回答这个问题其实也很简单。你想想，你是理性的还是感性的？你肯定是既有感性的一面，也有理性的一面，只是在不同情况下的表现不同，有时候更理性，有时候更感性。比如，你白天上班的时候相对来说比较理性，你不会随意把腿搭在桌子上；而你下班后跟朋友去喝酒的时候相对来说比较感性，也许几杯酒下肚就开启吹牛模式了。

股票市场上的参与者也是一样，有时理性，有时感性，这使得股票市场时而有效，时而无效。在大多数时候，股票市场是有效市场，但是有时候市场参与者的情绪占了上风，市场又表现得不那么有效。例如，当市场中有很多利好消息集中出现时，人们会产生攀比、从众、害怕错过的心理，促使市场狂欢式上涨。而当市场中有众多利空因素累积叠加时，人们又会产生恐惧、害怕、厌恶损失的心理，从而使市场出现恐慌性下跌。这两种情况都会让市场变成无效市场。当然，这种定价出错的无效市场只是短期的，从长期来看，市场的定价还是有效的。

回望过去二三十年中国的股市，贵州茅台、格力、伊利、东方财富等涨幅大的股票，没有哪一家企业的收益不是持续增长的。这足以证明市场长期是有效的，价值投资长期是有效的，公司持续的收益最终一定会反映在股票价格上。

只不过市场短期有可能是非理性的。外界的干扰、政治格局变动、宏观经济预期等各种影响常常使投资者产生某种心理倾向，从而导致市场出现非理性的波动。

既然市场长期理性，短期可能非理性，那么，我们应该做的就是理性地评判股票，利用市场非理性波动的特点进行投资。在市场恐慌错杀、股票价格低于价值时买入；在市场出现泡沫、股票价格大幅高出价格时卖出，这就是价值投资的本质。你要懂得价格和价值之间最终的长期关系。在市场无效、价格被高估时离开，在价格被低估时买入，等市场从无效回到有效时你就能获利。

在市场不理性狂涨时卖出，在市场不理性暴跌时买入，这种做法表面上看似是在和整个市场作对，因为此时你认为整个市场都是错误的、多数人都是错误的，而你是对的。很多人都没有这个自信，而且大多数人都有从众心理，这种心理对个人来说是一种自我保护的天性，可是，在投资市场上却是很危险的。做投资，从众就代表着后知后觉，当别人把股价抬得很高时，你才去追高买入，而当别人已经抛售，把股价压得比较低的时候，你才恐惧卖出，这样的投资一定会亏损。

想要做好投资，你就要敢于做跟多数人不同的事情。且不说你是否具有这个能力，单是具备这种心理的人就极少。做投资，对人的心理本身就有一定的要求。只有充分了解投资中的各种人性规律和投资心理，才有可能做好投资。这是本书第三章的重点内容。

实际上，一个优秀的价值投资者是不会受市场的短期失效影响的，甚至还可以利用市场的短期失效赚取超额收益。巴菲特说过："如果市场总是有效的，那我只能沿街乞讨。"众所周知，巴菲特的长期投资年化收益率在20%左右，是市场平均收益的2倍。巴菲特正是抓住了无效市场中的投资机会，才能够长期获取超越市场平均收益的回报。

对于高明的投资者来说，市场短期的非理性波动不会干扰到他们的投资。因为市场价格的日常波动只不过是一个参照物，他们会利用市场不理性的波动寻找投资机会。他们会在市场无效、价格被低估时买入股票，在市场无效、价格被高估时卖出股票。这样不仅赚取了企业业绩增长带来的价值，还赚到了其他投资者因为心理问题犯错亏的钱。

当然，这一切的前提是你有能力合理评估股票或市场真正的价值，同时有能力坚决执行，这样才能够在该买入的时候买入，在该卖出的时候卖出。

二、价值投资的完整逻辑

要做好价值投资，必须掌握清晰且完整的逻辑方法。价值投资的完整逻辑具体分三个部分：首先，通过企业的利润来源评判企业的特性，再根据不同类型的企业的利润变动情况评估它的合理价值；接着，看企业当下的股票价格和它的价值之间的关系，如果企业当下的价格低于价值，那就有修复的机会，如果企业当下的价格和价值接近，那就看它未来是否有成长的空间；最后，计算用多长时间能换来多大的收益空间，综合评判预期年化收益率是否符合预期，决定是否投资。

（一）价值投资的三种股票类型

根据利润来源不同，我们可以把适合价值投资的股票类型划分为三大类：成长型股票、价值型股票、周期型股票。这三种股票的利润变化分别呈现不同的特征。（见图2-33）

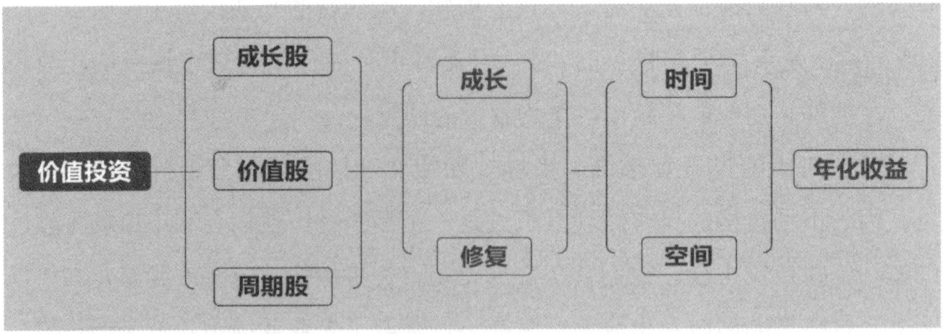

图2-33　适合价值投资的三种股票

1.成长股

成长股未来的利润可能每年持续增长。比如白酒、医药、食品、半导体、电池等行业就具有成长特性。

我们可以用生活中的生意模式来分析成长型企业的利润来源。比如，一家互联网教育机构通过互联网平台开展业务，它不受场地、人数限制，不受用户地缘限制。如果做得好，今年有100个用户，明年可能有300个，后年可能有600个，它的客户量可以在较长的一段时间内持续增长。这家互联网教育机构的利润来源就具有成长性。

如图2-34所示，这四只成长股的历史业绩保持较高的增长率，每年的扣非净利润增长率基本保持在15%～20%。

如果一只股票的净利润增长率一直保持在25%～30%之间，而它当前的市盈率大约是20倍，那么这个估值水平是偏低的。如果一只股票的净利润增长率基本保持在20%以上，而它当前的市盈率大约是40倍，那么这个估值水平是比较高的。在给成长股进行估值时，我们主要用PEG指标。具体如何理解和运用这个估值指标，我在后面的“选股的逻辑”部分会进行细讲。

2.价值股

价值型股票的利润通常保持在稳定的水平，未来的利润增长比较缓慢或者几乎不增长。比如银行、电力、铁路、出版传媒等行业就具有价值特性。

这里同样可以用生活中的生意模式来分析这种价值特性。比如，你开了一家早餐店，由于座位有限，所以在达到最好状态的情况下，早餐店每天的消费人数、消费金额就不会再大幅增长了。假如早餐店每天早上最多卖2000元，在模式不变的情况下就不可能卖到5000元，你的早餐店就具有价值性。

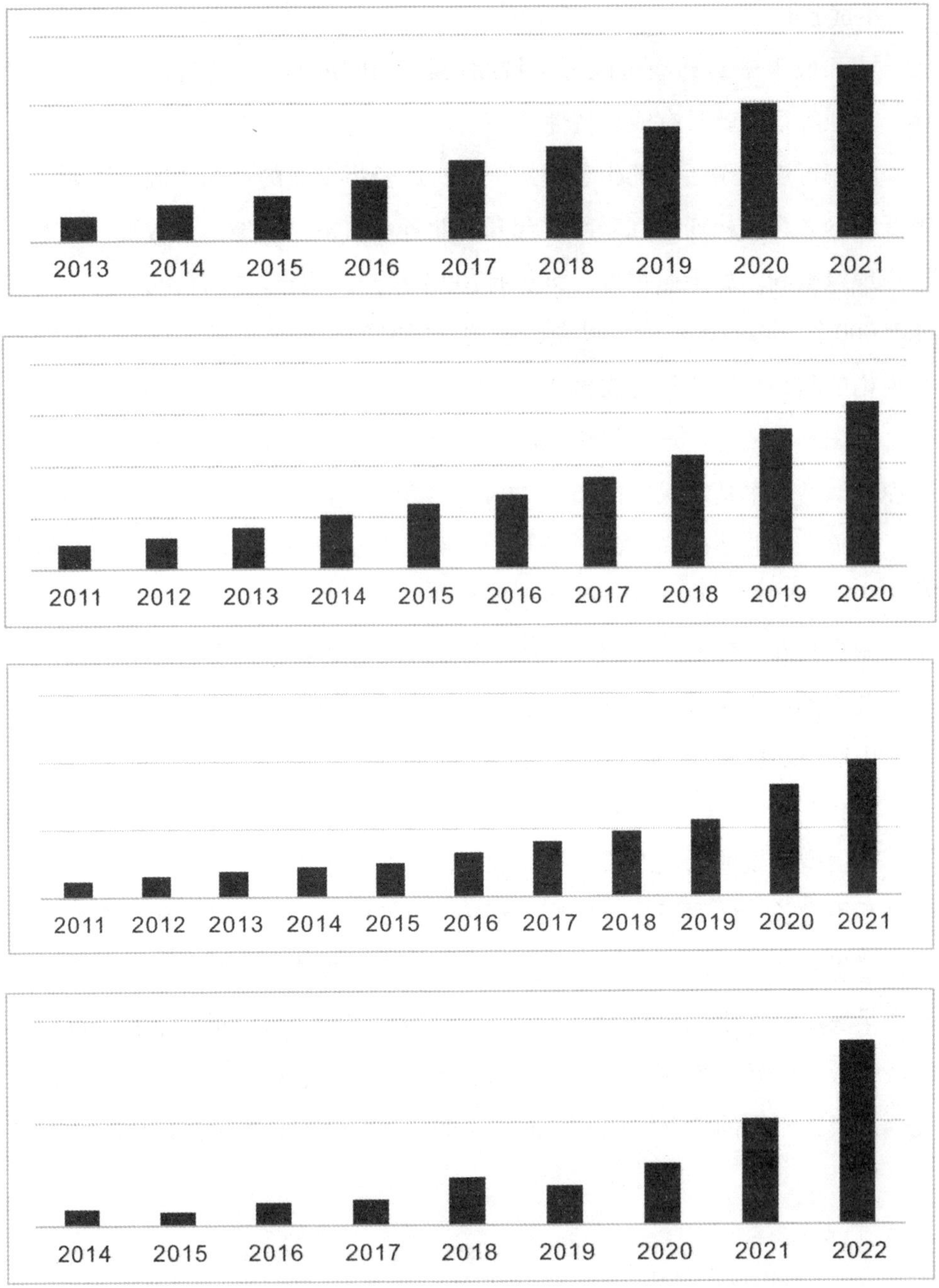

图2-34　四只成长股的净利润走势图

如图2-35所示的四只价值股的净利润基本保持稳定，没有太大的变动，所以企业的价值也比较容易评判。

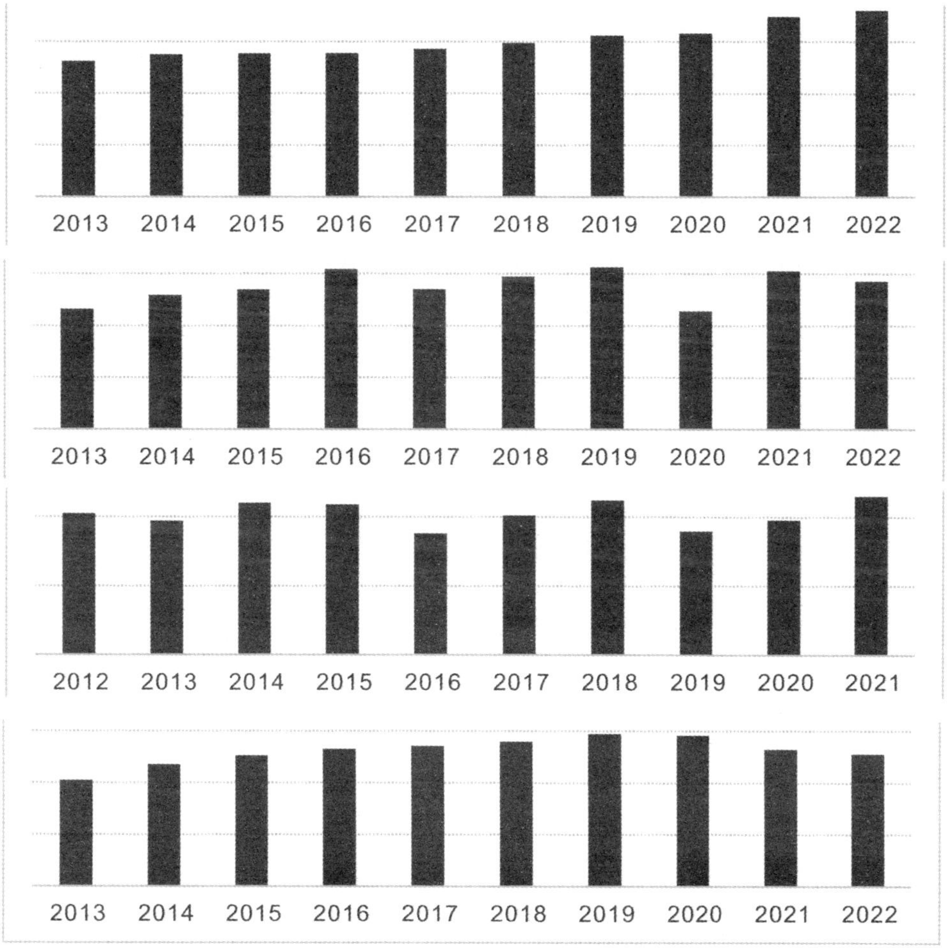

图2-35　四只价值股的净利润走势图

3.周期股

周期股的利润变化很大，呈现周期性波动的特征。一个周期型行业可能有很多年的利润都处于很低的水平，甚至为负。当行业景气周期到来时，企业的利润短时间内会出现暴增。而当景气周期结束后，企业的利润又会回到低位。比如石油、化工、航运、水泥、猪肉、券商等行业就具有周期性。

举一个生活中的例子，假设你开了一家房屋中介机构，在房地产市场比较好、房价上涨的时候，往往人们买房的意愿比较强烈，房子价格也高，这时你成交的单数多、单价高，房产中介的利润也高。而当房地产市场不好时，买房的人变少了，房屋买卖的人也会计较中介费，这时房产中介的利润就会大幅下降。因此，房产中介的利润就形成了周期波动的走势，具有周期性。

图2-36所示的这四只周期股的利润呈现出比较大的波动的特征。

如果能够捕捉到周期股的投资机会，在行业景气周期来临之前就买入，随着企业利润出现爆发式增长，它的股价往往也会有非常大的上涨幅度。这种投资机会在短期之内的获利是最大的，但是周期性行业往往很难被投资者看得明白，而预判行业什么时候出现周期性复苏的难度更大。

总的来看，价值股的业绩比较稳定，这种投资机会是最容易找到的。不过有很多投资者并不喜欢这类股票，主要是因为它们没有太大的获利空间。在现实中，比起追求合理的收益，很多人宁愿幻想获得不切实际的高投资收益，这正是很多投资者亏损的主要原因。成长股的业绩会持续成长，长期投资这种股票是最赚钱的，但是找到这种投资机会有一定的难度。周期股的业绩呈现周期性波动的特征，如果能够捕捉到景气周期的投资机会，那么短期内会有极大的获利空间，不过找到这种投资机会的难度也很大。

（二）估值修复与价值成长

区分清楚不同类型企业的利润来源之后，我们需要根据企业未来的发展前景对企业的价值进行评估，再看企业当下的价格与评估价值之间的关系，判断它是否存在修复空间或者成长空间。

如果企业当下的价格低于评估价值，那么就有修复的空间，这属于估值

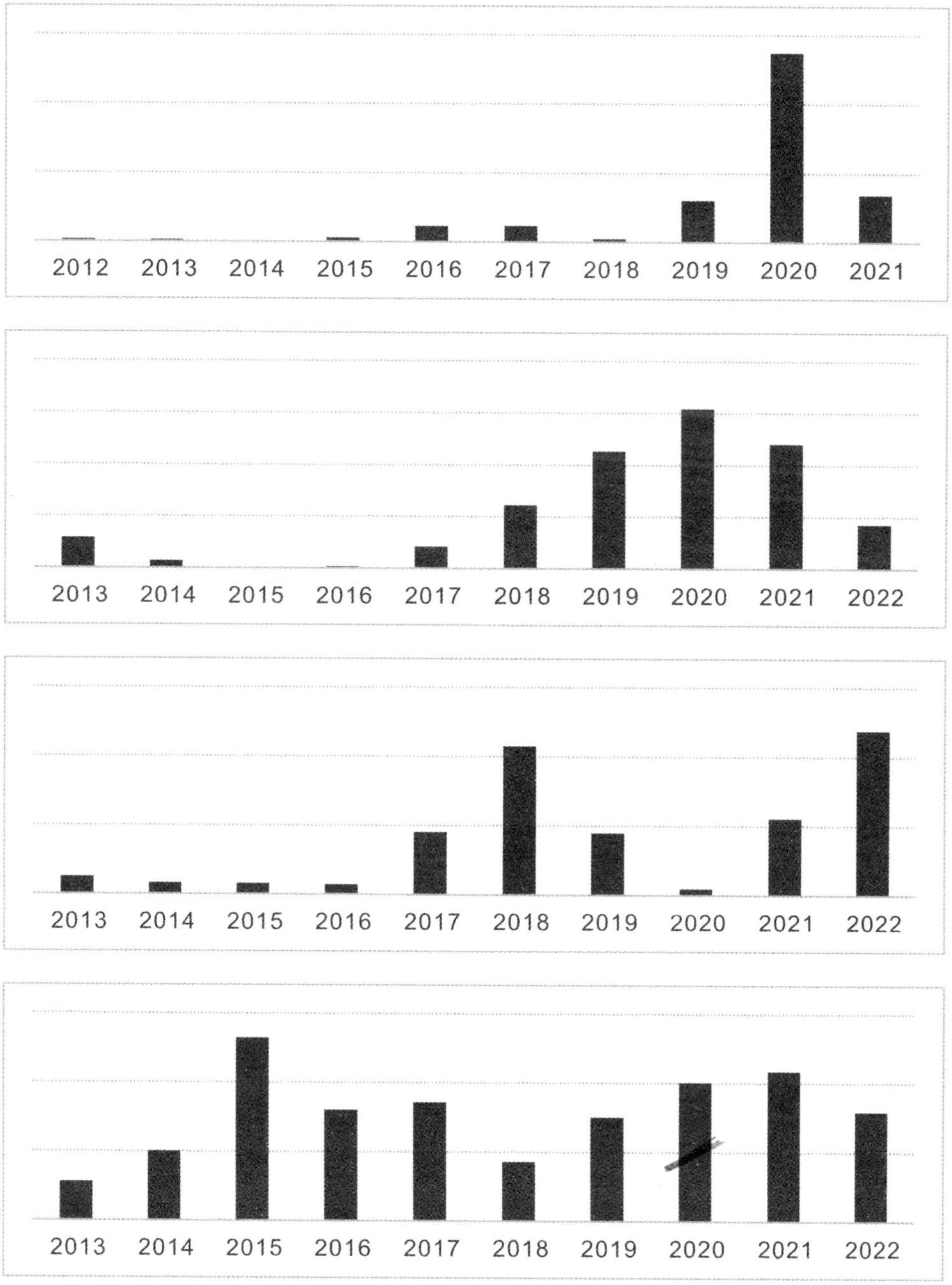

图2-36　四只周期股的净利润走势图

修复型投资。如果企业当下的价格与评估价值接近，没有修复空间，还要看企业未来有无成长空间。如果企业未来有较好的成长空间，即使企业当下的价格没有比价值低很多，只要相对合理，也是好的投资机会，这属于价值成长型投资。

1.估值修复型投资

估值修复型投资的核心就是低估值，在价格低于价值时买入，在企业的价格修复到合理的估值水平时卖出，目标收益是企业估值修复的空间。

巴菲特的老师——本杰明·格雷厄姆是价值投资的鼻祖，享有“华尔街教父”的美誉。他的投资方式就是典型的估值修复型投资。格雷厄姆首创了“安全边际”的概念和理论，他的核心投资思想可以简单总结为以下两点。

（1）追求安全边际。希望以4毛钱买入价值1元钱的东西，这样赢的概率就会远大于亏的概率。

（2）利用市场的非理性波动寻找能够提供低折扣买入的时机和超价值卖出的机会。

估值修复型投资不需要考虑企业未来价值增长的问题，只需考虑现在的价格是不是低于价值。尽管一只股票的价值比较低，但是只要它的价格相对更低，就可以买入。

这就好比我们在现实生活中买东西一样，一个新冰箱价值5000元，一个八成新的二手冰箱价值3000元，你去旧货市场用1800元买到这台八成新的冰箱，那么你买入的价格就比真实的价值低了40%。

图2-37中有两条线，一条线代表企业的价格，另一条线代表企业的价值，实线代表历史，虚线代表未来。在交易时，企业的价格是可以直接看到的，而企业的内在价值是看不到的，需要结合经验来评估。

这张图就体现了估值修复型投资。投资者不需要追求企业未来的发展潜力，只要企业经营比较稳定就可以，核心是追求安全边际。假设评估出来的企业价值为1元，而此时的价格为4毛，价格明显低于价值，那它就是值得投资的。随着企业的价格回归到合理的价值水平，我们就能够获得企业估值修复带来的收益。

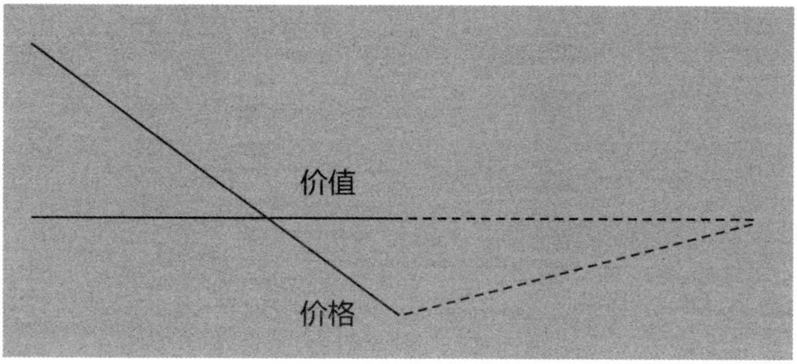

图2-37　估值修复型投资

比如，现在有一家企业虽然业绩增长比较缓慢，但是比较稳定，未来能够持续稳定经营。这家企业现在每股净资产是10元，股价是5元，每股收益1元。显然，它当前的价格低于价值，这种股票存在修复空间。

2.价值成长型投资

价值成长型投资的核心是成长，只要企业未来持续向好发展，同时现在的价格比较合理就可以买入，随着企业未来的价值不断增长，企业未来的价格也会持续上涨，目标收益是企业未来的成长空间。

菲利普·费雪是华尔街极受尊重和推崇的成长股投资大师，他的投资方式就是典型的价值成长型投资。

价值成长型标的的特点是企业未来的价值会持续增长。假设一家企业今年的利润是10亿元，明年的利润可能是12亿元，后年的利润可能是15亿元，企业的利润持续增长。如果企业的市盈率始终保持在一个合理稳定的中枢位置，那么最终企业利润的增长幅度就是股票价格的增长幅度。

举一个例子，一家企业今年的利润是10亿元，市盈率是20倍，那么它此时的价格就是200亿元。如果三年之后企业的利润增长50%，即利润是15亿元，而市盈率仍然是20倍，那么三年后它的价格就是300亿元，比原来的200亿元上涨了50%。这就是价值成长型投资，其主要目标就是随着企业未来利润增长赚取企业价值成长的空间。像这种价值成长型标的，只要它的市盈率适中，我们就可以考虑投资。

图2-38就体现了价值成长型投资。这种投资方式追求的是企业未来的成长，所以企业必须持续向好发展。价值成长型投资不要求企业的价格比价值低很多，只要相对比较合理即可，主要的收益目标是企业未来较好的成长空间。

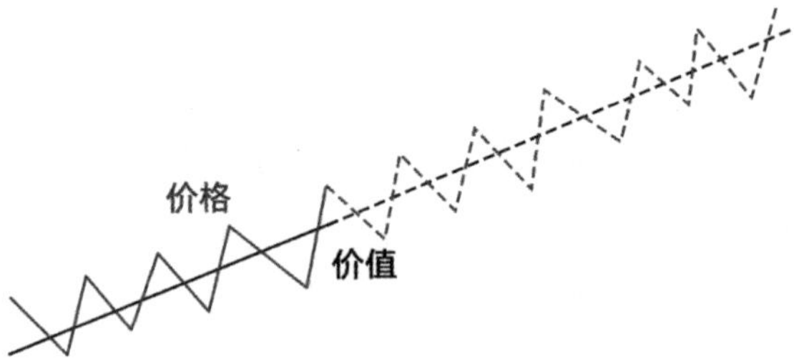

图2-38　价值成长型投资

*斜线代表价值，折线代表价格。

（三）评估年化收益

你在找出修复或者成长的利润空间之后，还需要结合现在的价格与未来的价值之间的时间长度来衡量这期间的年化收益，看看是不是符合自己追求的收益。任何利润都应该以年化收益为衡量标准，这样才相对合理。

举一个例子，一家企业的价值应该是100亿元，但是现在的价格只有70亿元，你认为未来两年它的价格将会修复。考虑到企业价值的增长以及行情修复可能带动股价惯性上涨，两年后企业的价格可能达到120亿元。也就是说，这两年的收益率是71%（收益率＝盈利÷本金＝50÷70≈71%），折合成年化收益率就是35.7%。这就是企业未来两年的修复空间可能带来的年化收益。

再举另外一个例子，一家企业现在的价值应该是100亿元，价格也是100亿元，目前的净利润是5亿元，市盈率是20倍。你判断企业未来的业绩将以每年25%的速度持续增长，三年之后它的市盈率可能由于企业利润增速较快而提升到30倍。由此可以判断企业三年之后的价值大约是293亿元（三年后的价值＝三年后的净利润×三年后的市盈率＝5亿×$(1+25\%)^3$×30≈293亿元），折合成年化收益率是43%（$\sqrt[3]{(293\div100)}-1=43\%$）。这就是企业未来三年的成长空间可能带来的年化收益。

以上就是价值投资的完整逻辑，先根据企业的利润来源对企业的特性进行判断，再根据企业未来的发展对其进行价值评估，衡量企业未来的价值和当前的价格之间的关系，再看看企业的价值体现在价格上有多大的利润空间以及需要多长时间，从而计算出这笔投资的年化收益情况。

每个人衡量的标准不同，对行业的理解不同，对未来的判断也就不同。巴菲特说过，一个人真正能看懂的生意最多不超过6个。当然，最重要的是掌握清晰的逻辑方法，其中的细节可以慢慢训练。如果缺少完整的逻辑方法，那么很多训练的结果也就无法得到证实，投资能力很难得到提升。

三、投资方式的选择

按照估值修复型投资方式，我们可以找到企业价格低于价值的修复性机会。而按照价值成长型投资方式，我们可以追求企业未来较好的成长空间。这两种投资方式在选股难度、波动性、安全性等各个方面都有比较大的差异。下面对这两种投资方式进行全面的对比。

（一）两种投资方式的对比

1.估值修复型投资

估值修复型投资追求的是低估值、安全边际，它的主要特点如下。

（1）容易找到投资标的

相比之下，估值修复型投资的选股方式难度较低。想要用4毛钱买到价值1元的东西可能有一定的难度，但如果它真的值1元，能用7毛钱的价格买到就算不错了。这类投资标的相对容易找到，比如2022年部分一线的互联网公司、央企建筑公司、银行的股票价格非常低，特别是在香港市场中。如果用估值修复型投资方式，这些标的都是可以选择的。

（2）波动小，投资心态稳定

估值修复型投资标的在买入时价格已经很低了，继续下跌的空间相对较小，价格向上修复的速度也不一定快，整体的波动区间不大。这种情况下，投资者的心态会相对平稳很多。

（3）安全性高

由于估值修复型投资标的的买入价格本身就比较低，即使分析错误，亏损也不会太严重。而且价格过低时，一旦走出修复式的行情，涨幅会很大。从投资的角度来看，这种投资方式的利润空间比较大，同时安全性也很高，风险收益合理，是一种不错的股票投资方式。

2.价值成长型投资

价值成长型投资追求的是企业未来的成长空间，它的主要特点如下。

（1）很难找到投资标的，需要很强的专业性

以彼得·林奇经常用的PEG指标（市盈率相对盈利增长比率）来衡量，价值成长型标的PEG低于1时才值得买入。价值成长型标的的市盈率可能是

20～30倍，而投资者追求的企业业绩增长率是每年20%～30%。20倍市盈率的股票有很多，但同时增长率在20%以上的却很难找到。找到值得投资的价值成长型标的的难度非常大。我根据自己的经验来估算，这类股票仅占全市场所有股票的3%。

想要找到未来增长潜力比较好的企业，你要了解行业未来的发展，了解企业的经营情况，分析企业的产品能力、商业模式等，每一项都很难，普通投资者往往不具备这些能力。

（2）波动大，对投资心态的影响较大

价值成长型标的的上涨空间大，如果买得好，可能出现业绩、估值双双走高带来的股价大幅上涨。但是如果买错了，股价可能大幅下跌。这种大起大落的波动会给广大普通投资者带来很大的情绪波动，从而使他们做出很多不理性的行为。

举一个例子，一家公司每年的利润是10亿元，市盈率是10倍，市值是100亿元。三年后，该公司的利润增长到20亿元，市盈率上升到30倍，那么市值就上升到600亿元，股价上涨5倍。这就是业绩和估值双双走高带来的股价大幅上涨。

如果再过一年，公司的净利润下滑到15亿元，估值也从30倍下降到15倍，那么市值就下降到225亿元，股价下跌62.5%。这就是“戴维斯双杀”[1]带来的股价大幅下跌。

（3）安全性不高，一旦选错可能遭遇“戴维斯双杀”

如果投资价值成长型标的，你很难在行情没启动时就提前发现投资标的。假设行情上涨一段时间后你再买入，如果企业的成长达不到市场预期，可能会被市场遗弃，从而出现“戴维斯双杀”，这时，你将遭到业绩和估值双重下跌的伤害。这种下跌幅度将会很大，普通投资者如果没有调整好仓位，可能遭遇一次重创后就很难再翻身。

[1] 指上市公司股票价格的波动和市场预期之间的倍数效应。

（4）企业可能财务造假

由于一直保持业绩高成长的难度很大，所以企业可能会为了“美化”财务数据而进行财务造假。企业的财务造假行为有时候与大股东质押行为之间存在一定的连锁关系。

比如，一些财务造假爆雷的企业的历史业绩，虽然从表面上看持续高速成长，但是实际上，由于公司的大股东质押了股权，一旦企业的业绩不及市场预期，那么股价很可能遭受“戴维斯双杀”。当股价大幅下跌时，大股东会面临还款风险。如果大股东不能还款，则有可能会被强行卖出股票平仓，这会进一步造成股价继续下跌。为了防止股价下跌造成质押的股权被强制平仓，大股东就可能会通过财务造假来维持公司业绩的“增长”。

因此，在投资价值成长型标的时，如果企业的大股东的质押比例很高，那么就要警惕这家公司是否通过财务造假维持高成长假象。

（5）当获利较大时，长期持股会有一定的难度

选择价值成长型投资方式还面临着一个问题：如果投资的股票涨了十倍，你是否能够坚持长期持有？

我们都知道，选到好股票赚到的收益减去买到差股票产生的亏损的差额才是真实的投资收益。如图2-39所示，投资估值修复型标的时，虽然每只股票的上涨空间不大，但是安全性比较高，整体收益水平是比较稳定的。假如你将资产平均分配来买入五只这类股票，最后的平均收益率可能在15%左右。

相比之下，买入五只价值成长型标的获得的平均收益率可能更高一些，能达到20%。但是，其中可能会有三只好股票产生了比较高的收益，其余两只差股票产生了部分亏损。要确保成长型股票投资最后能够有较高的获利，就要坚定持有好股票，即使在涨幅比较大的情况下也要坚持长期持有，这直接关系到最后的投资收益。

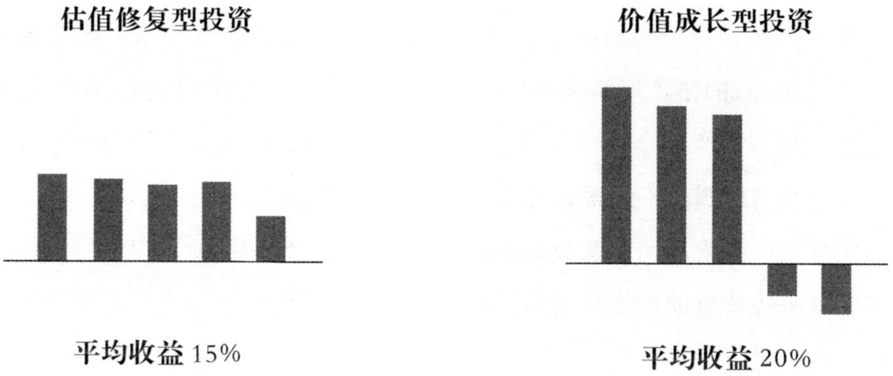

图2-39 估值修复型投资vs价值成长型投资

在实际投资中，大部分人在获利较大时都倾向于卖出止盈，因为他们害怕将赚到的利润回吐出去。如果不能坚定持有好股票，赚了一些收益便卖掉，那就不可能有充足的利润来弥补买错股票带来的损失，最终的投资获利情况自然也就没那么理想，有可能还不如投资估值修复型标的获得的整体收益高。

在一只股票涨了2倍、5倍之后还能坚定地继续持有，这需要投资者对该公司有极其深刻的认识，有极强的定力，而普通投资者很难做到。

综合对比两种投资方式的优劣势可以发现，估值修复型投资的选股难度更低、安全性更高、波动率低、对投资心态要求不高；而价值成长型投资虽然上涨空间大，但是存在选股难、安全性不高、波动率大、考验投资心态、长期持股难的问题，需要投资者在各方面都具备一定的能力。

（二）普通投资者应该用哪种投资方式？

很多人在做价值投资时，都会学习巴菲特的价值投资理念。巴菲特说过："我是85%的格雷厄姆和15%的费雪。"其中，"85%的格雷厄姆"指的是以格雷厄姆的"安全边际"理念为基石，而"15%的费雪"指的是在这个基石上将格雷厄姆的"烟蒂式投资"转换为"价值成长型投资"。

实际上，格雷厄姆不赞成做价值成长型投资。既然如此，巴菲特为什么还要坚持吸收费雪的投资精髓为己所用呢？因为巴菲特的可投资金量的增长决定了他的投资方式必须改良为费雪模式。

1964年年初，巴菲特已经拥有180万美元，公司的资本接近1750万美元。随着市场和巴菲特投资资金的不断壮大，格雷厄姆的"烟蒂式投资"越来越不适合巴菲特。

一方面，市场中便宜的"烟蒂股"越来越难找。另一方面，那些"烟蒂股"一般是一些小公司，如果拿一大笔钱来投资，这种方法就不再奏效了。巴菲特当时的资金量已经可以随便影响和控制中小型企业，所以格雷厄姆投资法的"小池子"已经养不下巴菲特这条"大鱼"了。为了适应更大的资金量，巴菲特必须将投资方式转变为价值成长型投资。

普通投资者的资金量不会很大，在投资方式的选择上也不会有太多的局限性，既可以选择估值修复型投资方式，也可以选择价值成长型投资方式。

我们知道，巴菲特的投资年化收益在20%左右，而美国和中国优质股票的长期年化收益都是10%左右。也就是说，巴菲特用价值投资方法获得的收益超过了市场平均涨幅10%。实际上，这部分超额收益就体现了巴菲特处理各种复杂的价值成长型投资难题的能力。

普通投资者往往不具备这样的投资能力，且如果处理不好价值成长型投资中的各种难题，就可能遭受比较大的损失。而估值修复型标的的波动率比较小，应对起来相对容易很多。因此，普通投资者应该先用估值修复型投资方式。只要找出那些价格明显低于价值的修复性机会，合理分配好仓位并长期持续投资，就能比较稳健地获得较高的收益。当分析能力慢慢提高时，普通投资者可以考虑选择价值成长型投资方式。

四、如何选择价值投资标的？

（一）四个层次系统性选股

在投资市场上，投资者每天都会面对直接相关的、间接相关的、毫不相关的大量信息，大量干扰信息很容易让人迷失。大多数人根本不能有效地抓住重点，往往花费了大量的时间和精力，却没有选出真正值得投资的好股票。股票投资的根本是什么呢？

从本质上来看，投资股票就是投资上市公司。投资能不能获利，取决于股票未来价格的涨跌。我们筛选和分析投资标的，应该建立在“每股收益”和“市盈率”的基础上。其中，“每股收益”是财务要素，“市盈率”是估值要素，股价的波动受这两个要素影响。通过财务要素，我们可以筛选出好公司。通过估值要素，我们可以筛选出股票价格低于价值的低估值公司。“好公司+低估值”就是好的投资标的。

不过，要直接从大量股票中筛选出投资标的是比较困难的，我们可以先从市场和行业入手，通过四步来系统性地选股。如果你能按照这四步来分析和选择股票，那你的投资能力完全可以超过市场上90%的投资者。

1.市场分析：选出低估值的板块

在分析市场时需要注意一点，很多人在看市场时都是看上证指数，这太狭隘了。实际上，市场上有大盘、中盘、小盘各类股票。如今社会的发展速度很快，产业结构极其复杂，一个上证指数根本无法准确体现市场的情况。

在分析市场的时候，我们需要区分不同的板块。

按照市值的大、中、小划分，最大的50只股票组成了上证50指数；最大的300只股票组成了沪深300指数；第301到第800的500只股票组成了中证500指数；第801到第1800的1000只股票组成了中证1000指数。

以上这些指数涵盖的企业都是在主板上市的企业，上市门槛较高，要求企业有稳定的盈利能力，达到一定的企业规模。例如，必须连续3年盈利；近3年净利润均为正，且累计超过3000万元；近3年现金流量净额累计超过5000万元，或者近3年营业收入累计超过3亿元。

除了主板外，A股还有上市门槛更低、交易风险较高的创业板、科创板等不同板块。创业板上市企业主要是成长型创新创业企业，要上市必须达到一定的盈利标准和资产规模等，但比主板的上市门槛低一些。例如，近2年连续盈利且累计净利润不低于1千万元，或者近1年盈利且净利润不低于500万元；近2年营收增长不低于30%，近1年营收不低于5千万元；近一期末净资产不低于2千万元且不存在未弥补亏损。

科创板上市企业主要是高新技术产业和战略性新兴产业领域的企业，要求持续经营3年以上，但没有盈利能力等方面的要求，主要是对企业的创新实力、所处行业等有一定的要求。

各个板块的特征不同、发展情况不同，估值范围也各不相同。因此，我们要分别分析每个板块的估值高低。

判断估值高低时，可以采用估值分位法。估值分位法是一种判断市场处于低位还是高位的估值方法。简单来说，估值分位法就是将标的过去一段时间的历史估值全部拉出来，横向对比看当前的估值处于历史估值的哪个位置。一般分为三个估值分位区间：低估区间、合理估值区间、高估区间。根据当前估值所处的分位区间，我们可以一目了然地看出当前估值水平的高低。

通过估值分位法，分别看看各个板块当前的估值在历史估值所处的分位区间，找到估值较低的板块。相对来说，这些板块的投资价值更高。

图2-40中的曲线为2013年6月28日至2023年6月19日上证50指数的市盈率走势图。其中，指数历史估值的30分位值为9.45倍，代表过去10年间上证50指数只有30%的时间市盈率低于9.45倍，低于这个水平则为低估区间；50分位值为10.01倍，代表过去10年间上证50指数有一半的时间市盈率低于10.01倍；70分位值为10.83倍，代表过去10年间上证50指数有70%的时间市盈率低于10.83倍，高于这个水平则为高估区间。可以看到，当前上证50指数的市盈率为9.91倍，高于30分位值且低于50分位值则处于中低位估区间。

图2-40　上证50指数市盈率历史走势图

同理，我们还可以通过其他板块的市盈率历史走势图，判断它们当前的估值高低。如图2-41所示，截至2023年6月19日，沪深300指数过去10年历史市盈率的30分位值为11.78倍，50分位值为12.39倍，70分位值为13.45倍。当前沪深300指数的市盈率为11.94倍，处于中低位估值区间，目前估值较低。

图2-41　沪深300指数市盈率历史走势图

如图2-42所示，截至2023年6月19日，中证500指数过去10年历史市盈率的30分位值为24.93倍，50分位值为28.56倍，70分位值为33.69倍。当前中证500指数的市盈率为23.56倍，处于低位估值区间，目前估值较低。

图2-42 中证500指数市盈率历史走势图

如图2-43所示，截至2023年6月19日，中证1000指数过去8年多历史市盈率的30分位值为36.14倍，50分位值为41.83倍，70分位值为58.19倍。当前中证1000指数的市盈率为37.26倍，处于中低位估值区间，目前估值较低。

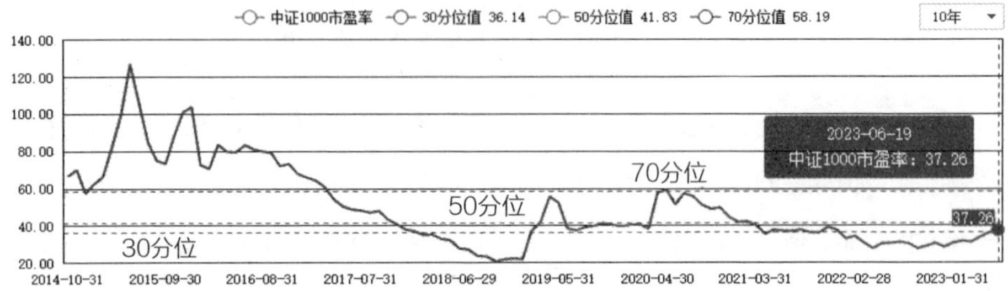

图2-43 中证1000指数市盈率历史走势图

如图2-44所示，截至2023年6月19日，创业板指数过去10年历史市盈率的30分位值为46.23倍，50分位值为54.01倍，70分位值为59.00倍。当前创业板指数的市盈率为33.37倍，处于低位估值区间，目前估值较低。

图2-44　创业板指数市盈率历史走势图

我们可以根据大盘、中盘、小盘和创业板几类股票的代表指数反映出的估值区间来判断何时是投资的好时机。

2.行业分析：选出低估值的行业

行业也会有周期轮动，走势起起伏伏。在选择行业时应该用同样的思路，通过估值分位法选出估值相对较低的行业。当然，我们也要考虑一下行业发展的问题，但估值高低应该首先考虑。

尽管部分行业的发展速度不理想，但是上市公司毕竟是大企业，在零和博弈的过程中本身就具有较大的优势。而且一个行业如果未来增长潜力较小，那么竞争者也会相对较少，所以行业内的头部企业依然占据巨大的优势，只要它的估值低、经营合理，就具有很高的投资价值。

一般来说，行业可以按照一级、二级、三级三种标准进行分类。我们可以重点参考二级行业的分类方式，在二级行业中，找到当前估值相对较低的行业。

虽然目前市场上有很多板块的估值都比较低，但是具体到二级行业这个维度，仍然有不少行业位于偏高估或者高估的区间。如表2-10所示，截至2023年1月6日，有26个行业的市盈率百分位高于80%，处于高估区间。

表2-10 当前市盈率百分位高于80%的行业

行业代码	行业名称	市盈率百分位（%）	行业代码	行业名称	市盈率百分位（%）
721000	电视广播Ⅱ	82.68	630300	其他电源设备Ⅱ	93.30
450200	贸易Ⅱ	83.87	110700	养殖业	93.66
510100	综合Ⅱ	84.09	461100	教育	93.71
110300	林业Ⅱ	84.32	450600	互联网电商	93.94
280200	汽车零部件	84.82	410100	电力	94.07
461000	旅游及景区	86.42	430300	房地产服务	94.17
340800	休闲食品	86.60	770200	化妆品	94.17
370300	生物制品	88.56	430100	房地产开发	98.54
270300	光学光电子	89.06	280600	商用车	98.63
350200	服装家纺	89.06	620200	装修装饰Ⅱ	98.68
421000	航空机场	89.97	460600	体育Ⅱ	98.72
460900	酒店餐饮	91.48	710400	软件开发	99.32
110400	饲料	92.53	450700	旅游零售Ⅱ	100.00

另外，如表2-11所示，有48个行业目前的市盈率百分位低于20%，处于低估区间。当然，估值低不代表一定可以投资，还需要具体问题具体分析，从中找出未来经营持续向好的企业。比如，部分周期行业虽然当前的市盈率处于低估区间，但可能企业过去一两年的经营业绩出现了暴发性增长，之后当周期拐点到来后，经营业绩很可能大幅下滑，那么此时就不是好的投资时机。

表2-11　当前市盈率百分位低于20%的行业

行业代码	行业名称	市盈率百分位（%）	行业代码	行业名称	市盈率百分位（%）
740100	煤炭开采	0.00	220200	化学原料	6.56
240600	能源金属	0.32	770100	个护用品	7.29
421100	航运港口	0.32	610200	玻璃玻纤	7.47
750100	油气开采Ⅱ	0.33	720900	出版	7.70
220800	农化制品	0.77	630100	电机Ⅱ	8.34
750300	炼化及贸易	1.05	270200	元件	8.98
110900	农业综合Ⅱ	1.28	630500	光伏设备	10.62
640200	专用设备	1.28	730100	通信服务	10.94
240500	小金属	1.69	650100	航天装备Ⅱ	11.39
270500	消费电子	2.32	650500	军工电子Ⅱ	11.62
330300	小家电	2.55	480400	城商行Ⅱ	12.08
480500	农商行Ⅱ	2.66	350100	纺织制造	12.40
370600	医疗服务	3.01	420800	物流	12.44
270100	半导体	3.10	760100	环境治理	12.67
270400	其他电子Ⅱ	3.37	330700	其他家电Ⅱ	12.90
240300	工业金属	3.51	630800	电网设备	13.72
730200	通信设备	3.74	720700	数字媒体	14.54
630700	电池	4.15	480300	股份制银行Ⅱ	15.04
480200	国有大型银行Ⅱ	4.28	330600	家电零部件Ⅱ	15.36
240200	金属新材料	4.51	650300	地面兵装Ⅱ	15.72
230300	冶钢原料	5.10	650200	航空装备Ⅱ	15.82
410300	燃气Ⅱ	5.10	620100	房屋建设Ⅱ	17.37
370500	医疗器械	5.56	740200	焦炭Ⅱ	17.78
220200	化学原料	6.56	270600	电子化学品Ⅱ	18.28

3.企业分析：找出经营好、估值合理或偏低的公司

找出估值较低的行业之后，再从“财务要素”和“估值要素”两方面入

手，在低估值行业中找到经营好、估值合理或者偏低的公司。具体的分析方法，笔者将在下面的“选股的逻辑”中进行详细讲解。

经过这三步筛选，如果你能找出五只不同行业的股票，再合理分配资金买入这五只股票，长期投资下来一定会获益丰厚。

4.产品分析：找出低估值、经营好且产品有竞争力的优质企业

如果你想让自己的利润进一步增大，就要做到第四步：研究这些企业的产品竞争力。你要对经前三步筛选出来的企业进行逐一研究，分析其带来利润的重点产品的竞争力如何，找出低估值、经营好且产品有竞争力的优质企业。只要做到这四步，你最后选出来的股票组合就可能是最高级的配置。

（二）选股的逻辑

要具体分析一家企业是否“经营好、估值低”，主要应抓住两大要素：一是体现企业经营好坏的财务要素，二是体现估值高低的估值要素（见图2-45）。

1.两大财务要素

上市公司有很多财务要素，包括营业收入、净利润、资产负债等。那么需要重点抓住的要素有哪些呢？下面进行一一拆解。

财务层面的要素可以分为两大类：“风险指标”和“经营指标”。运用“风险指标”可以剔除问题股，规避踩雷风险；通过“经营指标”可以找出业绩好的公司或者困境反转的公司。

（1）四项风险指标

大多数人选股时往往更注重一家公司优秀的方面，但其实对于存在致命风险的公司，即使企业在其他方面表现再好，也应该直接排除。因此，在选

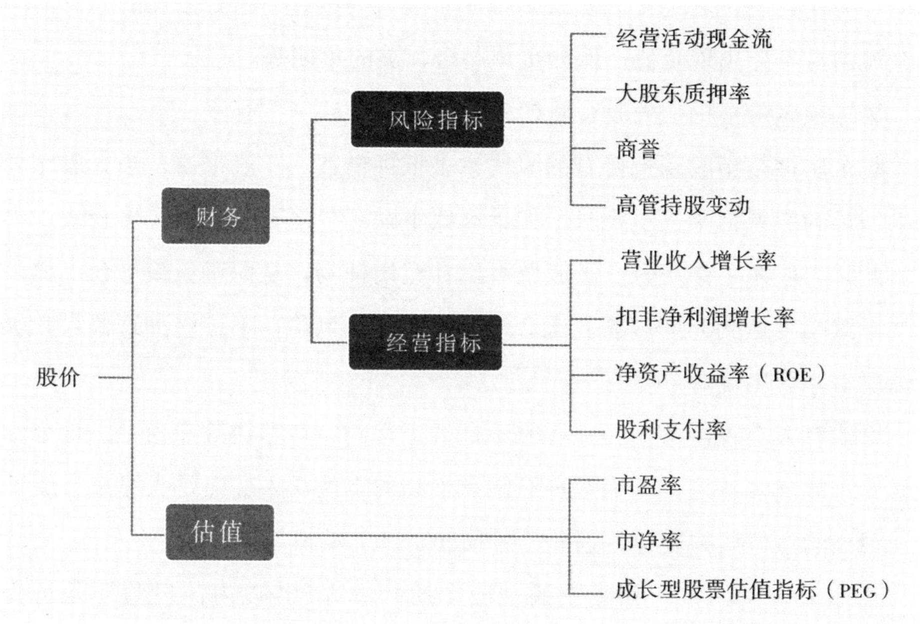

图2-45　选股的逻辑

股时，我们应该先关注企业的风险，以免花费了大量时间和精力分析之后，才发现这家企业不应该投资。

想要排除存在致命风险的股票，应该重点关注四项风险指标：经营活动现金流、大股东质押率、商誉、高管持股变动。如果一家企业的四项风险指标明显有比较大的问题，那么最好直接排除。

第一项风险指标：经营活动现金流。

企业的经营活动现金流反映了它收到和支出多少与经营活动有关的现金。现金流是公司的血液。在分析一家企业的经营情况时，我们不但要看它能不能赚钱，还要看它赚的钱是不是都能装进口袋。一些公司虽然账面的利润看起来很好，但是没有实实在在的现金流，这样的经营业绩可能是有问题的，甚至有可能出现黑字破产的情况。

一般来说，企业的经营活动现金流一定不能连续出现负值，偶尔一年为负值可能没问题，若经常为负值则说明企业有问题。一家好公司的经营活动现金流通常不会出现负值，例如贵州茅台、美的集团等。

第二项风险指标：大股东质押率。

股东质押是指股东把持有的股票拿去抵押借钱。一般来说，当大股东把手中一半的股票都拿去质押时，如果股票下跌三分之一就会触及平仓线。不过，此时大股东手中还有一半股票可以补充质押物，从而避免被平仓。如果股票下跌幅度达到50%～70%，就会继续出现平仓风险，不过这种跌幅只在极端情况下才会出现。

可能有人会说，亏损50%～70%不是很正常吗？在普通散户当中，这个亏损幅度可能比较普遍，因为散户经常在很高的点位买入。但是大股东一般不会在很高的点位质押股票，因此，亏损50%～70%的概率非常低。

整体来看，如果一只股票的大股东质押率在50%以内，风险还是可控的。如果大股东质押率超过50%，就存在一定的风险隐患，尽量不要选。如果大股东质押率超过70%，直接放弃。

对于不同企业，大股东的身份有一些区别，我们可以把这点也考虑进去。如果大股东是国企，那么，它的安全性相对比民营企业高一些。质押率同样都是50%时，如果大股东是国企则可能问题不太大，如果大股东是民营企业就不用多加考虑，直接排除即可。

第三项风险指标：商誉。

企业在并购的时候，当购买企业的投资成本超过合并企业的净资产公允价值时，超出的差额就会形成商誉。比如，一家企业的净资产为1亿元，但收购的价格是5亿元，那么5亿元收购价减去1亿元净资产，多出来的部分就是商誉，也就是说在这种情况下会形成4亿元的商誉。如果合并企业未来几年的经营业绩达不到预期，那商誉就会产生减值损失，影响企业当年的利润。

因此，如果一家企业的商誉占比过大，就相当于埋了一颗定时炸弹，始终是一个隐患。像这样有致命风险的股票，也可以直接排除。

第四项风险指标：高管持股变动。

高管往往是最了解公司的人，如果连他们都大幅减持公司的股份，那多少可以反映出一些问题。少量减持没有太大的关系，但是当减持比例达到5%时就要特别注意了。

以上四个风险指标可以检验一家公司是否存在致命风险，帮助我们快速排除质地较差的问题股。如果一家公司的四项风险指标都没有问题，则没有太大的风险隐患，可以进一步通过经营指标检验公司是否足够优秀。

（2）四项经营指标

要检验一家企业的经营情况如何，我们可以重点关注四个经营指标：营业收入增长率、扣非净利润增长率、净资产收益率、股利支付率。

第一项经营指标：营业收入增长率。

要了解一家企业的经营情况如何，首先要看的就是企业的收入。一般来说，一家企业的营业收入绝对值数据意义不大，重点要看它的营业收入同比增长率。如果公司的营业收入增长率能够保持在18%～25%，那就算不错了。另外，还要关注营业收入增长的稳定性。那些营收增长不稳定的企业不是理想的投资标的。例如，一家企业前年营业收入同比增长10%，去年同比下降5%，今年同比增长50%，即使总体看起来营收涨幅很好，但是稳定性太差，还是需要谨慎选择。

当然，一些周期型企业的经营业绩本身就呈现周期性波动的特征，分析这类企业时则另当别论。

第二项经营指标：扣非净利润增长率。

扣非净利润是指归属于上市公司股东扣除非经常性损益后的净利润，即净利润减去非经常性损益之后的净利润。

所谓非经常性损益，是指公司发生的与生产经营无直接关系，以及虽与生产经营相关，但其性质、金额或发生频率影响了真实、公允地评价公司当期经营成果和获利能力的各项收入、支出。比如，某上市公司卖了一栋楼，这部分收入与公司的生产经营无关，属于非主营业务收入；一家主营业务是生产和销售酒的公司，如果通过炒股赚到了钱，那这部分收入就属于非主营业务收入。这些非主营业务产生的利润或损失就是非经常性损益。

扣非净利润这项指标已经刨除了非经常性损益，主要反映的是公司的主营业务利润情况。我们主要通过这项指标来了解公司的经营情况，因为公司保持长期发展主要靠主营业务，而非主营业务都是短期的、不确定的。如果公司的扣非净利润能够保持稳定且较高的增长率，说明公司持续经营能力比较强。

第三项经营指标：净资产收益率。

净资产收益率是将每年的净利润除以公司的净资产得到的比率，反映了公司的投资产出效率。巴菲特选股的长期业绩衡量标准就是净资产收益率达到15%。

如表2-12所示，某企业2021年的每股基本收益约为1.73元，用它除以每股净资产7.72元，就可以算出它的净资产收益率约为22.4%。就净资产收益率这项指标来看，这家公司是比较优秀的。

表2-12　某企业每股基本收益与每股净资产

科目	年度				
	2021年	2020年	2019年	2018年	2017年
每股基本收益（元）	1.7308	1.4331	0.9494	0.8039	0.6705
每股净资产（元）	7.72	6.82	5.64	4.83	4.48

第四项经营指标：股利支付率。

股利支付率是指公司每年支付股息的总金额占当年净利润总额的比例，可反映公司的股利支付政策和支付能力。通常，小公司的分配比例较低，因为小公司需要将资金继续投入以保持发展；而银行、水利、电力、高速公路、机场等公司的股利分配比例一般都比较高。

这里需要注意一点，股利支付率不是股息率。股息率是指公司每年支付股息的金额占当时市价的比例，可以反映目前的价格，以及在业绩不增长的情况下，大概需要多少年的分红才能够覆盖投资本金。股息率与股价相关，而只要是与股价相关的财务指标就会涉及市盈率，所以股息率的高低也和市盈率的高低有直接关系。

股利支付率和股息率之间可以相互换算：股利支付率÷市盈率＝股息率。

如表2-13所示，某上市公司2017—2019年三年间，每年股利支付率在20%左右，2020年和2021年每年股利支付率在30%左右。相对来说，公司的股利支付率是比较稳定的。

表2-13　某上市公司历次分红情况

报告期	分红方案说明	分红总额	股利支付率
2021年报	10派4.709565	2.87亿元	29.96%
2020年报	10派4.308854	2.38亿元	30.03%
2019年报	10派1.891247	1.05亿元	20.07%
2018年报	10派1.600748	8958.00万元	20.07%
2017年报	10派1.364684	7533.00万元	20.13%

某公司的股利支付率是30%，假设它当时的市盈率是15倍，那么根据上面的公式，我们可以计算出它的股息率就是30%÷15＝2%。

因为股利支付率30%这个数据相对比较稳定，而市盈率每天都在变动，股息率也会随之发生变动，所以看股息率不太合适，我们应该通过股利支付率来了解公司的利润分配情况。我们看市盈率主要是衡量估值高低，以寻找投资机会。

如果一家公司的四项经营指标表现都比较好，说明这家公司的整体经营情况比较好。

如果一家公司的风险指标没问题，同时经营情况也比较好，那它就是一家不错的公司。当然，好公司不一定就值得投资，必须满足“好公司+低估值”这个标准才值得投资。市场上经常有很多好公司的股价被炒得很高，像这样的股票我们也不应该去投资。

2.三大估值指标、两大估值维度

要评判一家公司的估值高低，我们主要衡量三大估值指标：市盈率、市净率、PEG。不同类型的企业适用的估值指标不一样。其中，市盈率和市净率指标还需要结合纵向比较和横向比较两大维度来分析。

（1）市盈率

市盈率就是股票价格与每股收益的比率。对于盈利稳定的成熟企业，一般可以采用市盈率指标进行估值。如果一家上市公司每年的利润都保持稳定，它的市盈率就能反映出一笔投资多久能回本。市盈率越低，投资价值相对越高。

比如，工商银行，我们假设它每年的净利润是3000亿元，公司总市值是15000亿元，那么它的市盈率就是5倍。也就代表着5年可以收回投资成本，年化单利为20%。

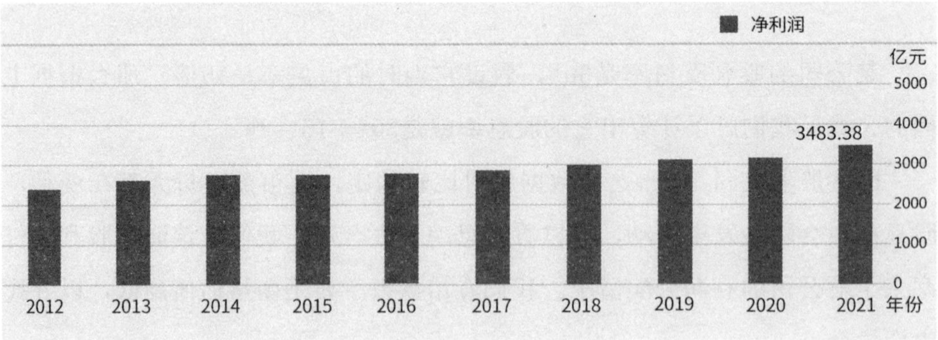

图2-46　工商银行净利润

以上是企业利润保持稳定的情况。还很多优秀企业的业绩是持续保持增长的，对此，我们就要从另外一个角度来衡量。具体如何衡量后文会进行详细介绍。

由于不同行业的估值高低有不同的标准，因此我们不能只看市盈率的绝对值，而要通过估值分位法来评估，同时结合两大估值维度进行分析。

第一，纵向比较，即将企业当前的市盈率与企业自身的历史市盈率作对比，判断它目前的估值处于什么位置。

根据企业过去一段时间的历史市盈率，画出低估、平均、高估三条估值水平线，将估值从低到高依次划分为低位区、中低位区、中高位区、高位区四个估值分位区间。通过企业当前估值所处的区间，我们就可以判断企业现在的估值高低。如图2-47所示的某企业当前的估值处于低位区，说明该企业当前是被低估的。

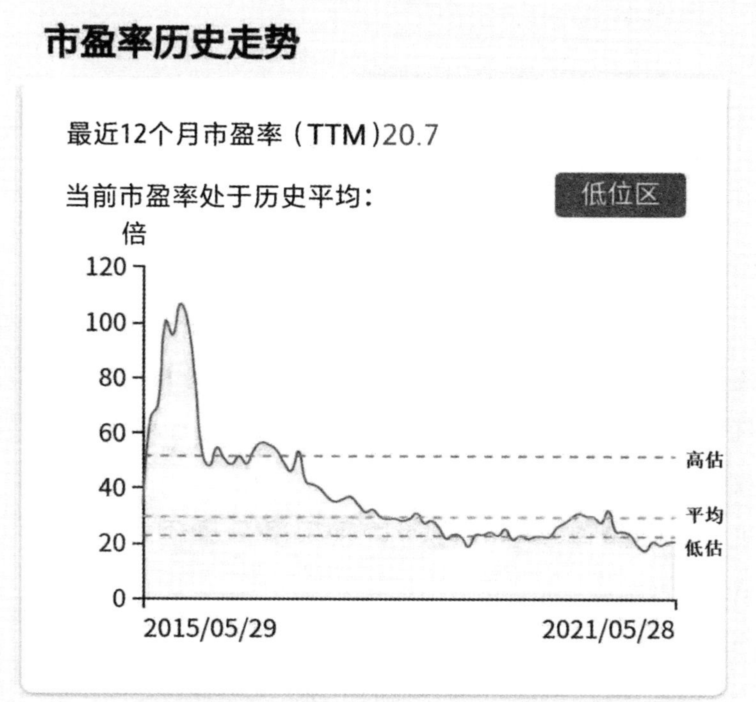

图2-47　某企业的纵向比较估值

第二，横向对比，即将企业当前的市盈率和同行业其他公司的市盈率作对比，判断它目前的估值是高于行业水平还是低于行业水平。如图2-48所示的某企业当前的市盈率远低于行业估值水平。

通过这两个维度的对比，你就可以做到对一家公司的估值高低心中有数了。

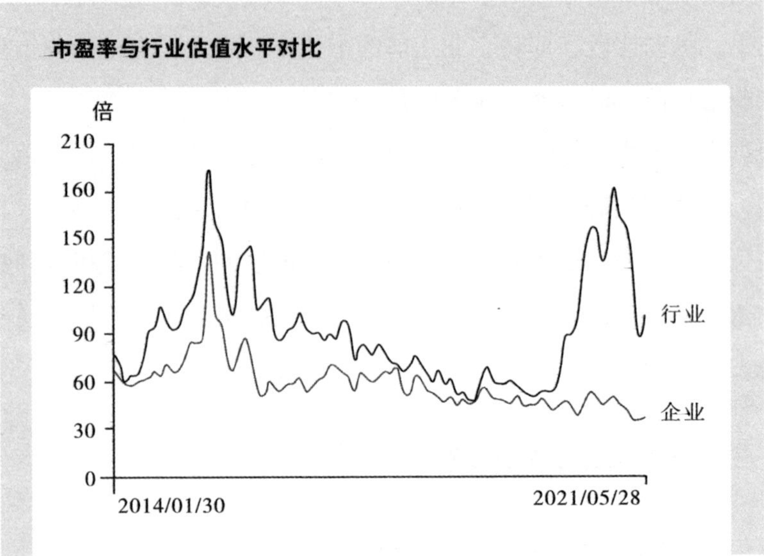

图2-48 某企业的横向比较估值

（2）市净率

对于盈利不稳定的企业，市盈率估值指标就不适用了。例如一些周期型企业的盈利受经济周期的影响比较大，在行业景气时往往利润不错，但在行业不景气时，利润会明显下降甚至出现亏损。对这种企业进行估值，就不能采用市盈率估值法。

如果企业的盈利不稳定，但净资产比较稳定，我们可以采用市净率指标进行估值。市净率就是股票价格与每股净资产的比率。

市净率估值同样要结合两大维度进行分析。

第一，纵向比较，即将企业当前的市净率与企业自身的历史市净率作对比，判断它目前的估值处于什么位置。

第二，横向对比，即将企业当前的市净率和同行业其他公司的市净率作对比，判断它目前的估值是高于行业水平还是低于行业水平。

同样地，我们要根据企业过去一段时间的历史市净率，画出低估、平均、高估三条估值水平线，将估值从低到高依次划分为低位区、中低位区、中高位区、高位区四个估值分位区间。通过企业当前市净率所处的区间，我们就可以判断企业现在的估值高低。

（3）PEG（成长股估值指标）

一般来说，业绩增速为20%～30%是很好的成长股标准，但是只要企业满足这个业绩增速条件就值得投资吗？不是的。投资成长股同样需要考虑估值。如果公司的价格很高，已经把这个增速带来的利润提前反映出来，该公司就不是值得投资的好标的。

对于这种未来发展空间较大、利润增长较快的成长型企业，市盈率指标也是不适用的。因为随着成长型企业未来的盈利大幅提升，市盈率将大幅下降，现在的市盈率高低不能很好地反映企业当前估值的高低，这时应该用PEG指标来估值。

$$\text{PEG} = \frac{\text{市盈率}}{\text{企业盈利增长率（去掉\%）}}$$

PEG指标在市盈率指标的基础上纳入了企业盈利增长率要素，在估值时考虑了企业动态的成长性。那么如何用PEG指标给成长型企业估值呢？

投资大师彼得·林奇认为，PEG为1是比较合适的标准。PEG越低，说明公司估值越低，投资价值越高。

假设你预测一家公司未来的利润增速是每年增长20%，市盈率是20倍，那么它的PEG＝$\frac{20}{20}$＝1，刚好满足PEG为1的标准，估值合理。假如一家企业的市盈率是40倍，预计未来每年利润增长率是20%，那么它的PEG＝$\frac{40}{20}$＝2，估值就比较高。

在中国股市里，PEG为1的优质公司比较少，我们可以把标准稍微放宽一点。我认为，PEG在1～1.5之间都是可以接受的，如果太高就不合理了。

以上就是完整的选股逻辑，简单总结一下：先看企业的风险指标，确认风险指标没问题；再看业绩，挑选业绩表现好的公司；最后看估值，选择估值较低的标的。无风险问题、业绩较好、估值较低，同时满足这三大条件的公司就是可以投资的标的。

第七节

技术面交易与基本面投资的对比

一、技术面交易和基本面投资的差异

技术面交易和基本面投资各有优劣势，它们的差异主要体现在以下六个方面。

（一）思维方式

交易的思维方式无非是两种：一种是趋势思维，另一种是震荡思维。技术面交易和基本面投资的思维方式有所不同。

技术面交易者可能同时拥有以上两种思维。用趋势思维的方式投资时，往往是寻找那些强势股，越涨越买。而用震荡思维的方式投资时，往往在股票上涨后回调时，认为它会继续涨而买入；涨了一些之后觉得它有可能回调，就把它卖掉。这两种思维不能并行，任何人做技术面交易，都只能选择其中一种思维方式。

假设一只股票从5元涨到了8元，这时，用趋势思维的人会认为它从5元涨到8元已经有60%的涨幅，趋势已经确立，他可能会在这个位置买入。而震荡思维的人则认为，从5元涨到8元已经涨了60%，应该很难再涨得更高，他可能会在这个位置卖出。

如果一只股票从8元跌到5元，情况则相反。用趋势思维的人会认为股价趋势已经被破坏，未来会持续下跌，于是选择卖出股票。而用震荡思维的人会认为股价已经跌了这么多，未来应该会反弹，因而选择买入。

再看基本面投资的思维方式。基本面投资者看的是企业业绩的增长，只要业绩持续增长，他就会一直持有，除非被市场炒作到有泡沫了才选择卖出。所以基本面投资属于趋势思维。不过，技术面交易的趋势思维和基本面投资的趋势思维并不一样。

长期来看，整体股市是上涨的。技术面交易者往往在中间做短线，这样可能就浪费了股市自然增长带来的收益。而基本面投资者往往长期持股，可以获得这种收益。

（二）起步的成本

如果你用技术面做交易，你在前期时可能不知道用什么方式交易，需要不断尝试各种可能，这时你一定会付出成本，也就是说，你在摸索的过程中一定会亏损。由于这些资金都是在错误后止损亏掉的，所以亏了就亏了，等到你有赚钱的能力时还可以赚回来。但是在不断试错的过程中，你的本金有可能亏损掉一大部分，这种情况下，除非你还有外部资金，不然，赚回来的道路会很长。

而基本面投资则稍好一些。选择基本面投资要关注两点：公司的质量和估值的高低。如果你挑选的公司还可以，那么，即使它的估值有些高，有一定的风险，长期持有出现大幅亏损的概率也不会很高。如果你挑选的公司很一般，但估值比较低，那么投资风险也不会很高。

从起步的成本来看，技术面交易的成本比基本面投资更高。

（三）交易方式的持续性

技术面交易的持续性不如基本面投资。

首先，如果你摸索出一种技术面交易的方式，那么这种方式必然是适应你当下的资金量的。随着持续获利，你的资金持续增长，过去的交易方式可能就不能适应你现在的资金量了。

比如，最初你的资金量只有10万元，你找到一种可以获利的投资方式。随着持续获利，现在你手上的资金量已经达到100万元，那么原先这种投资方式的收益率就会打折。这个时候，如果你想适应100万元的资金去投资，就要调整你的交易方式。

就像我最初做恒生指数期货时，第一种获利的交易方式是围绕2万～5万的资金设计的，这是我根据刚开始做投资的条件和需求所设计的交易方式。虽然我最开始靠着这一招做到了持续获利，但是当我的资金量达到20万元时，这一招已经不灵了。我必须放弃原先的交易方式，重新找适合20万元资金量的投资方式。以此类推，之后当资金量增长到100万元、1000万元、1亿元时，我都需要更换新的交易方式。

当然，在调整的过程中，你不可避免地会面临很多不确定因素。因此，如果想要依靠技术面交易持续获利，你的资金每上升一个台阶就要对交易方式进行一次调整。每一次调整都是一个大关，要付出不小的代价去摸索出一种新的可以获利的交易方式。为了把资金量扩大，你需要革自己的命，这是很多人都难过的一关。

而基本面投资则不存在这个问题。如果你买一只股票，持有时间预计是未来几年，那么，今天买入还是下周买入没有多大区别，对于买入时间并没有特别要求。基本面投资可以容纳的资金量很大，一般亿元以下的资金基本都是随便买的。

用技术面交易方式，随着资金量从10万元增长到100万元、1000万元、1亿元，可能需要调整几次投资方式。而选择基本面投资方式则不需要任何多余的动作。

其次，从长远的角度来看，随着市场的发展、证券市场制度的变化、投资者群体的变化，一种好的技术面交易方法也可能会逐渐失效。

一直以来，A股市场的散户投资者很多，这就造成了股价大起大落，给技术面交易者提供了比较多的机会，所以在A股做技术面交易是有优势的。我在前面“中美股市的对比”的分析中做过测算，美股指数的波动率极低，只有1%；而A股的波动率是2%，是美股波动率的2倍。未来，随着A股市场逐渐发展，投资群体逐渐机构化，非理性波动减少，技术面交易机会也会逐渐减少。到最后，几乎所有的技术面交易方式都会失效。当然，这只是一个趋势，至于何时才能实现不得而知。

而基本面投资则不会受到这种变化的影响。如果能够将基本面投资研究明白，哪怕只研究明白一招，你的投资方式也可以用一辈子。

有人说，巴菲特的基本面投资方式就有过调整，一开始用了格雷厄姆的投资思路，后来改用了费雪的投资思路。之所以出现这种转变，最核心的原因是后来巴菲特的资金量太大，格雷厄姆的投资方式已经容纳不了，而用费雪的方式获益会稍大一些。

当然，我们普通投资者根本不需要担心这个问题，因为我们的资金量不可能和巴菲特相提并论。我没有细算过巴菲特开始用费雪的投资方式时的资金量，但折合当前人民币对应的价值起码也到百亿级别了。这个数字对普通投资者来说是很遥远的。

有些人可能会认为，如果技术面交易做得好，获得暴利的可能性就更大，基本面即使做好了收益率也不会太高。这些人很有可能是受到那些讲涨停战法的人的影响，才会有这种不合理的预期。其实技术面交易根本不可能这么做。仔细算算，如果按照他们所说的方式交易，一年不知道能赚多少倍，市场上怎么可能有这么高收益的方法呢？即使有这种方法，你能做到吗？就算真的有这种方法，一定也只有非常专业的人才能做到，而且他们赚的就是普通投资者的钱。

实际上，技术面的交易空间正是来自庞大的散户群体，但是散户群体也能给基本面投资带来优势。散户群体越多，市场的极端情绪就越强烈。在市场悲观时，被错杀的股票越多，错杀得越重，这时就很容易利用基本面投资方式买到被低估的优质股。而在市场情绪高涨时，在多数散户的推动下，市场的泡沫更多，基本面投资者可能有机会在高位卖出股票，从而获得更大的利润空间。

简单来说，散户群体拉大了股市的整体波动空间，给技术面交易者提供了博弈的空间，而且可以让基本面投资者买点更低、卖点更高，同样具备暴利空间。不过，随着市场制度和投资者群体的变化，基本面投资方式的可持续性会比技术面交易方式更强。

（四）时空的限制

很多时候，技术面交易都要踩准关键的点，错过了这个点，这笔交易可能就完全错过了。因此，这是一项需要高度集中注意力的工作，必须排除外界的干扰。技术面交易做得好的人，在开盘时间内一定会守在电脑旁进行交易，这是一个非常受时空约束的条件。也许你30岁、40岁时可以做到，但是到了60岁、70岁时还行吗，你的精力、专注力还足以支持你进行交易吗？

相比之下，基本面投资就不需要这么麻烦。你只要把价值和价格之间的关系衡量清楚，当价格低到你所设的预期时就可以买入。在持有该股票期间，你只需要偶尔看看它是否在你心里波动的价值范畴之内，每个季度看一下它的数据情况即可。即使外界对你有一定的干扰，也影响不了你的决策。只要股票的发展在你的计划之内，又没有被市场大幅炒作，你就可以一直持有。

虽然做基本面投资也要学习，但是我们随时随地都可以学习，可以学到晚上一两点，也可以在旅游时用空闲时间查阅资料，完全不受时空的限制。

（五）交易的确定性

技术面交易永远都不能确定，只能靠概率和赔率取胜。比如交易10次，胜7次，则胜率高；胜可以赚3元，输只赔1元，则赔率高。

而基本面有很多要素是可以确定的，我们能找到现在的价格低于价值且未来价值会继续增长的股票，买入后一直持有，最后一定是赚钱的。比如，按照2022年7月这个时点来看，买入四大行就确定是可以赚钱的。其中，工商银行的市值为1.7万亿元，净利润3400亿元，净资产3.34万亿元，净利润是市值的20%，而净资产比市值高了近一倍。

另外，根据公司的经营情况，我们可以确定以下两点。

第一，工商银行依然有持续盈利的能力，只是增长速度较慢，预计增速5%，可以忽略。

第二，工商银行的地位，每个人都很清楚。如果连工商银行都发生问题或是倒闭，那么你的钱放在哪里也不会安全，这家企业的投资风险相对是很低的。

综合来看，工商银行的投资价值是确定的。从基本面来看股票，我们可以找到这种确定的机会。当然，像工商银行这种具有确定性的投资机会，之所以有些人不愿意去买，主要是因为它的波动小，满足不了他们的收益需求。这也是很多人选择技术面交易的原因，尽管他们知道技术面交易的风险大。

（六）找到交易方法的难度

采用技术面交易，无论你用趋势思维还是震荡思维，都相对容易找到一种交易方法。比如，看股价在一段时间内的涨幅，再配合其他参考指标确认是否买入，在该股票持续的动能减弱到一定程度后卖出，这是一种典型的用趋势思维的技术面交易方法。又如，在股票上涨后回调时，认为它可能继续涨而买入；涨了一些之后又觉得有可能回调，就先把它卖掉，等跌下来的时候再重新买入，这是一种典型的用震荡思维的技术面交易方法。

而基本面投资总结起来就是“好公司+低估值”。虽然这个逻辑很好理解，但是选择好公司的难度很大。首先你要看懂公司的基本财务报表，对几项重要数据有一定的了解；其次要对该企业所在行业的前景和市场格局有一定的认知。这些能力并非一朝一夕可以学来的，需要常年学习积累，也要有客观的判断思维。而估值的判断比公司的评判稍微简单一些，可以通过历史的估值区间和同行业其他公司的估值对比来作一定的基础衡量。不过大多数投资者对这些方法没有足够的认知，不知道从哪里入手。

从难度上来看，技术面交易的难度比基本面投资要小一些。

通过以上六点对比，可以看出两种交易方式的优劣势。综合来看，基本面投资只是在前期学习时比技术面交易更难，除此以外，所有的要素都比技术面交易更优。毫无疑问，做股票投资，直接从基本面开始研究更适宜。

基本面投资做得好，会让你先苦后甜。而技术面交易即使做得好，整个过程也是苦甜苦甜或苦苦甜甜。

二、投资结果的比较

在实际投资中，很多人更喜欢追求短、平、快。虽然每个人都有这种赚快钱的心理，但这是不切实际的。就算偶尔有人真的能赚到快钱，那也只是短期运气好而已，这绝对不是长久获利的方式。

金融市场根本就不存在短、平、快这种逻辑，所谓赚快钱的捷径只不过是投资者的一厢情愿。市场上有一些专门“割韭菜”的人就是利用了投资者的这种心理，提供一些不真实的数据和案例，制造了可以获得短期快速获益的假象。如果你不能分辨这些假象，那么你是不可能在投资市场上赚到钱的，反而会血亏。

股票投资关系到你的财富状况，你一定要从现实出发去做投资。在违背现实的路上前进，再努力也不可能成功。就好比你想凭自己的能力飞上天，可是人体的构造根本不满足飞行条件，即使给你装了翅膀也飞不上去。

因此，我们做投资一定要立足于现实，找到可行的、能长期获利的方法。在投资市场上，不同投资方式的现实情况到底如何呢？下面讲两个投资案例，以说明两种投资方式截然不同的结果。

（一）追热股

图2-49所示的是申万活跃指数。这个指数是由周换手率最高的前100只股票组成的指数，每周轮换股票，持续追踪市场上最热门的100只股票的表现。

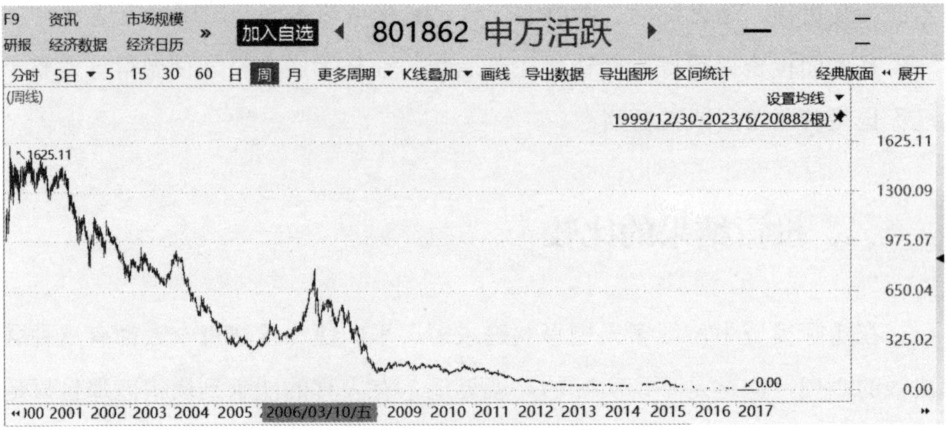

图2-49　申万活跃指数

申万活跃指数更新了17年，它在1999年底推出，到2017年1月就停止更新了。为什么停止更新呢？看看指数的走势图你应该会明白。在这17年里，申万活跃指数从1000点一路大幅下跌，到最后收报于10.11点，下跌了99%。最后，这个指数彻底消失了。

如果现在给你1000万元，让你亏到只剩10万元，分很多笔亏，每个月都换股票，你可能一辈子也完成不了。我们都感觉投资赚钱很难，其实你想一直亏钱也很难，但是这种不断追热股的方式居然能把钱亏完！

要知道，用1000万元做交易，亏10%就剩下900万元；再亏10%就是亏90万元，剩810万元；再亏10%就是亏81万，剩729万。同样的亏损幅度，你亏损的金额越来越小，最后亏得剩1%是一件巨难的事。但申万活跃指数做到了。

（二）最简单的基本面投资方式

我们再来看看用最笨的基本面投资方式会获得什么投资结果。

在基本面价值投资中，分析行业状况、企业的财务数据、企业的价值是比较难的，很多普通投资者都看不明白。不过，我们知道有一个简单但很重要的点：相对来说，市盈率低是一件好事。用低市盈率来做基本面选股是一种最简单、技术含量最低的方法。

图2-50所示的是申万低市盈率指数，这个指数代表了最低级的基本面投资方式。申万低市盈率指数是剔除亏损股之后，选取平均市盈率最低的200

图2-50　申万低市盈率指数

只股票组成的指数，每年5月和9月调整指数的成分股，用最简单的方式追踪低估值的价值类股票的股价表现。

申万低市盈率指数也是在1999年底推出的，但是它的走势与申万活跃指数完全不同。20多年来，低市盈率指数尽管也经历了起起落落，但是长期下来仍然有不小的涨幅。

对比一下申万低市盈率指数和申万活跃指数，就可以看到两种投资方式截然不同的命运。如果去追那些活跃的、被市场炒作的股票，最后你的资产一定会慢慢缩水，直到破产。如果去投资那些低估值的股票，最后你可能获得比较好的长期收益。

申万风格指数还包括另外两个和市盈率指标相关的指数：中市盈率指数和高市盈率指数。它们的成分股调整规则如下：剔除亏损股以及市盈率高于500的股票之后，选取平均市盈率最高的200只股票组成高市盈率指数，选择平均市盈率大于中位数的100只股票和小于或等于中位数的100只股票组成中市盈率指数，每年5月和9月调整指数的成分股。

在1999年底到2023年6月20日的20多年时间里，如果你投资低市盈率指数，现在你的资产会翻近6倍；如果投资中市盈率指数，你的资产会翻3倍

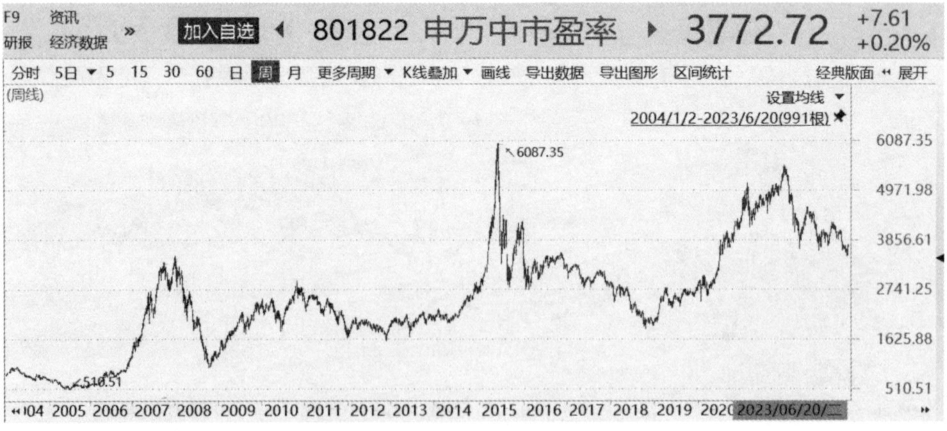

图2-51 申万中市盈率指数

多；如果投资高市盈率指数，那就几乎没什么回报了；如果你投资申万活跃指数，1000点变成10点，相比于低市盈率指数的5910点，两者相差近600倍，这是非常吓人的差距。

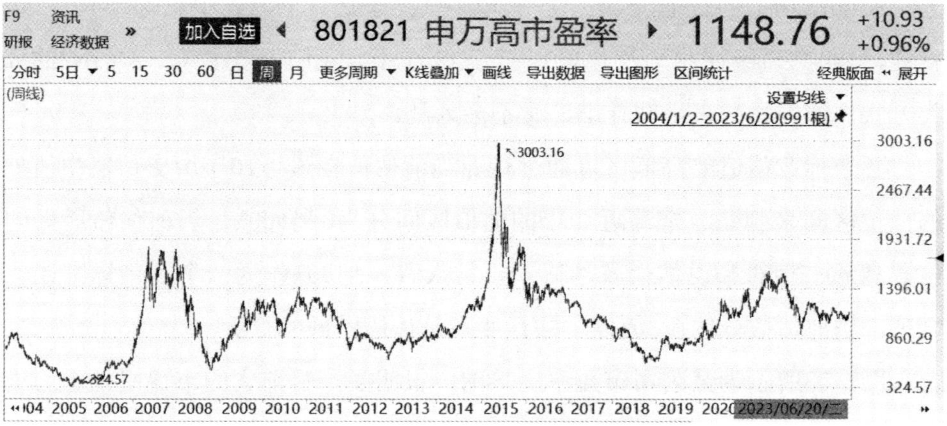

图2-52　申万高市盈率指数

（三）正确的投资方式

看到这里，相信你已经很清楚，比起追热股、投资高估值的股票，投资低估值的股票才是正确的选择，才能获利更多。

投资市场本来就不是获取暴利的地方，作为一个普通投资者，你的主要心力、时间用在主业上，你要做的应该是努力在主业上赚钱、积累财富，当你的主业不能创造持续增长的收入时，你就可以将积累的财富放到投资市场保值增值。一般来说，到了这个阶段，你对生意和商业模式已经有一定的了解，年龄也稍大一些，此时应该更偏向于基本面价值投资。

申万低市盈率指数的选股方式比较简单，直接选取了市盈率最低的200只股票。即便如此，低市盈率指数的收益表现也是不错的。如果你有一定的基本面价值投资能力，能够在低估值的股票中选出优质的股票，用“好公司+

低估值”的标准去投资，那么投资收益肯定会高出许多。

如何发现低估值的优质股票？一个比较高效的方法就是先从行业入手，从低估值的好行业中找到低估值的优质个股，作为可选的投资标的。

股票市场上的行业分成三个等级。一级行业31个，其中包含134个二级行业，134个二级行业又包含300多个三级行业。我们可以参考二级行业的分类方式，这样看起来足够详细，又不会太乱。

各个行业估值的高低可以通过行业当前估值在最近10年历史估值中所处的分位区间来判断。把最近10年的估值区间分为0到100%，当前估值所处的位置越低，相对来说估值就越低。正常来看，把30%作为一个评判标准比较合理。当前估值分位在30%以下的行业就是估值较低的行业。

图2-53所示为某公司市盈率走势图，很明显，目前它的市盈率处于历史的低位区。如果这家公司的经营状况没有发生改变，长期来说，这就是一个好的投资机会。如果你把资金分成多份，平均买入多只这样的股票，长期下来，你的获利会比较丰厚。

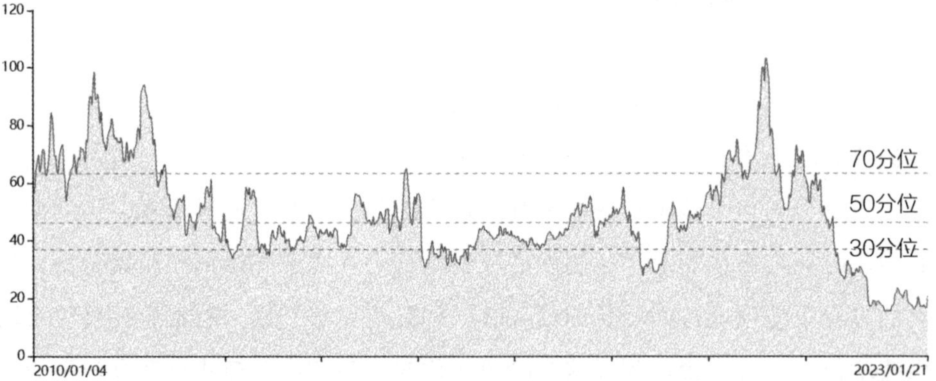

图2-53　某公司市盈率走势图

第三章

投资中的人性与底层思维

之所以很多人在了解了市场、掌握了投资方法后，依然会亏损，主要是因为没有解决心理层面的问题，无论方法多好、逻辑多清晰，都不能够正常发挥。因此，解决投资中的心理问题非常重要。只有内心平静，你才能客观冷静地思考。如果心中有气、心中有怨，你就可能做出不理智的举动，做一些不该做的错事。也许最初只是一些简单的小错误，但是你很可能会为了补救小错误而出现大错误，为了补救大错误又出现致命的错误。想要避免这种连锁反应，我们就必须在源头上解决这些问题，让自己的心态保持平静，尽最大的努力避免出现小错误，杜绝这些小错误带来的心理问题。

这一章主要从问题的根源出发，讲讲投资中会出现的各种心理问题以及如何解决。

第一节　从『人』和『人性』出发

我们做任何事，都要从自身的需求和人性的角度去考虑。你和其他人不一样，所以适合其他人的方法未必适合你。太多人想要去效仿他人，实际上效仿他人远远不如看清自己有用，如果连自己都看不清，你又如何能够看清他人？他人的需求和你的需求不一样，比如，人在没钱的时候想赚钱，有钱之后又想实现自己的价值，一个没钱的人去学习一个想要实现自我价值的人，就是一个笑话。

投资中有很多条路都可以通向成功，可能每个人都有自己的路径，因为大家的财富来源不同、能力不同，所以适合的投资方法和方向也各不相同。比如，他擅长理科，而你擅长文科，那么他可能以财务数据为重点，而你可能以企业的其他报告为重点。又如，他有一笔财产，但收入能力不高，而你没有这笔财产，但有持续创造高收入的能力，那么，你们的投资方法必然不同。你不需要复制他人的方法和路径，而应该根据自己的情况找到适合自己的路径。

另外，很多人性的问题会在投资中充分暴露出来。你必须知道这些问题，如果对这些问题没有概念，就不知道自己错在哪里，不知道为什么错，也就无法改正，无法进步。

一、投资要从自己出发

在投资市场上，即使参与者看到的市场行情、听到的市场消息是一样的，不同的人的投资业绩往往也千差万别。这是因为面对市场的个体是不同的。

每个人的出身背景、性格特点、人生阅历、知识结构、能力范围、追求的目标都不一样，这使得不同的人在投资的过程中，在面对股价波动时产生的心理变化各不相同，在每个时点做出的投资决策也完全不一样。

比如，有些人可能认为行情涨多了就会跌，跌多了就会涨，这属于震荡思维；而有些人则认为行情涨起来了就会继续涨，跌多了就会继续跌，这属于趋势思维。又如，有些人阅读能力强，擅长看研报；有些人数学能力强，更倾向于看财务数据；有些人对图形敏感，更喜欢看图，用技术面交易方式去操作……

能力的不同也造成了有些人愿意且能够选择投资，而有些人更倾向于投机，还有些人则喜欢炒股。每个人的背景不同、需求不同，这使得他们在当下要做的事情也不同，适合的投资方式也不一样。

当然，每个人的认知、思维和选择都不是一成不变的，而是不断改变的。就像你看了本书之后，也许会对投资有不一样的认识，从而影响你以后的投资行为。

因此，做投资，一定要从自己出发，才有可能找到适合自己的投资方式，从而做出正确的投资选择。也许别人通过某种投资方式获得了不错的收益，但是这种方式未必适合你。

在实际投资中，不同的群体和个体在选择投资方式的时候，会有多大的差别呢？

（一）不同群体对投资方式的选择

投资市场上比较常见的投资者主要分为四个群体：职场高级白领、生意人、职业投资者、基金管理人。这四个群体的背景、需求各不相同，因此，他们的投资目标和操作方法也存在比较大的区别。下面我们分别看看这四个群体分别应该如何做投资。

1.第一个群体：职场高级白领

高级白领往往有良好的、稳定的工资收入，但未必有太多的存款。同时，大多数人都忙于工作，没有很多时间和精力去钻研投资。这类人比较适合基金定投，或者是找一只长期稳健的股票定投，实现保值增值的目标。

对于上班族来说，如果要做股票投资，就应该选择基本面投资。大多数人刚进入市场都是从技术面交易入手。但是技术面交易本质上是一种零和博弈游戏，几乎脱离了企业的价值。做技术面交易时，任何一只股票都是一个交易标的，和公司本质几乎没有关系，就是一种高频次的概率游戏。技术面交易不仅需要花费很多时间看盘，而且前期很可能要不断试错，学习成本很高。

相比之下，基本面投资对时间和精力的要求没有那么高，可以随时随地学习，即使前期经验不足，只要有合理的预期，用基本常识也可以做一些分析。在这个基础上，再坚持抽出一些时间学习，等到你有清晰、系统的投资逻辑就可以开始做投资，成功的概率就很高，不用再频繁地“交学费”，学习成本相对更低。另外，基本面投资还有一个比较大的优势：它有很多要素可以确定，赚的是股市长期增长的价值。虽然基本面投资要学习的东西很多、很复杂，但是只要你能研究明白一招，就可以用一辈子。从这个角度来看，上班族如果要学做股票投资，最好直接采用基本面投资方式。

2.第二个群体：生意人

生意人的收入大多以年为单位来统计，生意上可能随时会用到资金，对资金的流动性有一定的要求。在资金充裕的时候，算好自己的账，找到合适的时机进行投资，目标应该是长期持有。

3.第三个群体：职业投资者

职业投资者需要分两种情况来讨论。第一种是打算将投资作为自己毕生事业的年轻人。这类人可能本金少，追求高收益，而高收益必然伴随着高风险，所以如何发展就要看个人的交易能力和造化了。第二种是相对年长的人，有一定资本积累，打算以投资为职业，过上轻松安逸的生活。这类人应追求稳健的投资，不应冒太大的风险，因为一旦本金亏损较大，同时又没有其他持续获得收入的能力，对其后半生的生活质量就会产生很大的影响。

4.第四个群体：基金管理人

基金管理人可以说是世界上最难做的职业之一，“难”主要体现在三个方面：第一，需要较强的投资能力；第二，客户大多要求获得高收益，需要面对客户的情绪变化；第三，留住客户的难度较大。即使有些基金管理人的投资业绩一直比较稳健，长期收益超越很多基金产品，但在此期间，当其他基金产品在某一段时间内涨得更多时，客户很可能也去追逐其他基金产品。如果基金管理人追求快速的高收益，即使短期内能够有不错的表现，能够吸引更多的客户，也只是暂时的，不可能一直维持高收益。当他们无法持续为客户创造高收益时，客户会感到不满，甚至会离开。除此以外，基金管理人还会受到就职公司的影响，有时需要按照公司的要求去行事。

从以上四个群体的情况可以看出，每个人的背景、身份不一样，采用的投资方式、追求的投资目标也不同。我们在投资时，一定要根据自身的能力、需求去做，要知道没有什么事比看清自己更重要。

（二）不同个体对投资方式的选择

接下来，我们再从个体的角度，用比较具体的案例来看看这种区别。

1.一个普通年轻人的投资生涯

假设一个年轻人26岁，研究生毕业后打算做一名职业投资者，将投资作为自己的毕生事业。他通过自己的储蓄、亲朋好友的支持凑到了20万元资金。对于一个刚毕业的年轻人来说，20万元还是比较可观的。得到这笔钱之后，他应该如何做投资呢？

假如他做长线价值投资，根据A股的历史表现来看，长期投资下来，平均年化收益最高的一批股票收益大约是30%，例如伊利股份、格力电器、贵州茅台等优质股。如果从A股所有优质股票的整体水平来看，平均年化收益大约是10%。

假设这个年轻人做得很好，年化收益率达到20%，那么他用这20万元的资金一年可以赚到4万元，折合一个月3000多元。对于这样的收益，你认为他会满意吗？也许随便找一份工作，他的工资收入都超过这个收益。因此，他此时大概率不会选择长线价值投资，而是追求更高的收益，那么操作方式就会改为短线交易。

想象是美好的，而现实是残酷的。想要通过短线交易赚取高收益，难度更高。第一，在频繁的短线交易中，他很难赚到股市长期增长的价值；第二，短线交易需要付出的交易成本更高，包括频繁买进卖出的手续费、买卖时的交易价差等。

假设这个年轻人确实很有天赋，短线交易也做得非常好，资金量一直在增长。那么随着资金量的增长，他此时又面临新的问题：20万元、200万元、2000万元、2亿元……不同资金量适用的操作方法是完全不同的。20万元资金量采用的操作方法，当资金量达到200万元时就要升级，达到2000万元时也要升级，达到2亿元时也要升级。每一次升级都是一个新的挑战，每一次升级都是一次自我革命。

在每一次升级的过程中，一个人是否有足够的决心和狠心去执行也非常关键。当你通过不断摸索和实践，确定了一种可以稳定获利的方法之后，为了运作更大的资金量，你是否愿意主动放弃原来的方法，换成另一个不确定的方法呢？资金量从20万元到2亿元，这中间至少需要更换三次投资方法，是否每一关都能顺利通过呢？这个过程有多艰难，可想而知。

2.“股神”巴菲特的投资方式

在投资圈内，“股神”巴菲特是众多投资者的偶像，是一个神话般的人物。巴菲特师承当时投资界最牛的投资大师——格雷厄姆。巴菲特从小就做过很多生意，具有做生意的思维，而我们大多数人小时候被灌输的思想是“好好学习，天天向上”。当然，这些条件是家庭和社会的土壤所提供的。

1956年，26岁的巴菲特开始正式募集资金做投资。据一些资料记载，当时，他募集到的资金量是10.5万美元。当时的10.5万美元是什么概念呢？1956年距今六十多年，如果按照每年7%的增长率折算，当时的10.5万美元大约相当于现在的850万美元。如果按照6.5的汇率折算成人民币，相当于大约5500万元（10.5万美元×1.07^{65}×6.5≈5500万元）。

跟上一个案例中那个26岁的年轻人相比，巴菲特的资金量明显不是一个量级的。

试想一下，如果你26岁，拿着5500万元来做投资，你会如何做？如果收益率达到20%，就是1100万元，这个数额可是很多人打工一辈子都赚不到的。但是一旦出现亏损，心理压力也是极大的，所以自然会更谨慎地看待投资风险。

这个资金量无论由谁来运作，肯定都不会炒短线，因为短线交易无法容纳这么多资金的进出，所以人们基本都会选择做长线价值投资。而且在投资时也不会轻易出手，而是会耐心调研，寻找确定性更强、把握更大的机会。

很多人可能听说过，巴菲特刚开始做投资的时候采用的是“烟蒂投资法”。为什么最初他会采用这个投资方法呢？因为对于年轻的巴菲特来说，投资经验还不够丰富，这个方式最容易理解，也是最确定的。

同样是26岁，普通年轻人和巴菲特的起步门槛完全不一样，走的路径也不同。可能巴菲特起步的投资方式就是普通人终极的投资方式。巴菲特的起点，也让他有更大的概率能够成为投资大师。

在这个世界上，有巴菲特的这种投资能力的人可能还有很多，但是想要达到他这种成就估计就不太可能了。除了能力好，巴菲特还有一个很重要的特质——底子好。底子好，主要体现在三个方面：一是他的身世，本身就是千里挑一，甚至是万里挑一的。因为出身好，所以他很早就能够募集到这么多资金。同样是20%的收益率，100万元的收益只有20万元，1亿元的收益有2000万元，两者之间的差距太大了。二是他长寿。巴菲特现在都90多岁了，但他大部分的钱都是60岁以后才赚到的。一个人如果只活到70岁，那他怎么可能赶得上巴菲特的成就？三是，巴菲特成长于“二战”后期的美国，恰逢美国成为全球霸主，成为在最近的一百年里世界上发展最好的国家，美国的国运是巴菲特投资成功的基础。

从以上两个案例可以明显看出，背景、条件的不同使得人的投资目标完全不同，适合的投资方式也不一样。即使你拥有巴菲特的投资能力，如果缺少了巴菲特的条件，也很难像巴菲特那样做投资，很难达到他的投资成就。

（三）投资为什么不能“抄作业”？

做投资时，很多投资者在市场上听到的消息往往来自一些知名人士，也有不少人会在他们的影响下进行投资。比如，有很多人投资时都喜欢“抄作业”，直接跟着“投资大师”买股票，觉得只要“投资大师”赚钱了，自己就能赚钱，但实际投资和想象的完全不是一回事。

我们都知道靠投资赚钱是比较难的，如果“抄作业”就能赚钱，那岂不是大多数人都可以赚钱？指望抄作业赚钱这件事本身就不合理。你能理解“投资大师”的投资逻辑吗？你知道他的仓位配置吗？你知道这笔投资为什么能做吗？你知道持续下跌时要如何应对吗？如果你什么都不知道，那肯定很难赚到钱。

实际上，投资大师的投资方式未必合适你。每个人的资金量、风险承受能力、知识面、擅长的点都不一样，这就决定了每个人能坚持做好的投资方法会有很大差异。有一定的知名度就意味着他们在投资上已经有了一定的建树，投资金额往往也相对较大。从前面普通年轻人和巴菲特这两个案例中可以看到，小资金量和大资金量适合的投资方式是完全不一样的。

对于10万元、100万元、1000万元、1亿元、10亿元这五个不同的资金量，适用的投资方式各不相同。管理100亿元资金的基金管理人所用的投资方式很难适用于资金量10万元的投资者。普通投资者大多是资金量比较小的中小散户，应该选择的投资方式自然与这些在市场上发声的人完全不同。即使他们说得都对，也只能代表他们所说的投资方式适合市场上某一部分人。他们的投资方式与多数普通投资者其实并不匹配，所以你不应该按照他的方式去做，而是要找到适合自己的投资方式，只有你才最了解自己。

即便资金量一样，其他条件不同，在投资方式的选择上也会有很大的差异。例如，假如你现在有100万元，打算做个职业股民，以投资为生；你的朋友也有100万元，也计划做职业股民，靠投资赚钱。但他的条件和你不同，他家里还有一栋楼可以收租，租金足够支付他的生活开支；而你没有其他收入，每个月都需要从投资的资金中提取生活所需的费用。在这种情况下，你们两个人选择的投资方式很可能完全不同。

假如同样选择做长线投资，由于你需要解决日常的生计问题，所以不得不考虑资金的回撤情况。当投资标的长时间出现较大的亏损时，你未必能够熬到最后，无论这个投资标的最后取得的成绩多么好。而你的朋友却可以，因此他每个月的生活开销都有着落，没有太多的负担，在投资时内心也会更加从容淡定。

人在社会中生存，最重要的是应该看清楚自己的能力、位置、处境，做自己认为合理、正确的事情，而不是在做之前先考虑别人的看法。做投资也是一样的道理，你应该发现自己的能力，清楚自己的目标，找到自己和市场最匹配的点去做交易，而不是人云亦云。

我们不需要和其他人比较，要记住：你就是你，多看看自己，明确自己当下所处的位置，从自身出发，找到适合自己的投资方式。

当然，除了要从自己出发，你还得了解市场的特点并适应它。我们一定要清楚一点：我们面对的这个市场是亿万投资者共同参与的市场。市场有其特性，它不会因为你的意志而产生变化。要在这个市场中生存，你唯一能做的就是了解它的特点，然后据此调整自己的行为，这样才能从中获利。市场永远不会因你而改变，你应当为它而改变。

二、投资中的人性问题

由于人的一些天性，在投资的过程中，我们常常不可避免地会产生一些心理波动，这些心理波动很容易导致我们做出不理性的投资行为。比如，面对亏损时，无法做到理性果断止损，即使在市场不利时也套着不动；面对盈利时，总是担心会失去已经到手的利润，小有获利就“落袋为安”，最后拿不住大牛股；等等。

想要解决这些问题，首先要认识到这些不理性的投资行为背后体现的人性弱点，然后再找到一些好的应对方式，克服这些人性弱点对投资的影响。

（一）面对收益和损失时的心理状态

我们来做两道选择题测试一下你面对收益和损失时真实的心理状态。你只需要遵循自己内心最真实的想法做出你的选择。

1.确定的收益vs赌一把

第一道题，假设现在有两个选项：

A．你可以获得确定的3万元收益。

B．你有80%的概率获得4万元收益，但也有20%的概率收益为0。

你会选择A还是B呢？

大多数人下意识地会倾向于选择A。为什么？

其实这种选择行为的背后隐藏着一种心理现象：这两个选项，一个是“确定的收益”，另一个是“赌一把”，在“确定的收益”和“赌一把”这两种选择之间，多数人会选择确定的收益。因为当人们处于盈利状态时，往往不愿意再冒着风险继续去搏一把，而是会变得小心翼翼，害怕失去已经到手的利润，更倾向于见好就收。

当然，也会有小部分人的风险偏好比较高，他们可能选择“赌一把”，愿意承担一定的风险去博取更大的收益。

如果从理性的角度来思考这个问题，其实应该选择B选项，因为4万×80%=3.2万，B选项的期望值大于A选项的3万。

在实际投资中，大多数人会选择A。当股票赚钱时，投资者的心态往往会变得浮躁、不踏实，所以经常有人赚了点小钱就跑了，不能坚定持有那些涨幅较大的股票。即使买到了牛股，大多数人也不能坚定持有，导致最后没赚到钱。

出现这种现象其实就是因为人有厌恶损失的心理，盈利之后很容易变得患得患失，担心把赚到的钱又亏损了。比起从来没得到过，先得到再失去的过程要痛苦得多，这就是人性。因此，当股票小有盈利时，投资者往往会选择赶紧卖出落袋为安，因为收益已经确定，而继续持有则可能将利润回吐出去。

实际上，投资交易是一个持续的过程，而不是赌一次就结束了。相比于3万元，3.2万元多出了近7%的收益。在长期的投资交易中，这笔收益持续累积下来是相当可观的。因此，如果在现实中你只有一次机会做选择，你可以选择A。但是如果是做投资，在一个持续选择的过程中，你就应该选择B，因为B选项带来的长期收益更高。

如果你总是选择"确定的收益"，不能坚定持有涨幅较大的股票，应该怎么处理呢？你首先要意识到这个是自己的心理问题，它跟市场行情走势无关。想要避免这种心理问题，你就要把心思尽量放在行情走势上，尽可能保持客观分析。在具体操作上，在买入标的之前先设定好目标盈利位和止损位。只要行情没有触及目标位，那么它就在你的预期范围内。在这之前，你尽量不要打开账户去看。

你如果经常关注账户的波动，就很容易被它带偏。最好的办法就是在开仓时，你就先把账算好，平时只需要偶尔看看有没有达到你设定的目标位，有没有超预期的变化就行了。只要能做到这一点，基本上就能解决这个问题。

2.确定的损失vs赌一把

再来看看第二道题，仍然假设有两个选项：

A．你确定亏损3万元。

B．你有80%的概率亏损4万元，也有20%的概率完全不亏损。

这时候，你又会如何选择？一定要按照你内心最真实的想法来选择，这关系到你最终的投资决策。

有些人会选择B，因为选择A会面临已经确定的亏损，而选择B还有20%的概率不亏损，选项B更吸引人。

这两个选项，一个是“确定的损失”，另一个还是“赌一把”。而在上一道选择题中，在“确定的收益”和“赌一把”之间，多数人愿意选择“确定的收益”，不想为了获得更高的收益再去冒险，因为这会损失已有的利益，哪怕概率上更划算。但是人们在面临“确定的损失”和“赌一把”这两种选择时，多数人更愿意选择“赌一把”，因为人都不愿意接受失去，宁可冒更大的风险也要把失去的东西努力拿回来。

这种选择行为的背后也隐藏着一种心理现象：在“确定的损失”和“赌一把”这两种选择之间，多数人会选择“赌一把”。因为大多数人在处于亏损状态时会觉得很不甘心，不愿意坦然接受确定的损失，这时反而被激发出更多的冒险精神，会选择“赌一把”来博取挽回损失的可能性。

在实际投资中，我们经常可以看到很多投资者亏钱后不愿意在该止损的时候果断止损，而是一心想着继续持有以等待回本。其实这就是不愿意接受“确定的损失”，不想接受砍仓后的亏损。行情很不利时，这样做就会造成极大的亏损。

另一种投资行为也跟这个心理问题相关，就是人们看到买的股票下跌时就忍不住想补仓，越跌越补。从心理学的角度来看，人都是不愿意接受损失的。当一笔交易产生亏损时，很多人不愿意接受“确定的损失”，宁愿冒着更大的风险也要让这笔交易快点回本。越跌越补，其实就是为了快点回本。比如你用10万元买了一只股票，亏损20%。为了快点回本，你可能会再补10万元，这时就变成总资金20万元，亏损10%了。亏损幅度一下子小了一半，你是不是觉得这样回本更容易？

如果这只股票一定能够涨回来，这样确实更容易回本，但是如果涨不回来呢？最后就会越亏越多。如果股票继续下跌10%，没有补仓时会再亏8000元，而补了10万元之后会再亏1.8万元。

因此，越跌越补，最后往往会变成赚小钱，亏大钱。因为有钱补仓就说明你开仓比较轻，轻仓买一点，即使买对了，获利也不多；如果买错了，越跌越补就会越亏越多。只要踩中一次雷，就全军覆没了。

面对“确定的收益”时更倾向于“落袋为安”，而面对“确定的损失”时宁愿冒着更大的风险也要挽回损失，这两种心态使得很多投资者赚一点就想跑，亏了就一直套着不动，赚钱的时候赚的都是小钱，而亏钱的时候亏的都是大钱。

3.面对盈利和亏损的敏感程度

为什么人在面对“确定的收益”时，往往产生风险厌恶心理，选择“确定的收益”；而在面对“确定的亏损”时，反而宁愿冒更大的风险，选择“赌一把”呢？这是因为人在面对收益和损失时，心理敏感程度是不同的，失去时的悲伤感会大于获得时的快乐感。

假设现在有一个绝对公平的赌局——买大小，押中了你可以赢100元，押不中你就得输100元，请问你愿意参与吗？大多数人都不愿意参与。因为输掉100元的悲伤感大于赢到100元带来的快乐感。

别看这只是一个小小的心理现象，其实很多人都会在不知不觉中被它干扰。看看下面的场景，你会有种似曾相识的感觉。

在一个普通寻常的交易日，你闲来无聊，打开股票账户翻看今天的行情。突然，你发现自己持有的一只股票今天走势不错，涨了3%，这时候你应该挺开心的。

然后，你顺手点开了这只股票的K线图，发现这只股票早上形势大好，涨了8个点。但是没多久就跌回来，到现在的位置只剩下3%的涨幅。这时候，你之前的开心有可能已经一扫而空，甚至会觉得有点恼火。

打开K线图之前，你看到的股票涨幅是3%。打开K线图之后，股票涨幅依然是3%，但是此时你的心态变得完全不同了，因为现在你更关注的是那回落的5%，而不是它涨了3%的结果。

收盘之后，你又一次打开账户，发现这只股票的涨幅变成0了，涨了8%，又回落了8%。严格来说，这只股票今天既没有上涨，也没有下跌，其实你并没有什么损失，也没有什么值得高兴和难过的。但是由于人对损失的敏感程度大于收益，所以涨幅8%的快乐感抵消不了回落8%的悲伤感，你很难做到情绪平静。

如果你总是紧盯着账户的波动，那你每时每刻都会被这种情绪波动折磨，这些干扰一定会让你做不好投资。

要克服这个问题，就要做到与市场保持距离，在买入之前就给出充分的理由，并设定好目标位，对小级别的价格波动要尽量视而不见。

（二）心理账户的分割

1.心理账户

我们每个人的内心都有一个关于金钱的账户——心理账户。人们在生活中会通过心理财产进行心理记账。在日常生活中，人们在进行资金决策时，会在心里无意识地把财富划分到不同的心理账户进行管理，在不同的场景下对来源不同、时间不同、数额不同的金钱，作出不同的资金决策。比如，对于工资收入、奖金收入、中彩票赢的钱，人们一般会采取完全不同的支配方式。

心理账户的影响有什么表现呢？下面用三个案例来说明。

案例1：你去年收入25万元，工资发了20万元，年终奖发了5万元。而今年变成工资24万元，年终奖1万元，收入依然是25万元。虽然你两年的总收入都是25万元，但是去年拿到的年终奖有5万元，过年回家时的消费可能多一些；今年的年终奖只有1万，消费可能少一些。

案例2：在一些乡镇上，如果有人彩票中了500万元，可能会给亲戚朋友都分一点。但如果他是到大城市里努力工作，辛辛苦苦赚了500万元，他肯定不会把钱分一部分给亲戚朋友。

案例3：你每个月有额外收入500元，可能收到这笔钱之后，你会随意把它花掉。但如果你每个月的额外收入是5000元，可能你就会拿这5000元去做基金定投。因为当额外收入只有500元时，你会觉得投资也赚不了多少钱，还不如花在当下过瘾。而如果每个月有额外收入5000元，经过长期积攒，可能你最后会得到一笔数额相对较大的积蓄，可能你定投两年之后就能买一部车了。

有时候，心理账户效应会让人做出一些不理性的决策。比如在日常生活中，有不少人觉得掏现钱买东西时很心痛，但是刷信用卡时就没有太大的心理负担。虽然信用卡欠的钱最后是要还的，甚至可能还要支付一点利息，但是消费时刷信用卡比从口袋里掏钱明显要爽快很多。想想看，你是否自从刷了第一笔信用卡之后，一直到现在，信用卡里面的负债就没有完全还清过？

分期付款也是类似的道理，分期付款实际上只是将未来的收入提前预支到现在来消费，会减少未来一段时间的整体收入，但是能减少人们付款的“痛苦感”，所以还是有很多人倾向于选择分期付款。

为了避免被这些不理性的心理支配，我们要有清晰的心理账户分割。我在早期还没开始从事金融交易之前就已经有心理账户分割的意识了。比如，以前我读书时经常会和同学打牌，有时候生活费不够时也会向同学借钱。一些同学会把打牌的钱和借的钱混在一起计算。比如A同学向B同学借了200元，后来大家一起打牌时B同学输给A同学200元，这时很多人都会直接把这200元相互抵消掉，一般双方也不会有什么意见。

不过为了保持心理账户清晰分割的原则，我坚持不把这两种钱混在一起算，而是先把向别人借的那200元还掉，然后再等对方还我200元赌债。听起来比较麻烦，所以一般别人还钱的时候，我会觉得有些抱歉，基本上都会少收一些。

在打牌时还经常会出现一种情况，有些人打牌赢钱了会请人吃饭。但我的做法跟别人不一样，我打牌赢钱了几乎不会请别人吃饭，反倒是输钱的时候会请人吃饭。你是不是觉得有点奇怪呢？

因为我觉得在赢钱的时候请人吃饭，别人就会认为你赢了他的钱才请他吃饭，其实这种想法是很不合理的。实际上，赢的钱和请人吃饭的钱是两个不同的心理账户的钱。在我看来，请人吃饭是很正常的事情，不应该跟赢钱混为一谈。反正都是请人吃饭，还不如输钱的时候请别人吃，这样别人会觉得你更大方一些。赢钱了请人吃饭、输钱了请人吃饭，都要掏钱，但别人的感受完全不一样。

在生活中，我会把打牌输赢的钱和借的钱区分开，把输赢的钱和请吃饭的钱区分开，这就是一种心理账户分割的意识。后来，这种心理账户分割的意识在我做投资的过程中也发挥了非常重要的作用。

2.投资中的心理账户

假如你买了一只股票，持有一年后才涨了30%，那么估计你下一次开仓会比较谨慎，会耐心等待。但是假如你买了一只股票之后，不知道什么缘故就来了三个涨停板，那么你获利平仓之后，因为这笔盈利来得太容易，可能会认为短期内自己有足够的安全垫，而且赚钱的机会可能随时会来，那么下次再开仓时你可能就会很随意。

举一个现实生活中的例子，假如你今晚请朋友吃饭花了500元，吃完饭后和朋友打牌又输了500元，不过你今天的股票账户赚了1000元。在经济账户上，你今天的总支出为零，并没有什么损失。但其实这样计算并不合理，正确的做法是在心理账户上一项一项地计算：第一，请朋友吃饭增进了感情，朋友会记得；第二，打牌输输赢赢很正常，这次输的下次有可能赢回来；第三，股票投资是一个持续的过程，可能是一辈子的事情，在你还没把账户中的钱提出来消费的情况下只是纸上富贵，不应该和其他任何资产合并计算。

有些人在早期交易股票时，因为资金量比较小，所以习惯把每一天的股票账户变动和日常的生活开支合并计算。这样做的结果就是所有账目都算得一塌糊涂。比如在牛市的时候，很多投资者的股票账户赚钱了，消费也跟着大幅提高。等到熊市时，账户资产又跌回去了，但消费习惯依旧保持，这些人的日子就会变得相对难一些。

在做投资时，一定要将心理账户进行清晰的分割，具体到每一笔交易。心理账户分割的核心思想是：在投资中，每一个举动都要有对应的理由，这样才能够清晰评估产出的结果，把握其中的得失。

比如，你认为某只股票跌得较多，判断它的价格被低估而买入。过了一段时间，它的股价开始上涨。不过此时你发现该股票的业绩也开始变好，这时你因为股票业绩变好还想继续持有这只股票。按照我的习惯，遵循心理账户清晰分割的原则，此时我会把因“股价被低估”这个理由而买入的股票先卖掉，然后根据该股票业绩变好这个理由再重新买入。

可能有人会说，这不是多此一举吗？反正都是同一个标的，既然打算继续持有，那留着就好了。我认为不应该这样看。实际上，股价在持续变化，而投资者会有很多新的想法出现，因为你持有的理由是两个不同的原因，所以在面对日后复杂的变化时，你的定义就不清晰。在卖出的时点上，也就没有一个明确的原则。可能即使赚了钱也不知道因为什么而赚，亏了钱也不知道因为什么而亏。

在股票投资中，如果你不能明确买卖的理由，那么赚钱就是因为运气好。但是靠运气赚来的钱肯定是不可持续的。

要真正靠投资能力赚钱，那就要做好心理账户分割，每次进场和出场都要保证有充分的理由，并且确保是同一个理由。简单来说，就是你要做到因为什么买入就因为什么卖出。只有这样，你才知道自己在做什么，才能够赚到你能力范围内的钱，这是让你长久获利的基石。在投资中，做到这一点非常重要。如果你的每一笔投资都能够做到因为什么买就因为什么卖，你的投资一定是赚钱的，而且可以持续赚钱。

3.做T的心理干扰

在实际投资中，有很多人在长期持有一只股票时，看到股价短期的波动，就想通过做T赚价差，觉得做T是一件好事。对于长期持有的股票，在持有期间做T真的能提高收益吗？做T这种行为对前面提到的“心理账户清晰分割原则”会产生什么影响吗？

我先讲讲做T这件事的来源。A股的特点就是牛短熊长，涨的时间很短，跌的时间很长。在跌的时候，经常有很多人被套住。

在这个市场上，有一个群体专门帮别人交易股票，盈利之后分一部分钱。这些代客理财的人经常遇到上面被套住的客户。跟这种客户怎么合作呢？让他们卖出深套的股票，然后把资金交给你吗？这肯定是不可能的。

既要满足客户的需求，继续持有这些股票，又要达成合作关系，那就只有一个办法——做T。这种方法可以保证客户账户的持股数量不变，在每天的交易中找到高点卖掉一部分，然后找低点买回来，赚取差价，再商量如何分配赚到的钱。最后，市场上就出现这么一个群体，他们每天在市场上通过先卖后买赚差价，我们将这种行为称为做T。

在A股市场，被深套的股民有很多，做T确实有很大的市场。但是这种做法合理吗？如果我们自己做投资，长期持有股票期间，股价产生短期波动时想要做T多赚一些收益，合理吗？

首先，长期看来，股市是上涨的，如果你要赚取股市长期增长的钱，肯定就要做多，要长期持股。但是做T的过程就是先卖后买，将一只股票在10元时卖出，然后在9.9元时买回来，获取1%的利润，这个利润其实是利用做空得来的。这种逆大势的交易方式其实并不合理。

既想赚做多的钱，又想赚做空的钱，这对做交易的人来说要求是很高的。如果一个人真的有这么高的水平，那他完全可以在期货市场、期权市场发挥，每天可以进行多次交易，还能用杠杆放大交易金额，获取更高的利益，根本不用把精力浪费在股票做T上。

其次，“长期看涨、短期看跌”的想法一定会干扰你的心态，你能够处理好吗？

为了避免被这种既看涨又看跌的想法干扰，有些人对做T的方法进行了改进。在原来股票市值的基础上，多放了10%的资金进账户，在做T的时候，用10%的资金先买入，然后当天再找更高的价格卖出，只做这10%的资金的T。

虽然这样做就避免了逆大势交易的问题，但还会存在心理干扰。一边是长线的基本面价值投资，一边是短线的技术面交易，两种交易方式势必会让你的投资变得很乱，最后两种方式都做不好。

也许那10%做T的资金长期下来没带来多大的收益，毕竟资金量也不大。但是对另外90%的长线资金带来的任何一点干扰都可能让你得不偿失。笔者身边就有这样的例子，如一个人用1000万元资金做T，两年才获利20多万元，年化收益只有1%。做T的收益其实没有大家想象的那么丰厚，因为确实很难做好。

你不可能同时赚做多和做空的钱，也不可能同时赚长线投资和短线交易的钱。

（三）锚定心理对投资的影响

1.什么是锚定心理?

人们在做出判断时，很容易受到之前信息的影响，这个信息就像沉入海底的锚一样，会把人的思维固定在某一处，导致人们的思维以这个信息为参照点进行调整，最后得出的判断也会偏向于这个锚，这就是所谓锚定心理。

锚定心理在生活中是很常见的，比如有不少房产中介会带客户看两套价格差不多的房子，其中一套明显比另外一套的性价比更高，但中介一般先带你看性价比低的那套房子。

中介为什么会这么做呢？其实就是利用了锚定心理，目的就是在你心里先抛下一个锚，用来构建你的评价体系，让你觉得这套看起来不怎么好的房子就值这个价钱，觉得这个不合理的价格就是市场价。然后他再带你看另一套性价比相对合理的房子，这时你可能认为第二套房子的价钱划算多了，因而对第二套房子比较满意。

再如，一个商品在1元到10元之间报价，如果买方先报出1元的价格，商品最后可能会以4元成交；如果是卖方先报出10元的价格，最后可能会以6元成交。其实这就取决于谁先抛出锚，当锚先定在1元时，最终价格可能就会偏向1元；当锚先定在10元时，最终价格可能就偏向10元。当然，真实数据未必如此，但是这种心理因素肯定是存在的。

2.投资中的锚定心理

在投资中，同样也存在锚定心理，而且这种心理无时无刻不在影响着投资者的投资行为。锚定心理有可能来自外界，也可能来自我们自身。

（1）外界带来的锚定心理

最典型的一种情况就是投资者之间讨论行情时所产生的锚定心理。有些投资者平时很喜欢跟身边的人聊行情，讲自己买了什么股票，或者是点评别人的投资标的。在讨论的过程中，不知不觉就会产生锚定心理效应。

比如，你以10元的价格买了一只股票，当它跌到8元时，你觉得这只股票没什么大问题，过一段时间会涨回去。后来，当你跟其他人聊起这只股票的时候，对方却说：“我看这只股票起码要跌到6元。”也许他说这句话并没有任何依据，只是随口说的。但是这句话在你心里定下了一个6元的锚。如果接下来这只股票的价格在8元附近震荡，原本你的想法是这只股票会回涨到10元，但是多了6元这个锚之后，你可能会担心它继续下跌到6元。

别人随口说的一句话可能就在你心里定下了一个锚，从而影响你的想法，干扰你的投资决策。一旦你受到干扰，就不能按照计划好的想法去操作，最后无论结果是亏还是赚都不重要了。如果你的投资受到别人的干扰，即使赚钱也只能算是你蒙中的，你不会从中积累到任何经验，还有可能在赚的时候从心理上放大自己的能力，这是百害而无一利的。

从一开始接触投资时，我就坚持不和任何人讨论行情。实际上，在你能够说到做到，并且你的想法有充分依据支撑之前，所有的判断都是虚的，不仅会影响他人，还会影响自己。

（2）投资者自身产生的锚定心理

以上列举的这种外界带来的锚定心理影响较小，我们在投资中最常受到的干扰往往来自自己定下的锚，这才是影响最大的。

我们做投资交易，每一个投资者所面对的投资市场都是一样的。但是具体到个人时，每个人在投资的过程中会产生不同的心理变化，而这些心理变化和市场价格变化融合后可能产生很多锚定的点，这些点会极大地干扰我们的投资行为。

假设在牛市较高的位置时，你以10元的价格买入一只股票。之后股票价格持续上涨，这一天是涨停板，涨停后价格为15元，并且封单较多。这时你可能就会预计明天、后天继续涨停，预计股价起码能涨到18元。其实，这就是你给自己在18元定下了一个锚。

不过，股市接下来的走势不如你的预期，整体市场下跌，你的股票也在下跌，股价由15元跌到12元。此时，最好的选择就是卖出股票，离开市场。但是此刻很可能会出现一个问题——你不下了手，因为之前你心里已经在18元定下了一个锚，而当下的价格只有12元，二者之间有1/3的差距。这种锚定心理会让你无法果断卖出。

很多人此刻会认为，原先50%的收益现在只剩下20%，另外30%的收益相当于白白损失了。人在面对盈利和损失时很难保持理性，有时宁愿冒险也要挽回损失。因此，在这种情况下，即使你认为接下来这只股票大概率会下跌，但是谁也不能完全确定结果一定是下跌的，而不愿意接受损失的心理可能就会使你心存侥幸地想赌一下是否会反弹。也许你会想，等股价回涨到14元我就卖掉，不用等到15元的最高价和18元的预期价。然而，假如这时候熊市到来，未来整体市场持续下跌，可能现在12元的价格在未来5年里都将是最高价。

像这样的情况，很多老股民应该都曾经遇到过。很明显，虽然很多人在这个过程中能够很快地发现问题，但是很容易受到一些心理因素影响，最后还是不能解决问题。能够发现问题就已经比很多投资者强了，但是没能解决问题，其实最后的结果还是一样的。

投资中有很多反人性的现象，我们不太可能做到反人性，那就要想办法控制人性所带来的影响。比如在上面的案例中，解决问题的关键其实就在于18元这个锚定心理。明明市场价格是15元，我们却把价格锚定在18元，这是这只股票封大单涨停板这个市场因素造成的。也就是说，我们的心理变化被市场的变化牵着走了。做投资，市场的变化会带来很多投资机会，让我们可以在市场的变化中获取收益。但是同时我们也要知道，市场出现的变化会给我们带来怎么样的心理状态，并且找到好的方法来克制这种心理状态对我们投资造成的负面影响。

具体要怎么解决这个问题呢？在投资时，价格涨跌随时都可能发生，我们应该有计划地等待，不应该去充分预期，最好能降低心理预期，尽量不给自己定下锚。比如在上面这个案例中，当股价为15元时，你可以把自己的预期降低20%，只当它是12元。实际上，无论你对这只股票的价格预期是多少，都不会影响它的真实走势。你的心理预期只能影响你自己的行动，只能影响你最终卖出的时机。当你把预期降低20%，只当它是12元时，如果价格跌到12元，你发现市场转熊，可能会毫不犹豫地清仓了结，卖出股票时就不会因为心理问题而执行不了。

锚定心理无处不在，在日常生活中被商家套路几次也许问题不大，但投资是一辈子的事情，一定要谨慎对待。要充分了解锚定心理对投资产生的负面影响，并找到合理的方法解决它。

投资时，不要轻易给自己下锚。如果要定下锚，一定要降低标准。在投资交易中，只有尽量降低自己的需求，才能感知真正的市场。

（四）选择性记忆

人们在接受和处理信息时，并不是客观地全部接受，而是选择性记忆，筛选并深刻记住极好或者极差的情况。另外，人们还常常倾向于抵制对自己不利或者与自己观点相反的那部分信息，记住那些与自己固有观念、兴趣、爱好相符合的部分信息，从而满足自己的心理需求。

在现实生活中，选择性记忆可以说是无处不在。比如，去游乐场，一个项目可能要排队很长时间，真正体验的时间不超过10分钟，但是很多人事后回忆起来，记得最清楚的还是玩项目时刺激和兴奋的感觉；一部电影或者电视剧前面的部分很好看，但是结局却“烂尾”了，让人觉得很不愉快，有些人可能倾向于给出差评，而不是客观全面地评价整部作品。

再如，在玩斗地主时，对手的牌就快出完了，而你手上还有“炸弹”没“炸”，犹豫再三过后你选择不炸，最后对手出完了所有的牌。你发现如果“炸”了不仅能赢，而且能赢双倍，于是你非常后悔。

实际上，你会产生这种想法，就是因为受到选择性记忆的心理影响，你只是选择性地记住了“如果‘炸’了就能赢双倍，可惜没‘炸’”这个结果。但如果静下心来想一想，在对手出完牌之前，你能保证出了“炸弹”就一定能赢吗？每一次遇到这种情况，你都能确定自己会赢吗？

如果这时候你不能精准地计算出对手手中的牌，只是因为觉得对手快要出完就盲目出“炸”，也许这一次你能赌对，但从长期看来，你这样凭感觉和冲动去“炸”，最后一定是输多赢少。

做投资也是一样的，如果你总是选择性地记住部分片面的信息，你就不可能保持客观理性，最后一定也不可能长期获利。

例如，你买入了两只股票，它们的股价都在10元左右，你计划持有1年后再卖出。在这期间，A股票的价格一直阴跌，从10元慢慢跌到了5元，而B股票的价格则涨到了15元。但是就在你卖出的前一个星期，B股票突然大幅下跌到了7元，如图3-1所示。

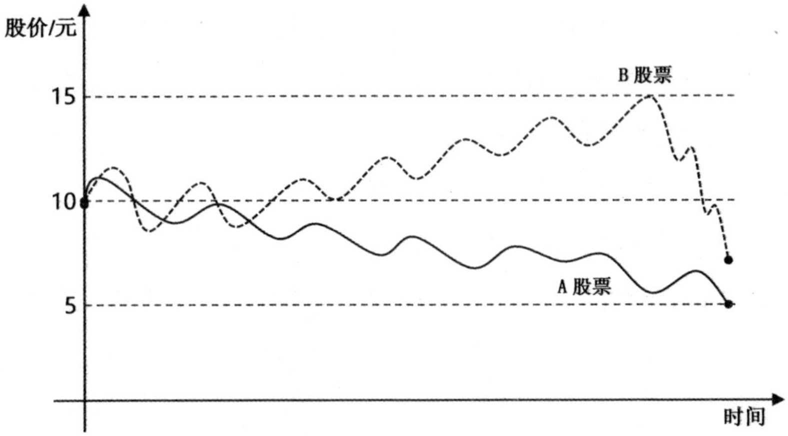

图3-1　缓慢下跌vs快速下跌

虽然最终B股票的亏损比A股票更小，但是B股票带来的痛苦可能更多。一方面，从盈利的愉悦变成亏损的痛苦会让你觉得更难受；另一方面，A股票是在比较长的时间内慢慢下跌，不会在某一个时刻让你觉得特别痛苦，而B股票是在最后的时刻突然出现大暴跌，这种快速大幅下跌带来的痛苦会让很多人更难以接受，也会让人印象更深刻。

反过来也是一样的。如果持有这两只股票期间，A股票从10元慢慢涨到15元，而B股票曾下跌到了7元，但是最后两周又快速涨到了14元。虽然A股票的盈利更多，但是你会对B股票这笔投资的印象更加深刻。你可能会跟身边的人反复谈起，你持有的这只股票在短短两周的时间内就翻了一倍，如图3-2所示。

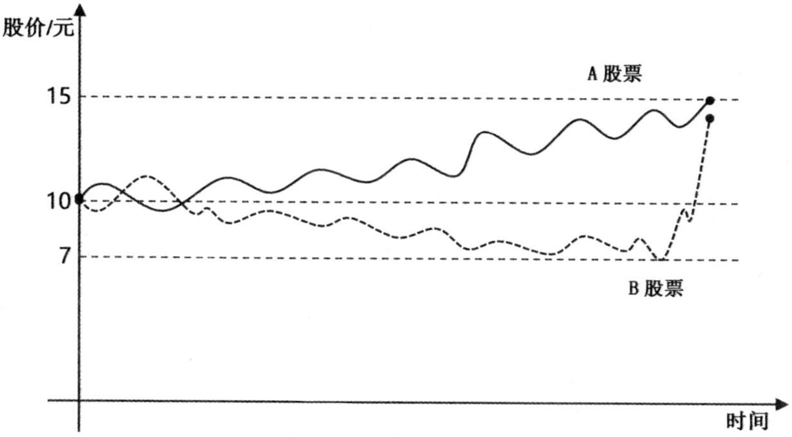

图3-2　缓慢上涨vs快速上涨

心理学家丹尼尔·卡尼曼把这种选择性记忆的行为定义为峰终定律，如图3-3所示。所谓峰终定律，就是指在经历了某一件事情之后，人们所能记

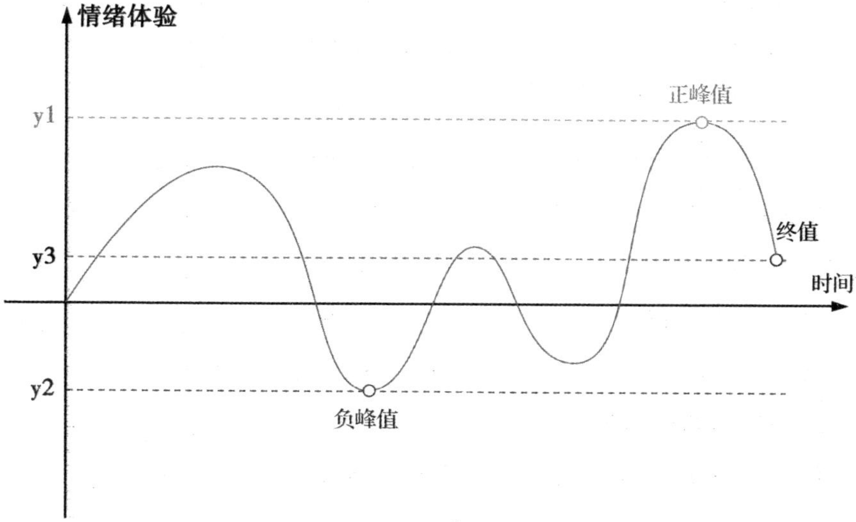

图3-3　峰终定律

住的只有“高峰”和“终点”时的感觉，而其他平淡的部分对记忆的影响几乎可以忽略不计。如果你在一段体验的高峰和结束时是愉悦的，那么你对这段记忆的感受就是愉悦的；反过来，如果在这两个时刻的感受是不愉快的，那么你最后的记忆也是不愉快的。

在上面这种情况下，比起缓慢上涨的A股票，B股票最后的暴涨反而会让多数人觉得更兴奋，就像中了彩票一样开心。

但是这种选择性记忆会让你无法客观地看待投资结果，还有可能让你在下一次作决策时变得不那么理性。也许下一次投资，你会更倾向于选择像B股票这种能够快速上涨的股票，而不是从理性的角度出发，选择像A股票这样获利更大的股票。

很多人不屑于慢慢增长的长期收益，而更喜欢去追涨停板、追热股，其实也是这个道理。因为快速波动带来的刺激感让大脑的印象更深刻，大脑也会更加主动去寻求这种刺激，所以有些人为了满足这种人性的需求就会去追涨、去跟风炒作热门股，而最后的结果往往都是不好的。

做投资，不要为了满足自己的心理需要去做，而要知道因为什么而做，追求什么目标，并坚定执行，这样做，才能合理评判结果。

像这种选择性地记住某些成功或者失败的案例是非常不利于投资的。这种选择性记忆有两个明显的问题：一是没有用概率的思维对所有的投资结果进行统计；二是只盯住某一次成功或失败的结果，并没有充分了解造成这个结果的各种原因，也没有考虑这个成功或失败案例中的运气成分。

假设你以10元的价格买入一只股票，之后股价先跌到5元，后又上涨到20元，再回落到15元，你在15元的时候卖出了（过程如图3-4所示）。虽然实际上你是在10元买入，在15元卖出，但是最后你会对5元的最低价和20元的最高价印象深刻。后面当你跟朋友讨论这笔投资时，你可能也会特意强调自己买入的股票从5元涨到了20元，朋友听完整个过程可能只会记得这个大幅上涨的区间。

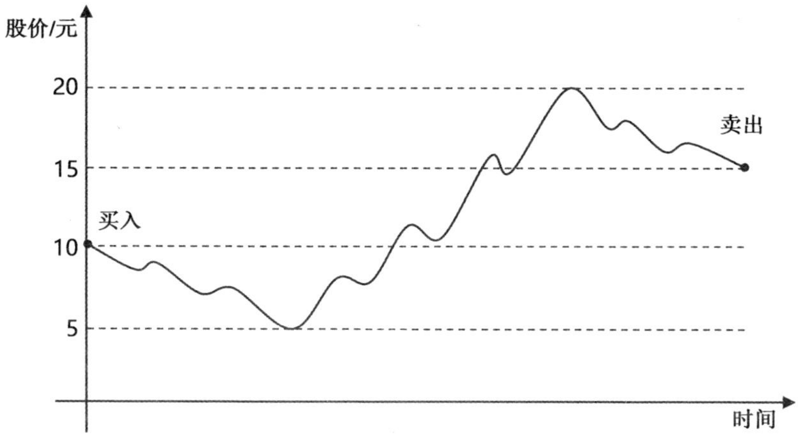

图3-4　只记得最低价和最高价的选择性记忆

相比于实际情况，往往最高价和最低价之间的差距更吸引人。但是在实际股票交易中，头尾赚不到、只赚到中间部分是非常正常的，其间的最低价和最高价与你的关系并不大。

一笔交易的结果不能反映什么问题。人们总是会更深刻地记住极好和极差的情况，但是极好和极差的结果毕竟是少数。无论在投资中还是在生活中，多数情况下出现的结果都是比较常态的，总是想着极端情况一定是不合理的。就像一个人每天都幻想着买彩票中大奖，你只会觉得他在痴心妄想。当然，极端情况确实存在，我们应该有计划地应对，但经常想着这些极低概率的事件就不合理了。

你要客观看待每一笔投资，从概率的角度看问题。一个人在投资中赚了或者亏了一笔大钱，不足以说明什么问题，我们要结合他交易的时机和频率来评判。如果一个人做投资十年，那他赚一两次大钱或者亏一两次大钱其实很正常。

在投资中能否长期实现盈利取决于一个人的投资能力的强弱。在这个过程中，每一笔交易的盈亏其实或多或少都存在一定的运气因素，尤其是股票交易。期货交易中的运气因素相对于股票交易会小一些，但也是存在的。因此，我们在事后分析投资结果时，也要区分人为的技术因素和外界变化带来的运气因素。只有这样判断才能更加准确，才能为日后的投资积累更多的经验。

除此以外，人们在大多数时候会倾向于选择性记住一些好的事情，少部分人会选择性记住一些不好的事情。在投资中，“好的事情”代表收益，“不好的事情”代表风险。

相比之下，我认为选择性记住不好的事情会比选择性记住好的事情更有优势。因为记住不好的事情能让你在投资中意识到风险，而记住好的事情往往会让你更关注收益。在投资中，如果能够充分关注风险，将风险排除，那就可以确保收益。但是如果只关注收益，而忽视风险，即便能够多次获得收益，遇到一次大风险也可能毁于一旦。

人们会因为天性和需求而产生选择性记忆，但在投资中需要克服选择性记忆。投资是概率事件，你挑选出来的结果是不客观的。我们应该用概率的思维客观地看待每一笔投资结果，区分每笔结果中的技术因素和运气因素，这才是做投资的正确思维方式。正确看待每一笔交易，才能真正提升我们的投资能力。

（五）如何在投资中保持平衡心态

1.人性中的膨胀与气馁

在现实生活中，我们发现很多人都有这种心理状态：当一个人连续得势之后，他的心态通常会不断膨胀，变得飘飘然；而当一个人连续遭遇多次失败之后，他会变得气馁，心态变得十分低沉。这其实也是一种人性，任何人都会有。

这种人性所带来的心态变化往往会产生很大的负面影响。无论你是做投资，还是做任何其他行业，你都要想办法控制这种人性的弱点。

举个例子，我认为竞技比赛运动员并不是一个优质职业。因为他们体力最强的阶段一般是在20多岁的时候，如果能力不错，他们的事业会在这个阶段取得成功。也就是说，在20多岁的时候，年纪轻轻的他们就达到了人生的巅峰，以后的发展很难再达到这种巅峰状态。事业上的成功很容易让一个人的心态膨胀，从这个角度来看，这是一件不太好的事情。

可是，很多其他职业则不然。比如，一个钢琴师的水平随着时间的推移是逐渐提升的。又如，一个企业家的能力是持续增强的。

想要克服这种人性的弱点带来的负面影响，就需要意识到：无论做什么事情，都要保持平衡的心态，既不能让自己的心情膨胀，也不能让自己气馁。如果你能明白并做到这一点，你就不会因为成功或失败而产生巨大的心态变化。以后做任何事情，尤其是做大事的时候，把这种思想植入进去，你的心态自然就会稳定很多。

在投资中，同样也需要有意识地保持稳定的心态。很多人在投资中追涨杀跌，觉得顺时就盲目开仓，觉得不顺时即使看到好机会也不敢出手。这其实都是这种心理造成的。

2.投资中的贪婪与恐惧

“股神”巴菲特有一句经典名言：别人贪婪时我恐惧，别人恐惧时我贪婪。意思就是当股市行情向好，大多数人在贪婪地疯狂买入时，他感到恐惧；而当股市行情很差，人人都害怕而不敢买入时，他认为是好时机，贪婪地买入。

在投资中，人们常常不可避免地会在市场波动中产生贪婪和恐惧这两种心态。下面用量化的思维来探讨一下这两种心态的表现。

图3-5中，深灰色代表贪婪和兴奋，浅灰色代表恐惧和害怕。把贪婪和兴奋的最高值设为100，把恐惧和害怕的最低值设为－100，数值0为人们没有受到任何外界干扰时的心态。

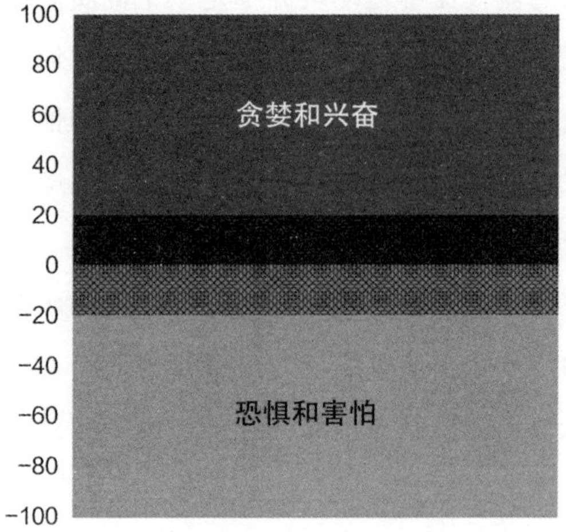

图3-5　投资中的贪婪与恐惧

通常情况下，有很多外界的事情会对我们产生干扰，使得我们的心态出现较大幅度的波动，这时我们就很容易在不理智的情况下做出错误的决策。如何解决这个问题呢？

最好的解决办法就是设置一个更小的区间，把上下限的数值缩小为±20，如图3-5所示。无论在什么情况下，你都要把心态控制在这个区间内，这样就能理性地看待事物，减少错误的抉择。

在日常生活中，这种心态的波动体现在很多场景中。例如，有些男士见到美女主动和他聊了几句就很兴奋，他心里的兴奋值可能就达到了60。再如，一个人过去几年的收入都不错，不过主要是由两个大客户带来的，现在两个大客户突然流失了，他的收入也一落千丈，这意味着他之前在家人、朋友面前的风光都不在了，这时他的恐惧值可能是－80。

人们在生活中出现心态波动，也许不会产生太大的直接负面影响。然而在投资中，这种心态变化的影响是不容忽视的，下面用两个案例来加以说明。

案例1：假如在某一段时间里，你的投资连续失利，产生大幅度的亏损，这让你产生了一定的负面情绪。同时你发现身边所有人的投资成绩都比你好，这时候你产生的负面情绪很多，可能达到－70。在这样的情况下，你很有可能急于扳回财产和面子上的损失，在操作上会想下重注，但这样做往往只会使结果变得更糟糕。

如何解决这个问题呢？如果此刻你能意识到自己情绪上的变化，把情绪往回拉，控制在±20的区间内，你就会更理性地思考。此时，你可能会冷静地判断自己的投资成绩到底有多少得益于运气，有多少得益于能力，投资失利的根源在哪里，以便日后避免类似的情况。

案例2：巴菲特的老师格雷厄姆曾说过，“牛市，是普通投资者亏损的主要原因”。这句话可以说很写实。

有很多投资者在熊市底部、牛市初期的时候，往往资金量很小，尝试性进行投资。随着市场持续上涨，人的贪念也在不断膨胀，仓位逐渐加大。等到市场涨到顶部时，投资者的情绪达到了最激动的状态，此时仓位也最重。

所以在牛市中，很多人会在对股市一无所知的情况下就投入所有的资金，有些人甚至还会动用杠杆。结果不仅把前期的盈利消耗殆尽，连本金也产生大幅度的亏损。

如果能够把贪婪值控制在±20以内，相信大多数人都不会如此草率。

无论事情是好是坏，我们都要保持冷静的心态，这样才能找到最优的应对方式。在日常生活中，有很多事情即使采取的应对方式很差，也可能不会带来多大的惩罚。但是在投资中不同，心态好不好，应对方式好不好，直接关系到最后的收益。

（六）投资中的比较心理

每个人都有和别人比较的心理，这可能已经成了人们日常生活中的一种常态。为什么我们会有这种心理呢？这种心理又会给我们的投资带来什么影响呢？大概很少有人会去思考这两个问题。下面简要说明这种心理状态，以及这种心理状态对投资行为的影响。

比较心理其实是一种为了生存而采用的竞争方式。在自然界中，如果只有一株植物单独生长，它可能会长得矮小、没有生命力。可是，当很多植物一起生长时，个个都长得高大、枝繁叶茂、充满活力。因为植物之间为了不输给对方，会彼此竞争，比谁吸收的水分和养分多，比谁长得快、长得高大，比谁的生命力更顽强。如果其他植物长得更高，把阳光遮住了，那自己的生存就会受到威胁。

在人类社会中也一样。什么是幸福？我以前听说过这样一句话："只要你比你连襟每个月多赚一千块钱，你就是幸福的。"这其实就很好地反映了人们的比较心理。在你的大家庭里，身边都是自己的兄弟姐妹，因为彼此都是至亲，比较心理可能没那么重。但如果是在你岳父的家庭中，你的收入高，那么你在这里所处的地位也相对更高，幸福感自然就上升了。

在我们的生活中，比较心理无时无刻不存在。比如你今年赚了100万元，心里挺开心，身边人对你投来羡慕的目光。但突然有一天你听说，某某也赚了100万元，可能你就不会那么开心了。

人的比较心理对社会进步是有很大好处的。大家都努力，推动社会进步的速度自然更快。但在投资中，要坚决杜绝比较心理。如果存在这种心理，你就很难理性、客观地判断。做投资，一定不要忘了投资的宗旨：要尽最大的能力减少人性的心理因素给我们带来的情绪变化。保持理性、客观的判断，坚持执行制订好的交易原则，这才是我们投资最终获得胜利的唯一路径。

比如你身边有人去年炒股赚了50万元，你就一直想着今年要超过他；有人买的股票一周涨了30%，你就想买一只一周涨40%的股票超过他。像这样的比较心理一定不能有。一旦有了这种心理，你的方向、目标都会乱，这时做出的交易最终一定是亏损的。如果你自己有一套较好的交易原则，却因为比较心理而让自己的方向、目标变得不清晰，最后导致亏损，这是不是太不值得了?!

要知道，别人赚的钱未必是凭能力赚到的，可能也有运气因素的作用。你去和运气相比，有什么意义呢？如果真要比，那也要比谁能持续赚下去，谁能坚持到最后。

巴菲特说过一句话：“我只想富一次。”意思就是说，要持续地赚下去，一生只大赚这一次。偶然的大赚、多赚，一时看起来好，但如果不能持续赚下去，那就都不是赚。

看看股票市场上，那些连续拉涨停板的股票，有几个能够持续高高在上的？那些业绩优秀、常年持续上涨的股票，又有哪只经常涨停呢？我们做投资，要的不是赚一次或几次钱，而是持续地赚钱。

（七）投资中的报复心理

报复心理是一种常见的心理状态，一般是指一个人的行为对另一个人的利益产生一定的损害，于是后者想办法打击损害自己利益的人。这是应对、反抗外部不利因素的自我防御保护机制。

我也是正常人，也有这种心理。我无法定义这种心理的好坏，只能控制这种心理的产生。

这种常见的人与人之间的报复心理，在投资中一定不能有。

听了这句话你有没有什么想法？

首先，我们做投资，交易对手看上去是人，但实际上它并不是某个人或有组织的某个群体，而是由亿万个独立个体组成的整个市场。我们不应该把市场当作人来看，而要把它当作一个无形的、自然的存在来看。既然市场不是一个人，那我们自然就不应该对它产生报复心理。你是人，可对方不是，看不到、摸不着，你如何报复？这种报复完全来自你的心理假设，只是给自己寻找一些心理安慰而已。

其次，如果你在投资中存在报复心理，那么最后受干扰的只有你自己。比如，你买了一只股票，很快就亏损了30%，止损离场后继续投资其他股票。虽然现在你已经不再持有这只股票了，但此时你很可能会记恨它，希望能找个机会把这些亏损重新从它身上再赚回来。

实际上，你投资它，出现亏损后离场，说明这只股票在你心里已经不被认可了。此时你应该做的就是关注新的投资标的，发掘未来更好的投资标的。

但如果你存在这种报复心理，你就会关注这只给你带来亏损的股票的走势情况。带着报复的目的，你总想着在这只股票上采取一些行动。它已经不符合你的选股逻辑了，这时你应该做的是理性客观地分析这只亏损股票给你带来的影响，避免受这种报复心理的干扰。

要知道，在投资时，我们面对的是一个上亿人交易的市场。人性所带来的愤怒、恐惧、兴奋等心理状态，以及各种不理智的行为，都是市场没有的。我们应该做的是发现市场的特性，利用它。而不是带着自己的特性进去，希望市场来接受自己的特性。

在投资交易中一定不能有这种报复心理，亏了就是亏了，B股票产生的亏损，在C股票、D股票上赚回来也是一样的，我们赚到的都是这个市场中的钱。

那么怎样才能减少这种不理性的心理和行为呢？一般来说，笔者会把卖出的股票从“自选股”里剔除，避免因为卖高或卖低了对心理造成影响。所有人都存在心理上的问题，我们要了解它，更要找一些办法去解决它。

（八）投资中的惯性思维

惯性思维也称思维定式，是人们根据以往经验归纳总结出的思维方式，旨在高效解决未来发生的类似问题。利用思维定式，有时在生活中可以帮我们提高效率，解决大部分常规性问题，但也可能让我们处理不好小部分非常规性问题。

在投资中，惯性思维往往会带来负面影响，比如，追涨杀跌本质上就是受惯性思维影响，所以我们必须看清这种负面思维，避免受它影响。

1.不同年龄段学投资的差别

孔子说："三十而立，四十而不惑，五十而知天命。"在不同的年龄段，人们对事情的认知是不同的。对于同一个人来说，在人生不同的阶段开始学习投资，也有很大的差别。

例如，一个22岁大学毕业的年轻人刚出校门，对于在工作中与公司的上级、同事的关系，在生活中与朋友的关系，或者与恋爱对象长辈的关系，可能把握不好。当他到了30岁时，对于这些关系要如何处理，他可能有了框架。随着年纪的增长，一个人看待问题会逐渐变得深刻，对很多事情也都会有预判。

因此，在生活中，我们往往会认为一个30岁的人比一个22岁的人更有能力。因为30岁的人工作、生活上的阅历更丰富，对各种关系都有一定的应对能力，而22岁刚从校门出来的人还不具备这些能力。

这两个人同时学习投资的效果也不一样。

22岁的人因为刚出社会，对未来很多事情只是有些想法，但这些想法还没有被实践过，也就没有一个固定的框架，没有那么强的思维定式。当他在投资中发现问题时，相对更愿意去接受，并且想办法改进，纠正问题的障碍会小一些。而30岁的人已经形成了一定的思维定式，当他在投资中发现问题时，可能不愿意去改变，纠正问题的障碍就会大一些。到了40岁、50岁，这种障碍就更大了。

考虑到思维定式对学习投资的影响，笔者认为一个人在年轻时开始学投资可能更好一些。也许有些人会认为，等积累到一定的资金量再开始投资更好。但实际上，投资的能力是在一步步摸索中培养的，不动手，你就不可能做好投资。

2.影响投资的两种惯性思维

惯性思维不仅会对学习投资造成障碍，在日常的投资交易中也会产生很大的负面影响。

（1）惯性思维下的追涨杀跌

投资中很常见的一种情况就是当行情持续上涨时，很多人预计接下来也会继续上涨。因为昨天、前天在涨，上周、上上周在涨，上个月、上上个月在涨，很多投资者因为惯性思维就会觉得明天、下周、下个月也会涨。比如有些人在选基金时，会打开基金网站看历史业绩排名，毫不犹豫地买入排名靠前的基金。他们认为，那只基金之前的表现这么好，未来一定也会不错。

受到这种惯性思维的影响，大多数普通投资者喜欢在牛市的时候疯狂买入，或者随着行情持续上涨而持续买入，结果整体买入的成本很高，而且越买越多，造成仓位过重。因为之前价格涨得多、涨得快，所以反向也会快速下跌，这时自然也就会产生大幅亏损。

反过来，熊市时行情越来越低迷，很多人基于惯性思维就认为未来还会继续下跌，产生恐惧心理，于是止损离场。

牛市时越涨越买，熊市时越跌越卖，这就造成了追涨杀跌的情况，所以往往熊市无人问津，牛市却是人声鼎沸。这种追涨杀跌的做法和巴菲特说的“别人恐惧时我贪婪，别人贪婪时我恐惧”刚好相反。在投资当中，具备逆向思维的人经常会赚到受困于惯性思维的人的钱。

（2）惯性思维下的加码投资

还要注意一种因惯性思维出现的行为，这是杠杆投资者出现大幅亏损的重要原因：当行情维持一段时间波动不大时，有些投资者就会认为行情波动不大，满足不了自己期望的盈利预期，于是不断地加码（股市上主要是加入融资，期货上是加大杠杆比例）。

实际上这种做法是很危险的。行情波动的频率本来就时大时小，最近半年波动不大，可能是因为前两年波动得比较大，现在暂时处于稳定状态，如图3-6所示。未来行情的波动幅度可能又会变大。

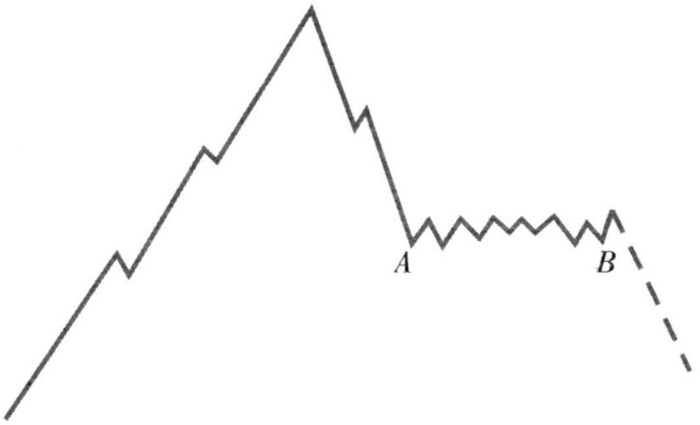

图中A点到B点的区间

图3-6 行情波动

如果你在一个波动不大的状态下加大注码，一旦波动突然变大，而且是往一个对你不利的方向上发展，你的投资就可能产生大幅亏损。

当大幅亏损已经产生时，你如果想再赚回来，就需要赚更大的比例。股票市场上的账我们都会算，亏50%时要翻一倍才能赚回来。

此刻，如果你急着想要赚回来，有可能会越陷越深，因为你连基础的波动率周期还不明白，市场上一定还有更多你不明白的东西。这种情况经常发生，对于那些启动杠杆的投资者，可能发生一次就是致命打击。

因此，我们做投资时一定要对市场有一个基本的判断，对自己有一个基本的判断，再慢慢地找到自己跟市场匹配的那个点，寻找有可能获益的那一个小点，然后再逐步把这个点放大。

人有很多惯性思维，或者说是在这个社会中生存所需要的思维，这些思维和投资市场是完全不匹配的，甚至可以说是反向的，会给我们的投资带来重大损失。就像这一节所讲的“惯性思维”，早期也许轻得难以察觉，后期可能重得无法摆脱。对于这些影响我们投资的负面思维，我们要找出它，摆脱它。

三、投资时必须独立思考

在实际投资中，除了各种人性问题外，外界的干扰也无处不在。虽然你和市场之间的距离很近，但是外界的干扰很容易让你离市场很远，导致你很难按照计划去执行。这些外界的干扰可能是外界媒体的干扰、身边人的干扰等。想要在投资中保持理性和冷静思考，你首先要看清这些外界的干扰，并排除这些干扰，做到独立思考。

（一）投资中的三种外界干扰

一般来说，在实际投资中比较常见的外界干扰有以下三种。

1.行情波动的干扰

在股票行情波动的时候，很多投资者往往会产生情绪波动，从而做出不理性的投资行为，这种属于行情波动的干扰。

比如，你持有的股票今天涨了3%，但是你之前卖出的股票涨了8%，这时你可能会情绪不好。如果你买的股票今天涨了5%，但是与这个股票同行业的其他很多公司都涨了7%，这时你的情绪也可能受到影响。这些情况都是比较常见的市场行情波动所带来的心理干扰。

A股市场上有近5000只股票，几乎每天都有一些涨幅20%的股票。很多投资者喜欢看涨跌幅排名，这样就会在无形中被市场大幅上涨的股票诱惑，从而产生心理干扰。其实市场上每天都有股票大幅上涨，这是很正常的现象。

如果你每天都盯着市场上大幅上涨的那些股票，你的心态就很可能变得不稳定，可能你总想着要把自己原本看好却迟迟不涨的股票卖掉，换成那些涨幅较好的股票，即使你对这些股票根本不了解。

2.外界媒体的干扰

在投资市场上，外界媒体的干扰也很常见。从媒体的角度来看，他们的目的是获取流量，在不违背现实的情况下，他们会不断地想办法创造爆点，从而加大传播力度。因此，外界媒体的信息往往让人记忆深刻，但是这些信息点其实未必符合真实情况，常常是写作者为了能够迅速抓住读者眼球而特意找出来的。

下面列举一些比较常见的例子。

每到节假日，常常会有媒体在“持币过节还是持股过节”这个话题上做文章。实际上，懂投资的人都知道，一家企业的价值不可能在一个节假日就有所变化。对于真正做价值投资的人来说，“持币过节还是持股过节”就是一个伪命题，根本不值得考虑。但是对于那些投资经验不够丰富或者内心不够坚定的投资者来说，这种问题很容易让他们产生一些多余的想法，想法多了，犯错的机会也就多了。

再来看看另一种情况：贵州茅台在市值3万多亿元时，某一天下跌了3%。实际上，在股票市场上，这个下跌幅度再正常不过，但是有人为了吸引眼球，会刻意抓住这个信息点，将它写成“茅台今天蒸发了100000000000元”。很多人都没见过这么大的数字，看起来心里就会有些恐惧感。而实际情况是一家市值3万多亿元的公司，今天股价下跌了3%，市值少了1000亿元。这个数据非常正常，只是这家公司的市值比较大，下跌对应的市值也比较大而已。

“上证指数十几年来一直都在3000点附近”，像这类表述，我们也经常看到。实际上，上证指数早就失真了，不具有参考价值，我们应该看上证50、沪深300、中证500这些指数。而且当股票市场经历了一场大泡沫之后，需要十年的时间才修复也是很正常的。回头看看美国互联网泡沫之后，像英特尔、思科这些世界级的企业经过了二十几年的恢复，至今还没有突破当时的高点。

最后再讲一种比较容易被忽略的外界媒体干扰。前两年有一个词很火——核心资产。可能有很多人根本不知道到底什么是“核心资产”，但是一听就觉得很靠谱。现在已经很少有人提到“核心资产”，不过类似的说法很多，比如“茅指数”“宁组合”等。“茅指数”就是指各行各业中像贵州茅台这种优秀的龙头公司，包括药茅、猪茅、家电茅等。“宁”是指宁德时代，“宁组合”就是指新能源、医美、芯片这些高景气度行业中的龙头公司。不管是“核心资产”，还是“茅指数”“宁组合”，这些名词本质上都是换汤不换药。其实就是一些投资机构将之前涨幅比较大的一批股票总结出来，造出一个名词，给这批股票下一个定义，然后给广大普通投资者洗脑。虽然这些公司确实都是业绩比较好的上市公司，但是在它们的市盈率为10倍的时候没人提及，等它们被炒到80倍市盈率的时候才告诉你这是核心资产，投资价值有多高，这纯属胡扯！

上面这些信息其实和股价涨跌几乎没有关系，但对于投资者的情绪波动却有极大的影响。对于投资者来说，这些信息都是巨大的干扰。在这些干扰下，投资心态就会不稳定，心态不稳定就很难做出合理的决策。

做投资，每天海量的信息会带来无数的干扰，我们一定要冷静地看待这些信息。如果你无法辨别这些媒体信息，那我建议你放弃所有的信息，一律不看。

3.身边人的干扰

在实际投资中，很多人都非常容易受到身边人的干扰。比如，你身边的朋友最近买了一只牛股，获利丰厚。他在买之前告诉你了，但是你没买，结果他赚了。实际上，这只股票上涨的理由和他当初说的理由完全不同，这一次赚钱是因为他运气好。不过不管怎么样，结果，是他赚到钱了。这件事很可能对你产生一定的心理影响，此时你为了面子可能就会想找一只好股票快速赚点钱。一旦有了这种想法，你在做交易决策时就可能变得激进，而激进的心理会导致你的投资结果更不理想。

当然，朋友的干扰可能远远没有家人的干扰所带来的影响大，毕竟你投资的钱不需要向你的朋友交代，但你可能需要向你的家人交代。当家人的干扰太多时，你的投资往往很难做好。

比如，你交易股票，你老婆经常关心股票账户的情况，抱怨你的亏损。受此影响，你就会非常在意每一笔交易的得失，因为如果一笔交易错了，产生亏损，你很有可能就会遭到老婆的责备。

在投资中，让每一笔交易都赚钱几乎是不可能的，赚赚亏亏很正常。一个合格的投资者，首先要考虑的一定是方法是否正确，而一笔交易的结果如何并不重要。我们应该摸索出一个长期有效的好方法，坚持按照好方法去操作，最终长期获利。如果你在意的是一笔交易的得失，你就没办法坚定地按照好方法去执行，因为你不可能让每一笔交易都获利，即使你对某一笔交易的判断是正确的，短期也有可能亏损。如果家人要求你一定要获利，那么这种干扰就会让你在意一笔交易的得失，让你很难把交易做好。即使短期的某几笔交易赚了钱，没有好方法也很难长期获利。

不管是行情波动、外界各种信息，还是身边人，都会对投资者产生巨大的干扰。我们必须屏蔽这些干扰，才能保持独立思考，才能真正发挥自己的投资能力。

（二）独立思考的重要性

美国传奇基金经理彼得·林奇说过："任何人只要拿出3%的智力都可以超过专业投资者。"很多人听到这句话都不相信，因为他们认为所有人来到投资市场都是为了赚钱，都愿意拿出100%的智力，可是大多数人都会亏钱，这样的水平怎么能超越专业投资者？

其实彼得·林奇的观点没有错，虽然很多人认为自己拿出了100%的智力来做投资，但是实际上他们连彼得·林奇所说的3%的智力都没有达到。如何才算真正达到3%的智力呢？我认为最起码要满足三个条件：第一，会思考；第二，会正确思考；第三，会独立思考。

只有做到真正独立、正确地思考，你发挥出的智力才是有价值的。如果连最基本的独立思考都做不到，就算拿出100%的智力也没有什么作用。我认为，不能独立思考的人是不适合做投资的。

我经常会提到一句话，没有主见就不要做投资。有些人往往听到别人说好就觉得好，听到别人说不好也觉得不好，不会站在客观中立的角度思考问题。这种没有主见的人，投资时容易被别人干扰，市场上的一点风吹草动就会让他们动摇。这样的人永远都找不到一条属于自己的、可以盈利的道路。

独立和世俗这两种态度，可以把人分为两个不同的群体。如果你喜欢独立思考，不盲目从众，只做自己认证之后认为应该做的或者是正确的事情，你做的事情往往是很多人不敢做的事情，这意味着你是少数人的一员，你是孤独的。如果你喜欢随大流，大家怎么想，你就怎么想，大家做什么，你就跟着做什么，那你就是一个世俗的人。这样的人常常会以“别人也这么做”为挡箭牌，给自己的错误找理由。这两种做事的方式，这两种人生的态度，其实已经把人分为不同的群体了，起码在思想上就已经分开了。

做投资，意味着你必须拿出时间独立思考，你要享受孤独，要耐得住寂寞。很多人喜欢把股票市场当作赌场，总是带着娱乐的心态做投资，希望可以在娱乐中把钱赚了。从人性的角度来看，情色、游戏、博彩这三项是最让人迷恋的，把投资当成游戏、当成赌博，这样当然会很开心，但是这样做投资注定是要亏损的。你仔细想想就会发现，在娱乐的过程中赚钱，这是绝对不可能的。所有的娱乐项目都带有消费性质，那些让你越开心的娱乐项目其消费越高，炒股票这么爽的娱乐项目自然也是高消费项目。你想在投资中消费，还是想在投资中赚钱呢？

想要在投资中赚钱，你所做的那些事情可能都是寂寞无聊的。你要反复思考每一笔交易是为什么要这样做；你要去想市场有什么规律；你要去证明这个规律是不是正确，并考虑正确的话该怎么运用，不正确的话又该怎么调整。最后，制订出一套适合自己的投资方案，然后排除外界的干扰，坚持到底。

股市里真正的高手都是寂寞的，因为他要回避外界的噪音，要独立思考，要坚定采用适合自己的获利方法。他不需要和任何人探讨，也不需要在别人那里找认同、找慰藉。只有那些水平不行的人，才需要通过别人的肯定寻找心理安慰，才会热衷于表现自己。

（三）与市场保持适当的距离

想要避开市场的各种干扰，最重要的就是与市场保持适当的距离。

很多人买了股票之后，恨不得时时刻刻盯着盘面的变化，甚至走在路上都忍不住要打开手机看盘。我可以非常肯定地告诉你，像这样时刻盯着账户里面资金跳动的人一定会亏损。

人都是厌恶损失的，赚100元带来的快乐不足以抵消亏100元带来的痛苦。如果你账户里的一只股票开盘就涨停了，你会很开心，但如果当天收盘后你发现它今天所有的涨幅全都掉回去了，一整天涨涨跌跌最后涨幅变成了0，这时你是什么感受呢？很有可能从一开始的兴奋变得恼火。实际上，今天这只股票既没有上涨也没有下跌，你的账户也没有任何盈利和损失，有什么值得开心或痛苦的呢？

把时间维度拉长来看，股票市场多数时候波动并不大，真正向上涨和向下跌的时间算下来不过只占了20%，其余80%的时间都是在小范围内来回震荡。这就是投资市场的常态。

如果你时刻紧盯行情的波动，10%的波动可能就会让你的心情像坐过山车一样起起伏伏。行情涨上去你就开心，行情跌下来你就悲伤，市场的波动不断消磨着你的心力。最后，在这80%的震荡时间里，你所有的心力可能都被消耗殆尽了，等到20%的真正涨跌的时机来临时，你已经没有心力，抓不住原本你应该抓住的机会。为了把握住真正的大机会，你应该养精蓄锐，尽量屏蔽这些“噪音”。

人性经不起考验，想要保持冷静思考、理性分析，不被账户的小波动困住，你就得和市场保持一定的距离。如果觉得很难做到，就可以采取一些手段来约束自己。

比如，在买入股票之前，你要确定充分的理由，并设定好目标位。如果你买入的理由没有发生变化，就一直坚定持有直到触及目标位再行动。在这之前，千万不要去看账户的情况，因为你本来就不需要采取什么行动，自然也就没有必要反复查看账户。没有出现你计划之外的情况，所有小幅波动都可以视而不见，以免心理受到干扰。

真正的投资高手，一定懂得自己和市场保持适当的距离。市场没有机会时，离市场太近就会被无规则的波动带入进去；市场有机会时，离市场太远又容易错过机会。所以什么时候该远，什么时候该近，都要拿捏好。

第二节　如何看待『错』

一个人看待和理解“错”的态度直接决定了他能不能做好投资。如果一个人不愿意承认错误，凡事都以自己的想法为主，那么他就不能正确地看待市场。只有清晰地理解“错”，你才能够正确地看待你和市场之间的关系，客观评判所发生的一切。

不过，从人性的角度来看，每个人都不愿意承认自己的错误。哪怕不需要向外人承认错误，只是自我检讨，很多人都很难过内心的那一关。这也是很多人做不好投资的一个重要原因。

一、看待错误的四种态度

在现实生活中，人在面对错误时会有不同的态度，主要可以分为四种。

第一种，知道自己错了，而且愿意和别人主动坦诚自己的错误。

第二种，知道自己错了，承认自己的错误，但不会主动和别人坦诚自己的错误。

第三种，知道自己有错，但永远不承认自己的错误。

第四种，认为所有的错误都是其他人造成的，永远不认为自己有错。

大家在日常生活中应该见过持这几种态度的人，相信你们认可的都是第一种人，最不认可的就是第四种人，也不愿意和第四种人接触。

我认为，在投资中，如果一个人在面对错误时是第三种或第四种态度，那么他就不太适合投资。

二、如何面对投资中的错误？

（一）投资为什么这么难？

投资难，到底难在哪里？我认为最难的地方就在于要克服天性，不断承认自己的错误，并不断改进。不愿意承认错误就是人性的弱点。虽然我们都听过“人非圣贤，孰能无过”这句话，但在现实中，很多人犯错之后都会下意识地做一些辩解来维护自己，而不是承认自己的错误。这就是人的本性，是一种自我保护心理。恰恰也是这种本性，让很多人都做不好投资。

比如，有很多人投资亏损之后，第一反应不是去反思选股逻辑有没有问题，而是想方设法，把错误归结到外部原因，怪别人给自己推荐了一只垃圾股、怪市场行情太差、怪自己运气太差，就是不从自己身上找原因。

为什么人们不愿意承认自己的错误呢？其实这是人的天性使然。人类为了生存，天生就会追求权力，而要获得权力就要证明自己是对的。只要你是对的，你就会逐渐获得权力。反过来，如果承认错误，那你的权力就有可能会被剥夺。

在日常生活中，你可能遇到过这种情境：一个人说酱香型白酒好喝，旁边可能就会有人说浓香酒也很好。实际上，他可能也觉得酱香酒好喝，那他为什么要补这么一句话呢？其实就是为了争夺权力。

试想一下，如果你说一种酒好喝，他也说这种酒好喝。那在这个问题上，你就有话语权，因为你是先说出来的人，而他只是附和的。但此时如果他说另外一种酒也好喝，那在这个事情上你俩就打平了，你并没有凌驾于他之上。就此刻来说，你在他面前并没有获得什么权力。

有这样一句话："如果不能证明自己是对的，那就要证明别人是错的。"只要你证明你是对的，那你在别人面前就会有一定的权力。如果你不能证明你是对的，那你证明别人是错的，这样你们之间也是平等的，别人在你面前也没有权力。正是这种为了权力竞争的心理，使得大家都不愿意承认自己是错的。一旦承认了自己是错的，那么个人的权力就会被剥夺。在这种自我保护机制下，每个人都有不愿意承认自己的错误的天性。

在日常生活中，出于这种天性跟别人逞口舌之争，很多时候你不会马上付出什么代价。但是在投资中，不肯认错，亏的是你自己口袋里的钱，而且不愿意承认错误就不可能有所改变，以后还会一直犯同样的错，一直亏钱。因此，在投资中必须不断克服天性，犯错之后马上承认错误，不断改进，直到做对了，然后一直坚持那个成功的策略，你的投资才能持续获利。

（二）如何解决错误带来的心理问题？

当投资交易产生亏损时，人们往往不愿意承认自己的错误，于是就会想尽办法找借口，把自己亏损的责任归咎于市场或者其他外界因素。

当你看到一个机会时，你犹犹豫豫，最后却没有去做，结果市场的走势真的跟你的想法一样，甚至超过你原本的预期。比如，你认为股市行情接下来会好起来，而证券公司是最直接获益的企业，你认为应该马上买入某只券商股，但没有立即执行，之后这只券商股很快涨了起来。

此时你虽然只是没赚到钱，但你可能却比亏损还难受，因为你找不出任何理由可以把这次错误的责任推卸给市场或其他因素。市场明明给你提供了机会，是你自己没有把握住机会，这时你就无法转移你的错误，只能自己承受所有的痛苦。也就是说，在心理上，比起亏损带来的痛苦，错误带来的痛苦更大。

类似的情境还有很多。比如你作为一个股票投资者，如果错过了一波牛市，就会感觉比做了小偷还可耻；如果你知道熊市即将来临，但是没有果断清仓，没有顺利躲过熊市，你的心情就会非常痛苦。这些都是由于你自己犯错误带来的痛苦，但是这些事情的发生都是偶然的。

在投资交易中，这种心理问题是一定存在的。想要在投资市场上获益，就必须解决这些心理问题。那么如何解决呢？

要知道，我们做投资的时候，面对的不是人，而是整个金融市场。金融市场没有对错，它只是众多投资者交易的一个场所。如果你和市场之间出现了矛盾，那就是你的问题。你只能检讨自己的问题，因为市场就是市场，它没有对错，也不会因你而改变。既然你改变不了它，那么你就只能让自己去适应它。

在你适应它的过程中，你会发现自己原来的计划有很多地方跟它相违背，那你就要改。如果你改了，就等于承认了你之前设计的东西是错的。虽然错误带来的痛苦很严重，但这是无法避免的。

在实际投资中，很多人在发现自己跟市场之间出现问题的时候，总是不愿意承认错误，想要回避这些问题。可是如果不能积极地改进，那就永远适应不了市场，这样的投资最后都会失败。

想要更坦然地面对投资中的错误，一定要谨记一句话："所有的错都是自己的错。"无论结果亏损与否，你都要从自己身上找原因，而不是从外界环境中找原因。因为市场不是针对你，市场面对的是所有投资者，也可以说，市场是由所有投资者共同组成的，包括你。如果你的投资出现了问题，那一定是你的问题，所有的错都是自己的错。只要你有勇气去面对这句话，那么所有心理问题都能解决。

其实，在生活中也是一样的。比如有些人对你不好，你也可以用"从自己身上找原因"的心态去看待。如果他本身就是一个不好的人，你没有提早发现而远离他，这就是你的问题。如果他是一个不错的人，只是对你不好，那他为什么偏偏对你不好呢？可能也是你的问题。

最后，我再延伸一下关于获取权力这个问题。实际上，只有你做的事情长期是对的，才能够真正获取更大的权力。人们最终认可的是你真正的能力，这才能带来真正的权力。而你跟别人的口舌之争只能分出表面对错，只能让你暂时获得话语权。你是想要争取话语权，还是愿意发现自己的错误并勇于改正，获得更强大的能力，追求更大的权力呢？这个问题值得好好思考一下。

在投资上，如果你有足够的决心面对自己的错误、挑战自己的错误，那么你将获得长远的收益。笔者相信你未来的投资生涯一定是美好的。

三、要承认自己不懂

在投资中，我们一定要愿意承认错误，还要承认自己有很多事情不知道。在现实生活中，我们会发现有些人有“非黑即白”的思想。在面对一个问题的时候，很多人会习惯性地依靠无意识、快速的直觉反应来评判对错。

其实，当我们看到一个问题时，应该思考出现这个问题的原因，这个问题发生后会如何演变。心智成熟的人不应该用简单的对错来评判任何一件事情。大多数事情并不是非黑即白的，在看待问题的时候可以参考以下两个思路。

第一，对于事情背后的原因，你了解得足够充分吗？如果不够充分，你就不应该轻易去归类，不能轻易评判事物的对错。

第二，很多事情从不同的角度、不同的阶段来看，其结果是不同的。

比如，一个小孩和同学打架，他一定是错的吗？

用第一种思路想想，你充分了解背后的原因吗？假如这个孩子长期被另外一个孩子欺负呢，你说他应不应该反抗？如果对方比他高大很多，而他采用了一击制胜的方式，就说明他还挺有智慧的。

再用第二种思路想想，我们从不同的角度来看看这件事再下结论。如果从物种的角度看，打架其实是一种竞争方式。不管是人类社会，还是动物社会，都是充满竞争的。例如，一个单位里有一个主任、三个副主任，主任就快退休了，你说这三个副主任会不会竞争主任这个岗位？肯定是会的，只不过他们不会打架，而是用其他方式。

在现实生活中，总会有一些理性的人能够作出相对正确的选择。而有些人虽然存在非黑即白的思想，但受到理性的人影响，最终也不至于吃大亏。但是在金融投资中就不一样了，最终作决定的都是你自己。如果你没有开放的思维，遇事总是持非黑即白的思想，不去思考其中的前因后果，那肯定是要吃大亏的，而且很可能会亏得一无所有。

在这个世界上，真正非黑即白、有绝对对错之分的事情其实很少。“祸兮福所倚，福兮祸所伏”“塞翁失马，焉知非福”的道理很多人都懂。90%的事情在不同情况下都会有不同的结果。

在日常生活中，对于那些不是非常明确的事情，不要急着下结论，应该先把它放在心里，随着时间推移，有些事慢慢地自然会有一些联系。等到你对这些事的论据变得充分时，你再慢慢将它们归类到黑或白的那一面。做投资，很少有一定对的方法，可是你一旦找到几个，它们就可以成为你长期盈利的手段。

相反，如果总是依赖直觉，轻易做出抉择，就会增加你对不同性质问题抉择的次数，如果不同性质的问题太多，你就很难在单一问题上靠多次抉择总结经验，也就很难找到合适的操作方法。

投资中，每次错误的抉择可能都会造成真金白银的亏损。我们的本金有限，即使做到“吃一堑，长一智”也很危险，可能你的“智”刚长起来，本金就亏没了。

比如，新能源概念大火，整体板块的股票价格大幅上涨，你觉得后面还有上涨空间就买入一只新能源概念的股票。结果很多新能源股票继续上涨，而你买的股票偏偏不涨了。最后一查才发现，你买的这只股票只有10%的主营业务属于新能源领域，而那些上涨的公司的新能源主营业务都在80%以上。

一定要承认自己有很多事情不懂，这样才能学习更多的信息，才能作出更客观的评判。投资中，一次大错的亏损可以抵消九次正确的盈利。要承认自己不懂，做自己能力范围内的投资，再慢慢地提高你的能力。

第三节 投资中最重要的底层思维

在实际投资中，股票市场上的各种干扰、自身的各种心理波动常常会导致我们做出许多不理性的投资行为，从而直接影响最后的投资结果。

想要更好地克服不理性的行为，就要从底层思维出发，看透本质，在投资中保持理性思考。下面这两种底层思维，是每一个投资者都必须具备的。

一、概率思维

我们日常对一些事物的评判都是基于每个人的世界观、价值观，而形成这些观点的底层因素就是每个人的思维方式。包括投资中、生活中的一系列行为和心理，其实都是受思维方式影响而形成的。

比如，我写这本书时，如果只想着自己要如何写，这属于个人思维；如果我想着读者在阅读的时候会有什么体验，如何才能让读者更好地接受，这属于逆向思维；如果我想的是如何兼顾所有的读者，考虑到每个读者的认知情况不同、做投资的时长也不同，要如何让更多的读者理解得更好，这属于概率思维。

在日常生活中，大部分人在考虑问题时用得比较多的是个人思维。当遇到某些事情的时候，会习惯性地站在自己的角度去考虑问题。这可能也是人的天性使然，会条件反射地保护自己。有少部分人会想着和自己关联的其他人的感受、想法，这是逆向思维。很多人觉得，能够用逆向思维来思考问题已经很不错了。可是如果你能够用概率思维来看待问题，效果会更好。

概率思维是逆向思维的升级，需要想到同样的事情发生多次之后会有什么结果。这三种思维之间就好像点、线、面的关系。个人思维只想着一个点，逆向思维则和对方连成了一条线，而概率思维是集合多条线而形成的面。

下面通过一个现实生活中的例子来说明这三种思维的区别。比如，你们公司今天来了一个外卖员，他在门口大声喊了一句："某某某的外卖放在门口桌子上了。"

从个人思维的角度看这件事情，你可能会觉得很不舒服，现在是上班时间，你在专心工作，他的声音打扰到你了。

从逆向思维的角度考虑，你可能会想，这个外卖员可能今天比较急，路上耽搁了，急着送下一家，为了赶时间所以没打电话，又或者是手上东西太多不方便打电话，就直接把外卖放到门口并喊了一声。

从概率思维的角度考虑，你可能会认为，公司每天中午可能会有20份外卖，一个月有400多份，半年就有2000多份，这种事情最近半年也只发生了一次，发生的概率并不高，这么一想就会觉得好像也是比较合理的。

三种不同的思维方式，让你有三种不同的看法。用个人思维看，你会责怪他；用逆向思维看，你可以原谅他；用概率思维看，这就是一件正常的事情。

其实在现实生活中，我们之所以会有很多苦恼，就是因为用个人思维去看待事物。如果你用概率思维去思考，就能够解决80%以上的问题。

下面讲两个关于用概率思维思考的例子。

（一）用概率思维看赌场

中国有句俗话："十赌九输。"不过，对于赌场经营者来说，赌博就是一门稳赚不赔的生意。看看澳门赌场就知道了，那里装修得富丽堂皇，从不缺客人。

为什么赌场可以稳赚不赔？你觉得赌场有没有作弊？有些人会觉得，赌场就是靠作弊赚钱的。

我们用概率思维来分析一下这个问题。以澳门赌场为例，从政府层面来看，博彩业是澳门的支柱性产业，如果赌场作弊，那博彩业的信誉就没了，来玩的人一定会大大减少。肯定有些人会认为，赌场作弊怎么会被你发现，普通人肯定没能力发现。可是术业有专攻，业内人士一定有能力发现。一旦有一个赌场被人发现作弊，大家自然会认为其他赌场也同样会作弊，那去哪个赌场玩可能都无法获得公平的待遇，最终的选择就是不再去赌场玩，这样，政府和赌场都会出现经济问题。因此，站在政府的层面，它应该做好监管工作，防止赌场作弊，否则影响的就是整个地区的经济情况。

从赌场的层面上看，它有没有必要作弊呢？其实也没有必要，因为赌场只需要依靠概率优势就可以长期获利。对于赌场来说，无论哪一种赌法，它都是占有胜率优势的一方。只要长期有人下注，赌场就能持续实现盈利。用概率的思维来算一算，你很容易就能明白了。

1.赌场上的轮盘赌

比如经典的轮盘赌，在转盘上均匀分布着37个数字，从0到36。当转盘转起来后，有一个小球在转盘内滚动，最终小球会落到某个数字对应的凹槽中，这个数字就是"中奖数字"。

假如这是一个公平的赌局，按照一个公平的概率来计算，如果我们选其中一个数字押注，押中了可以获赔多少倍呢？理论上是36倍。你可以这样理解，现在在场的一共有37个人，每个人都以同样多的筹码押注一个数字，赢家通吃。每个人押中的概率都一样，获赔的倍数也都一样。最后只有一个赢家，他可以拿走其余36个输家的筹码，也就是获赔36倍。

那实际上赌场会赔赢家多少倍呢？不是36倍，而是35倍。也就是说，37份筹码，赌场稳赚不赔地赚走其中一份筹码，相当于要抽水1/37，也就是2.7%。相当于你每一次下注，无论输赢，赌场都要从中抽水2.7%。

我们买卖股票，每次交易的手续费包括其他各种税费大概是0.15%，大约相当于2.7%的1/18。相比之下，你觉得轮盘赌的“手续费”可以接受吗？其实，轮盘赌的抽水比例在整个赌场的所有项目中几乎是最低的。

抽水2.7%是什么概念？打个比方，这就类似于拿一个硬币赌人头和字。赌场赢了，你给赌场1元；你赢了，赌场抽水2.7%，给你0.973元。即使出现人头和字的次数同样，在赌74把之后，你也会把1元钱输给赌场。

即使你今天运气爆棚，从赌场赢到不少钱，也不会影响赌场赚钱。因为赌场每天的客人很多，你赢的时候，其他人可能在输。其实你赢的并不是赌场的钱。赌场就是一个汇总所有玩家下注的平台，它只需要在玩家的下注中抽水就可以稳定获利。

从赌场的角度来看，凭借着概率优势，只要保证整个赌场每天都有不错的投注额，自然就会有可观的收入。假设赌场的所有赌局平均有3%的概率优势，如果今天的投注额达到10亿元，那么大概率就可以赚到3000万元。

可能有人会说，概率也是不确定的，赌场今天也有可能会输呀。赌场是常年经营的，即使有时输了，如果平均每天的投注额达到10亿元，一个月下来、一年下来最后也能达到平均每天赚3000万元的效果。

用概率思维来看，赌场的逻辑其实并不复杂。但是有很多人习惯用个人思维去看事物，就会产生很多不合理的想法。例如，有人在赌场玩的时候会说：“我下注时，旁边某某人经常也和我下一样的，每次都输，我和他相冲。”又或者觉得自己今天出门的时候忘了带某某东西，整天手气都特别不好。这些实际上都是在为输钱找借口。

2.赌场上的骰宝游戏

有些人很喜欢赌场中赔率特别高的玩法。但实际上，对于下注方来说，赔率越高的玩法往往越不划算。因为这种高赔率的玩法对于赌场来说风险极高，万一玩家下重注押中了一个赔率极大的，可能一下子给赌场带来较大的损失。所以对于那些赔率越高的玩法，赌场抽水会越多，比如赌场中的骰宝游戏。

假如我们押三个五，结果盖子一掀开果然是三个五，这时赌场会赔我们80倍。如果赌场不抽水的话，应该赔多少倍呢？赌场从中抽了多少水呢？

用数学知识算一算其实不难。每个骰子都有6个面、6个数字。第一个骰子开出5的概率是1/6，第二个骰子开出5的概率也是1/6，第三个骰子开出5的概率还是1/6。那么出现3个5的概率就是：1/6×1/6×1/6 = 1/216。

理论上，如果赌场不抽水，那么押中豹子（摇出来的骰子点数相同）时赌场应该赔215倍，但是赌场实际只赔80倍，80倍仅大约相当于215倍的37%。也就是说，我们下注押豹子时，赌场每一次都要抽水大约63%。

抽水比例63%意味着什么呢？就像我们和赌场扔硬币，赌人头和字，赌场赢了，我们给他1元，我们赢了，赌场给我们0.37元。这样赌下去，最后是什么结果，大家都能想象得到。

轮盘赌和骰宝押豹子这两种玩法大概分别是赌场里抽水最少和抽水最多的玩法。结合概率思维来分析这个问题，可以得出两个结论：第一，赌场不需要作弊，因为赌场凭着概率优势从中抽水已经可以获得很大的利益；第二，通过概率可以算出赌场上的哪些玩法对我们来说相对更有利一些。

赌场在各种玩法的赔率上整体是占据优势的，但其实下注者也有自己的优势。因为下注者不需要每一把都下注，所以我们可以选择等到合适的时机再下注。以上面的轮盘赌为例，如果轮盘连续转100把还没有开出过5，那未来的100把开出5的概率就会提高。用概率思维，你同样可以找到连续下注获胜的机会。

（二）用概率思维抛硬币

再用概率思维来思考一个问题：你能不能做到连续抛一个硬币10次，每次落地后都是人头朝上？

这是完全可以做到的。很简单，只要基数足够大就可以实现。你拿1000个硬币抛到空中，落地之后大概有500个硬币人头朝上。将这500个硬币再抛一次，第二次落地之后大概会有250个硬币人头朝上。每一次都把人头朝上的硬币拿出来再次抛，连续10次之后，在概率上最后总会有一个硬币每一次都是人头朝上。

实际上，在投资市场上也有类似的现象。一个诺贝尔经济学奖得主就曾经用这个例子比喻过投资上的长期赢家。

一千个投资管理人，每年被市场淘汰一半，连续三年还在市场中的人可能就会到处炫耀了，连续五年还在的人可能就开始讲课了，连续七年还在的人就开始出书了，连续十年还在的那个人自然就是股神了。用概率思维来看，一个人能成为股神，也可能只是因为运气好。即使排除个人的能力和努力这些因素，结果是随机的，只要样本足够多，总会有人能够成为那个“连续10次抛出都是人头朝上”的股神。

（三）投资中的概率思维

大家有没有发现，用单点思维思考和用概率思维思考，最后得到的结果可能完全不同。比如一个人严格遵守交通规则，在绿灯的时候过马路，但在斑马线上被车撞了。你会因为这样一起事故纠结吗？不会，因为站在概率思维的角度看，这种事情有出现的可能性。全国每天开车的人、过马路的人数以亿计，这样一起事故在概率上完全说得过去。我们不应该因为这种小概率事件而担惊受怕。

在实际投资中，用单点思维思考的人往往很在意一笔交易的得失，情绪很容易会被每一笔交易的盈利和亏损牵动。

而用概率思维去思考的人则完全不同。他们知道保证每一笔交易都赚钱是不可能的，所以不会去计较每一笔交易的得失，而是更关注自己用的交易方法对不对、有没有按照既定的交易方法去执行。只要找到正确的方法，长期交易下来一定是赚钱的。交易100次，有30次亏损、70次盈利，最后净赚的才是你应该赚的，这就是投资中应该有的概率思维。

为什么有些人在投资时，面对盈利和亏损会产生比较大的情绪波动，从而做出不理性的投资行为？就是因为缺乏概率思维。

如果你懂得用概率思维看待投资中的盈利和亏损，你就会意识到投资中的赚赚亏亏都是正常的，这样你就可以更加坦然地面对每一笔交易的盈利和亏损，在投资中保持稳定的情绪、良好的心态，做到持续理性判断。

在现实中，大家可能经常看到有些人会对某一笔成功交易侃侃而谈。其实这样的人大多是亏钱的。像这种只关注某一次交易结果如何的行为，本质上就是抛开了概率思维在讨论单点结果。真正做投资能赚钱的人不会只看单点结果，而是会讨论方法、讨论操作理念，因为他们都是用概率思维来看待投资。

一定要透彻理解这种思维，并落实到你的投资交易中。概率思维最核心的思想就是知道做投资不可能每一笔都成功，不能盯着一笔交易的得失，而是要找到一个好方法，不掺杂任何情感地去坚持执行，赚你该赚的，亏你该亏的，最后剩下的自然就是你应该获得的盈利。

你要记住，普通投资者关注的是一次投资的结果，而专业投资者关注的是有没有坚持按照一种好的方法去操作。

如果你不知道如何在投资中保持概率思维，不妨尝试在每次交易之前都问自己：这次的交易方式如果持续用100次，最后能赚钱吗？

二、负面清单思维

所有投资者的最终目的都是赚钱，所以大多数人都会考虑如何赚钱。然而，比起寻找赚钱的秘诀，我认为更重要的是先思考如何不亏损，这是一种负面清单思维。表面上看，这种想法可能有点违背常理，但如果你能够真正理解并做到，就会发现负面清单思维在实际投资交易中有极大的好处。

（一）从负面清单思维开始你的投资

1.想要赚钱，先考虑如何不亏损

投资是一个长期持续的过程，赚钱后要有能力留住，然后用赚到的钱再投资获利，这是投资赚钱的本质。如果你没有能力守住赚来的钱，没有能力控制风险，那么赚到的钱对你来说只不过是过眼云烟，甚至连本金都可能亏损，那么这种投资就是失败的。

我认为，做投资最重要的事情就是控制风险。如果风险小了、没了，那你的投资就是一个持续盈利的过程，再慢的持续盈利都是快的。所以比起考虑如何赚钱，其实考虑如何不亏损更重要。简单来说，做投资首先应该考虑的问题不是能做什么，而是不能做什么。这就是投资中的负面清单思维。

投资大师查理•芒格说过一句话："如果我知道我将来会死在哪里，那我就永远都不去那个地方。"其实他所表达的就是这种负面清单思维。

最初做投资时，我用了大概一年半的时间闭门思考、研究投资交易。一年半后，我正式出道，之后几乎没有亏损过。

而我之所以能做到很少亏损，主要就是得益于负面清单思维。具体的做法就是从一开始就给自己列“十条不做的事情”，用这“十条不做的事情”来约束自己，从而尽可能地减少亏损。当我坚持把那“十条不做的事情”做到之后，我的投资就少有亏损。

写到这里，可能你会好奇那“十条不做的事情”到底是什么。其实我自己也记不太清楚了，毕竟已经过了这么多年。我尽力回想了几条，大家可以从中找找感觉。需要注意的是，当时我交易的是香港恒生指数期货，所以下面列举的是当时我做期货时设定的几条原则。

第一，当日开仓不能超过三次。（可以让自己保持冷静思考，减少盲目交易）

第二，当天只能交易一个方向。（在开盘前就做好充分的思考，选择今天单一的方向。如果选不出来，那就代表没把握，自然就不做了。这么做可以避免一会儿买涨，一会儿买跌，盲目跟随市场导致双向亏损）

第三，开一手单不能低于×万元。（可以限定自己最大的杠杆比例）

第四，账户资金变动不大的情况下，每次开仓的单数必须相同。（避免产生“赚的时候觉得开少了，亏的时候觉得开多了”这类行情以外的心理）

这几条“不做”是我倒推出来的，当时写的肯定不如现在理解得这么深刻，也许这里的一条在当时需要三条才能表达清楚。不过，在我的印象中，那“十条不做的事情”没有哪一条是没用的，也没有哪一条是后期觉得错误的。

制订这么多规矩的主要目的就是防止犯错，防止犯不必要的错。一旦你犯错了，很有可能会出现连锁反应。比如，这一次你本来能赚10%，但是因为一个错误反而亏了10%。其实这种情况在市场上很常见，但是人在犯错的那一刻往往会急着把它捞回来。当人们急于去做一件事情的时候，往往不能保持冷静思考，心态会变得不平稳，很容易继续犯错，导致亏损进一步扩大。可能最初只是一点小错误，但是这样反复心急地去补救，很容易不断犯错，最终铸成大错。制订这些规矩就是为了从源头上防止犯错，这是核心点。很多人即使懂方法也未必能操作好，就是因为在执行上有问题，当出现问题时又不能够妥善地解决问题，可能一个小问题产生的蝴蝶效应就把多年的积累连本带利亏进去了。

2.为什么要用负面清单思维开始投资?

从我自己的经验来看，负面清单思维对投资有很大的帮助。尤其是在起步阶段，如果能够用负面清单思维投资，一定可以少走很多弯路，同时更容易实现盈利。因为我们往往很难知道什么是真正对的，但是什么是错的就非常容易找出很多，所以其实先把问题找出来并解决，更容易，也更方便。

如果你能够从一开始就把负面清单思维落实到投资中，长期保证少错、小错、不亏损，长期坚持交易，最后你一定会获利。

以前做期货时，我就曾经给自己定过一个明确的目标——每个月都不亏损。想想看，如果能做到每个月都不亏损，那长期交易下来必然会有所获利。哪怕每个月平均获利3%，一年下来也有36%的盈利，这难道还不够吗？如果你认为自己更厉害，可以定个目标——每周不亏损。每年有52周，即使每一周平均只获利1%，那一年也能获利52%。

负面清单思维不仅对投资有用，对生活、对工作也有极大的好处。

在这个世界上，真正对的事情并不容易找到。有些事情，也许今天看起来是对的，但下个月再看可能又不对了。但是有很多错的事情是确定的。如果一种方式是错的，它放在什么时候都是错的。

因此，无论投资还是生活，如果你能够把不对的事情找出来并加以处理，那剩下的就是不确定的和对的。只要能够把负的都去掉，那么剩下的就是平的和正的。如果你一直在寻找正的，不知道什么是负的，那么有可能出现一两次负的，就足以抹灭掉你以前积累的所有的正了。

在生活中，我教育孩子使用的方式就是负面清单。我极少会说应该做什么，通常说的都是不能做什么。不能做的事情其实就那几项，所以我教育孩子很简单。孩子七八岁以后，我基本就没再教育过他们做人本身的问题了，说的都是思维方面的事情。

我也一直跟身边的人强调，要用这种方式去教育孩子。道理其实很简单，假设你35岁，你的孩子5岁，35岁的人的能力、阅历都不浅，有很明确的世界观。如果你把自己看待世界的方式强加给孩子，孩子跟你学了，但10年后45岁的你很可能发现自己35岁时的观念是不正确的，而这时孩子已经在那种思想的影响下成长了10年。这时候，你改了，那他能改吗？

负面清单的思维方式给我人生中的方方面面都带来了很大的帮助。很幸运，我在早期就已经想明白了这个道理。

（二）“不懂不做”的负面清单思维

有些投资者可能有让自己不亏损、少亏损的方法。不过，有一个原则对于所有投资者都是适用的——坚持“不懂不做”，这也是一种能够有效控制风险的负面清单思维。

巴菲特和段永平都表示“不投资不懂的事物”。很多人都知道这句话，但是做不到。在现实投资中，有很多人能力远远不如他们，却总去碰自己不懂的东西。对于很多普通投资者来说，他们根本就没有明确懂的东西。如果按照巴菲特、段永平“不懂就不碰”的原则，那就干脆不用动了。所以他们碰不懂的东西，其实也是一个学习的过程，是一个有可能从不懂到懂的过程。

但是在投资中碰不懂的东西一定会付出代价，一旦出错，就会亏损。如果盲目试错，也许还没有找到赚钱的方法，就已经亏损了大部分本金，所以需要讲究方法。

那么怎么才能避免这种问题，做到“不懂就不碰”，同时逐渐实现“从不懂到懂”，一步步扩大自己的能力圈呢？我们可以看看巴菲特是如何做的。

巴菲特的能力也是逐渐练成的，早期的巴菲特懂的东西也不多，那时候他用的是格雷厄姆的思想。也许最开始他懂的只是一个小点，但他只要有一个点懂了，那他就可以利用第一个懂的点赚钱，同时继续寻找第二个懂的点，之后再利用第一个、第二个懂的点赚钱，同时继续寻找第三个懂的点，这样一直延续下去。

实际上，这种逻辑对于每个人都是适用的。我们只要在早期的时候找出一个懂的点，哪怕你懂的这个点很小也没关系，先利用好你懂的这个点去赚钱，再去探索第二个、第三个懂的点……一步步做下去，最后的整体路径就可以跟巴菲特、段永平一样。

很多做投资的人不明白这一点，也没有巴菲特的运气和悟性。

真正做到“不懂就不碰”，还有一个很重要的问题：你是否会不懂装懂？从心理学的角度来看，人为了生存，天性是不愿意承认自己的错误的，总想证明自己比别人懂，从而获得存在的价值。如果你没有意识到这个问题，解决不了这个问题，那么它就会阻碍你的进步。

只有打破这种障碍，承认自己有很多东西不懂，你才能够客观地接受现实，才能够看见那些原来你看不见的东西。如果你认为自己什么都懂，那就会形成一个天然的屏障，阻碍你，这一定不利于你的进步。做投资是如此，工作、生活也是如此。

一位互联网行业的知名人士曾经说过这样一句话：“乔布斯最厉害的地方就在于他只需要一秒钟就能够变成傻瓜，而马化腾需要五秒钟，我需要十秒钟。”你按照我的思路细细品一下这句话。即使是乔布斯、马化腾这么牛的人，也把瞬间变成傻瓜看作一种了不起的能力。“瞬间变成傻瓜”的含义就是他可以马上接受自己的无知。只有接受自己的无知，你才可以接受外面正确的东西，才能吸纳那些优质的东西。

从不懂到懂，其实并没有那么难。但前提是你要愿意接受你不懂的东西，尽量保留你认为自己懂的东西，不要急于去表达。因为你一旦表达了，就想去证明它的正确性，这是人性使然。如果你表达的本身就是一个错误的东西，就容易屏蔽你的心智，你就越难看清事物的本质。

正确的方式就是承认自己不懂，把自己看到的一些想要判断的事物放在心里，不要轻易给出定义，等到自己有充分的论证条件时再去证明它。

在投资中，当你明确了一个点，就算只懂了一个点也没关系，你只要把这个懂的点做好，在这个基础上，再延续到第二个懂的点、第三个懂的点……最后你一定可以成功找到自己的投资路径。

（三）用负面清单思维选股票、选行业

在选股时，很多人更喜欢关注公司优秀的方面。但实际上，要直接从众多股票中挑选出值得投资的标的，难度是比较大的。优秀的公司很难找到，而质地差的公司却比较容易看得出来。所以我们在选股票、选行业时，一样可以用负面清单思维，先看它的风险，如果一家公司存在致命风险，即使这家公司在其他方面表现再好，你也应该直接排除。用负面清单思维，先排除掉风险比较大的问题股，再找出好的投资标的，相比之下会简单、高效很多。

比如，前面“价值投资的选股逻辑”中提到可以通过四项风险指标来排除问题股。像这样通过风险指标排除有致命风险的股票，就是一种用负面清单思维选股票的方式。

除了大股东质押率、商誉、经营活动现金流、高管持股变动这四个风险指标以外，公司的扣非收入特别不稳定、最大客户占有公司绝大部分利润、不务正业、把大笔资金投入与主营业务没有关联的地方等，这些也都是相对比较负面的因素，我们完全可以用这些因素剔除一些风险较高的股票。这样，我们就可以快速避开很多风险比较高的标的，大幅缩小可选标的的范

围，眼界自然也会清晰很多。

看行业也是一样的思路，那些门槛低、竞争非常充分的行业，可能就不是好行业；那些一个政令就可以灭掉的行业，也不是好行业。我们同样可以用负面清单的思维把它们直接剔除掉，这样，你就可以避开很多大的投资风险。

第四章

如何做好投资

在前面的章节中，我们已经充分了解了市场规律和人性规律。这一章将从实战层面讲讲如何做好投资。

在实际投资中，很多人常常会遇到下面的问题：学习了很多方法和技巧，却依然做不好投资；把握不好投资时机，导致心态不稳定；不懂得考虑投资的确定性，总是关注一些相关性不高的信息，浪费了很多时间和精力；没有明确的目标，不能清晰地判断什么情况应该卖出，什么情况应该坚定持有；分不清投资中的运气和能力，重结果、轻方法，做不到知行合一。

以上这些都是实际投资中最重要的问题，只有对这些问题有清晰的认知、正确的应对方式，才能够做好投资。下面我们将一一深入探讨这些问题。

第一节　会千招，不如有一个绝招

一、散点知识不能用于投资

很多做投资的人平时都很爱学习，经常看很多书，懂得许多知识，但是投资的结果却不是很好。为什么这些人明明懂得很多知识，却不能从投资中获利呢？

其实这是因为他们学到的是一些散点知识，各个知识点无法相互串联，没有形成系统的逻辑，更无法在投资交易中应用。就像一个生物，即便它体内的各个器官都是完好的，但如果连接不起来，那这个生命也是死的。

有些人平时很喜欢读书和学习，但实际上他们所看的书、所学习的知识很难产生价值，问题主要就在于他们没有带着明确的目的去学习。如果你的阅读没有明确的目的，那么你就只是读了而已，并没有产生针对性的价值。市场上有些人是专门讲书的，可能他们并没有系统性、针对性地去读书和学习，只是零零散散地读了很多书，但是他最后产生了价值，那么就很有意义。

在投资市场上，有很多投资者甚至不是看完一本书再评判，而是看到一条消息就开始评判。如果你的底层逻辑非常清晰，那么你通过一条消息就能够评判出很多信息。可是多数人没有这种底层逻辑，这些零散的消息对他们来说无法产生任何价值。

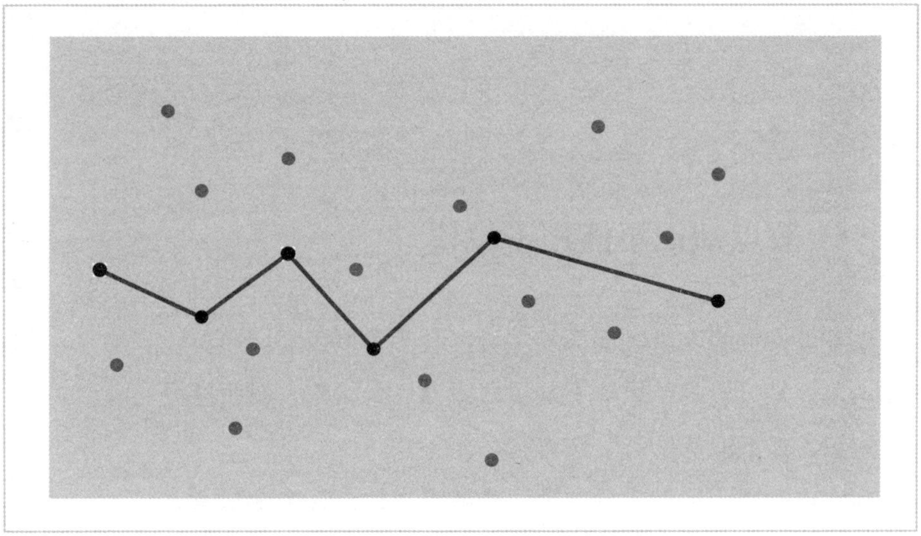

图4-1　散点知识不能用于投资

投资股票，本质上就是投资上市公司。上市公司通常是非常大的企业，分析一家上市公司需要考虑很多关键点，包括行业特性、产品结构、企业内部管理、公司发展战略、历史遗留问题、财务状况等。除了分析研究，还要基于这些关键点进行汇总、综合评判，才能得出最后的结果。因此，即使你知道一家企业所有的关键信息，如果缺乏综合评判能力，同样也无法得出投资结论。

另外，在衡量一家上市公司的投资价值时，有很多信息点可能是互相矛盾的。比如，某家企业的净资产收益率比较高，同时市盈率也比较高；或者有些企业近些年业绩的成长性很好，但可能是受益于行业政策，等政策红利消失时业绩将很难维持增长……；还有一些企业连续几年业绩增速超过50%，但是企业的市盈率近百倍。当这些互相矛盾的信息点组合在一起时，你知道应该如何权衡取舍吗？

假如现在要分析一家企业，你获得了50个相关的要素，其中有30个要素是好的，有20个要素是差的。你通过进一步分析发现，这30个好的要素中有

10个要素是比较好的，有10个要素是一般好的，其余10个要素是略微好的；而在20个差的要素中，有15个要素是较差的，其余5个要素是特别差的。

此时，你会如何根据这一系列要素来综合判断这家企业的投资价值？如果没有一套完整、系统的投资逻辑，是不可能做出正确的判断的。

做投资，不仅需要有知识，还需要有汇总信息、综合评判的能力，能依据所学知识做出明确的判断才是投资的难点所在。在其他领域其实也一样，如果缺少系统性的逻辑，即使掌握了全天下的知识点也没用。

二、会千招，不如有一个绝招

有句话说得好，“不怕练一万招的人，只怕把一招练一万遍的人”。在投资市场上，掌握再多散点知识也没用，最重要的是要有一个可以持续获利的绝招。

我们可以看到，投资市场上亏钱的人很多，而赚钱的人很少。很多人做投资时会学习很多招式、技巧，研究的范围也很广，包括宏观国际局势、经济数据、市场分析、技术面、基本面、消息面等，把所有自己觉得相关的因素都考虑进去，可最后往往还是亏钱。

实际上，真正赚钱的人关注的点并不多，他们都是把一招练一千遍、一万遍，直到拥有自己的绝招，用它在市场上做到一招制胜。他们只需要反复用这一招，就能够在市场上长期获益。知道这个道理的人不多，能够练成绝招的人更少，所以赚钱的永远都是少数人。

比如当前市场上有两大投资方式，即技术面交易和基本面价值投资。在实际投资中，很多人会将两种方式同时考虑进去。实际上，这么做是完全不合理的。如果你对两种方式都有深刻的认识和把握，每一种方式单独使用时都可以获利，这时你将两种方法结合起来使用肯定效果更好。但是有很多人单独用哪种方式都没有办法获利，同时使用两种方式只是为了让自己的行为看起来合理，实际上根本没有确定的依据。这样不仅最后的投资结果不好，而且会让你找不出自己犯错误的原因，也不能为下一次的进步积累经验。

因此，关于投资方式的使用，笔者的建议是：无论你选择哪一个方向，你都应该先把这个方向做深做精，然后再考虑另外一个方向。如果你在一个方向暂时没有获利的能力，盲目添加要素只会越来越乱。

这个道理其实很好理解。打个比方，一台由多个零部件组合构成的机器，如果零部件还没组合好就使用，你说这个机器能用吗？这样的机器用起来不会马上就散架吗？

以上是从大方向来看，如果具体到操作方法上，我们如何找到自己的投资绝招呢？下面从实操的层面，分享一个交易获利的路径，希望能给你提供一些思路。

我把技术交易成功的路径分成以下四步。

第一步：观察总结

首先，基于你对市场的认知，通过长期的观察总结，找到一个你认为比较适宜的机会。

假设你找到了这样一个交易机会，你发现行情持续上涨一段时间后会有一定的调整，调整之后经常会再次上涨。这就确定了投资方案的大思路：等待行情上涨回调后，寻找买入的机会。

现在机会找到了，需要开始落实具体的买卖点位，这时你就要进行具体分析。比如，你认为行情在一个月内最大上涨幅度超过30%就是上涨趋势，在高点回撤超过10%回调就已经足够，可以开始进行买入。买入后，一定要设定好止盈和止损的点位。这样你就有一个相对完整的方案了。

第二步：严律执行

用铁一样的纪律不断反复测试这个方案的可行性。如果你愿意耐心地观察、思考，找到方案其实并不难，但方案找到后你还不确定它是不是对的，坚持做一个不知道对错的方案是比较困难的。市场中有太多的诱惑，想要完全抵制这些诱惑需要很强的定力，而只有坚持按照制订好的方案做下去，才能验证之前的想法是否合理。

例如，我们在找交易机会时，盈利的目标空间应高于亏损的目标空间。假设我们设定的盈利目标为20%，止损目标为10%。如果按照你的方案坚持做10次，最后有7次对、3次错，这样很明显就可以看出盈利效果。如果你只有5次按规定的方案操作，另外5次是随意操作，最后得出的结论就不是真实的，也无法验证这个方案的正确性。

需要特别注意的是，很多人经常会选择性记忆，只记得自己成功的那几笔交易，这样就会衍生出很多问题。

第三步：调整升级

经过多次试验，你可能会发现这个交易方案存在一定的不足之处，这时就需要做一些调整。比如，你觉得一个月内涨幅30%不够，改成50%；回调10%可能没有到位，改成15%。这一步主要是处理一些细节问题，从而达到更好的盈利效果。

当然，调整之后你还需要回到第二步，继续严律执行，反复测试，验证方案的盈利效果。如果你能做到把方案当作铁律去执行，那么其他的都是小问题，调整并不难。经过多次的调整升级和反复测试，最后你会找到一个获利的好方法。

第四步：用概率思维交易

通过前面三个步骤找到好方案之后，接下来要做的就是坚持执行，完全用概率思维看待交易，不掺杂任何情感。在不断的交易中赚赚亏亏，最后把赚到的钱减去亏损的钱就是你实际赚的钱。

在实际投资中，千万不能夹杂任何个人情感。有些人买股票还要看代码吉不吉利，特意去找代码和自己的关系、上市公司的名字和自己的关系、行业和自己的关系，其实这些都和你没有任何关系。一旦代入情感，你就很难再保持理性、客观的判断。一定要把交易看成概率事件，赚你该赚的，亏你该亏的，这一点非常重要。有了这种意识后，你的心态就不会乱。在投资市场中，只有保持好的心态，才能保持冷静思考，才能作出最合理的判断。

对于卖掉的股票，我的建议是不要再看，否则很容易会代入感情。除非你是短线炒家，只买几只股票，只把它当作一个博弈的标的。市场是大家的市场，任何人都只是亿万交易者中的一分子，都应该去接受它、适应它，而不是指望它来顺应你，这是不切实际的。

按照上面这个路径，只要你能练明白一招，也许一辈子都受用，就能轻松在市场上获益。就算有一天这招不适用了，你也有能力调整升级找到其他获利的方法。因为你前期已经练出一招，自然知道怎么找方法，接下来继续升级，练第二招、第三招会容易很多。

其实，无论是投资还是人生，都是一样的。我们要先做加法再做减法，之后做乘法，这样才能把收益放大。首先，你要在很多方面广泛了解，这是做加法；接着，从中找到合适你的一两个点，这是做减法；最后，认真研究这一两个点，将收益放大，这是做乘法。

真正的投资高手懂得这个道理，也坚信这个道理，所以他们只重点抓住自己能够把握的一两个点，深耕这一两个点，最终的投资收益就比较理想。而有些投资者虽然隐隐约约地知道这才是正确的投资方式，但是不够坚定，所以还是把精力投入很多个点上。但是你关注的点越多，你对每一个点挖掘的深度就越不够。只有深挖少量的点，才能把事情做好。做投资是如此，从事其他行业也是如此。一些人之所以能够在自身领域内做得相对成功，就是因为他们在少量的点上挖得足够深。

第二节　如何选择投资时机

一、选股重要，还是择时重要？

在股票投资中，决定投资成果的因素主要有两个：一个是选股，一个是择时。选股和择时都很重要。相比之下，我认为择时更重要。投资做得好的人，往往很懂得择时。

择时就是找到普遍性好机会。比如2005年、2014年、2019年这几个时点都是好时机，在这些好时机买股票，即使没有买到优质的股票，赚得不是很多，最后整体也会有一定的盈利；如果你在2007年、2015年、2021年这几个高点去买股票，即使买的是质地很好的股票，最后也很可能跌得一塌糊涂。当市场往上走时，大多数股票或多或少都会涨一些；而当市场往下走时，大多数股票都会下跌。择时做得好，起码在概率上是大胜。

好时机是难得的，特别是整体市场的时机，只要抓住了时机，你买的股票有很大概率是赚的。因此，我认为时机最重要，对于广大普通投资者更是如此。当你刚刚进入这个市场的时候，对金融市场的了解还不多，在初期锤炼的其实是择时的能力，投资结果主要就取决于择时。不过好的时机往往出现在下跌的时候，这跟大多数投资者喜欢追涨的行为是相违背的，所以很多人做不好择时。

上面所讲的择时主要是关于大盘投资时机的选择，选完大盘投资时机后还要选个股投资时机，评判个股的投资时机其实就是看估值。在个股估值低的时候买入，相对来说获利的概率就会高很多。

在基本面没有发生变化的情况下，估值低是企业最大的优势。实际上，我们投资股票时买的是它的股价，而股价就是企业利润乘以市盈率得出的。一家企业的利润可以持续增长，但市盈率往往都是区间波动的，市盈率低的时候可能是10倍，平均可能是20倍，当市场出现大泡沫时或许会涨到60倍甚至80倍。一般情况下，我们只要在它的估值处于市场平均市盈率或以下的时候买入，就具备估值上的优势。

如果要找出股票市场上最重要的一个点，我认为一定是市盈率。当然，市盈率不能包含一切，我们不能只用一个点来判断，但是如果只选一个最重要的点，那就是市盈率。

选股的重要性比不上择时。虽然业绩长期增长的公司是好公司，但是这并不代表它值得投资。如果对一家好公司的估值过高，那么买入之后，高位的估值可能要许多年的业绩增长才得以修复。

假设一家公司每年的业绩增速是20%，现在它的市盈率被市场炒到了60倍，而历史平均市盈率是20倍。虽然公司的业绩还在持续增长，但是随着市盈率从60倍回归到正常水平的20倍，想要通过业绩增长弥补估值下滑带来的股价下跌，即使是保持每年20%的业绩增速，也需要6年的时间。这意味着，高位买入的投资者可能面临一个好公司的股价6年不涨的局面。

在投资中，你可以先把择时做好。随着时间的推移，你的知识、逻辑水平提升了，选股水平也会逐渐提高。最后，当你在择时、选股这两方面都做得比较好的时候，自然就能够在投资市场上获得更大的成功。

二、不同投资时点下的投资心态

在实际投资中，很多人都做不好择时，常常会在各种投资心态的影响下做出不理性的投资行为。

比如，在行情好的时候，新基金一发行往往就很火爆。大家都喜欢在这时去买新基金，但是买完之后往往短时间内很容易出现亏损。于是有人就说，新基金不能买，一买就亏钱。其实最大的问题不在于买新基金还是老基金，而在于投资心态和投资时机的选择。那么在不同投资时点下，投资者的心态会发生什么变化？投资时机应该如何选择才比较合理呢？

图4-2是现实投资中比较常见的一种基金净值走势图。假设现在有一只基金的净值走势情况如图中的*A*点到*B*点，可以看出基金处于上涨的走势中，但未来的走势还不确定。那么应该此时在*B*点买入，还是应该等待更加适合的投资时机出现？

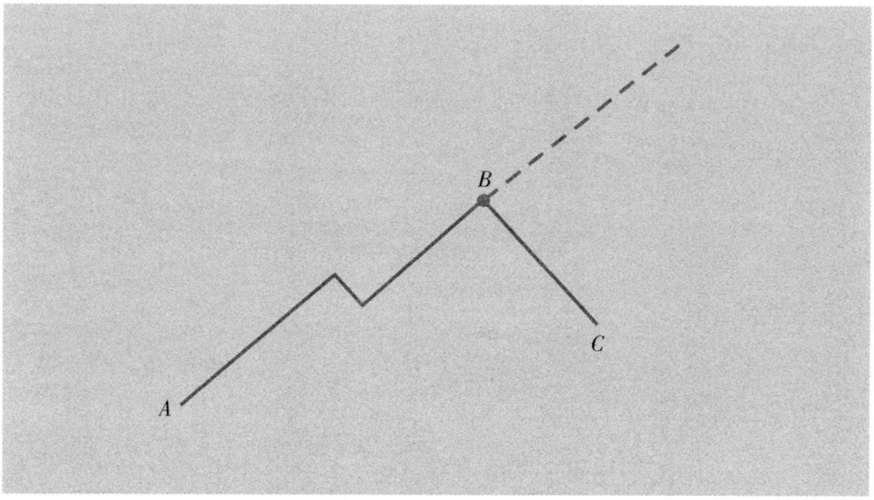

图4-2　基金净值走势图（1）

在现实中，我们常常会发现，当基金近期有不错的收益表现时，往往基金销售也会变得比较火爆。因此，基金发行规模较大的时点多数是在*B*点。而当基金的净值走势从*B*点回调到*C*点时，由于基金近期表现不佳，所以在*C*点时基金的发行规模往往会小很多。

这种现象也反映出广大投资者普遍存在的一种心态：看到基金的净值上

升时，很多人生怕错过好行情，于是在基金净值大幅上涨后会迫不及待地积极跟进。有很多购买基金的朋友们之所以会亏钱，往往是因为在这个上涨过程中不断加仓基金，导致成本变高，最终市场一出现回调很容易由盈转亏。

很多基金公司正是看准了投资者这种“买涨不买跌”的心态，喜欢在行情涨得好的时候抓住机会大力发行基金产品，各种营销宣传文案充斥朋友圈。这时，有一些尚未配置基金的投资者就会入场，害怕错过机会；而之前已经配置过基金的投资者，也可能因为不甘心赚得少而增加配置。

对于基金公司来说，这时候是募集基金的好时机。但是对于投资者来说，这并不是合适的投资时机，因为此时买入会导致后续出现一系列问题。

站在基金管理人的角度来看，任何人都不可能持续获得这么高的收益。基金短期内创造出高收益，本质上是因为当下的市场走势刚好与基金管理人的投资方式相匹配。然而，同一个基金管理人的投资方式不可能在任何一种市场情况下都做到优秀。

假设市场上有七种走势，某个基金管理人可能会在第一种和第五种走势下收益很高，但是在第三、四、六种走势下收益就比较一般，而在第二、七种走势下就会亏钱。

任何一名基金管理人都无法做到在所有市场走势下都能够获得高收益，不管是市场的板块轮动还是风格变化，抑或是技术面交易，都是如此。在短线交易中，当你采用某种固定的操作模式时，不同的行情变化、市场风格切换、消息政策等诸多不确定因素的影响，都会导致基金净值曲线波动，不要指望每只个股短期内都会上涨。

因此，通常情况下，当一只基金出现从*A*点到*B*点大幅上涨的净值走势时，接下来很可能面临阶段性的回调。

那么此时从投资者的角度出发，他们会产生什么想法呢？

在*B*点买入的时候，投资者看到的是从*A*点到*B*点的高额收益，所以这时他们往往会有一种心理预期：这只基金未来仍然会延续原先的走势，继续创造出从A点到B点的高额收益。但是，当他们发现基金接下来的实际走势是从B点回调到C点时，现实情况就与他们原本的心理预期形成了巨大的反差。这时候，多数投资者可能会产生一种想法：哎，这次投资错误了，如果有机会回本，我就马上卖掉。最后，很多投资者在不知不觉中加入了追涨杀跌之列。

实际上，基金本身就是一个长期投资的产品，如果用这种追涨杀跌的方式去投资基金，即使基金最后的表现不错，投资者也很难从中获利。

总体来看，在B点基金发行量比较大的根本原因是投资者害怕错过好行情，于是会买一些已经涨起来的基金产品。而基金公司及基金销售团队则利用了投资者的这种心理，专门在这个时点进行营销。

最后造成的结果就是投资者预期过高，而基金管理人无法持续获得高收益，导致多数投资者在回调行情中短期持有过后很容易就放弃了。因此，哪怕这确实是一只好基金，投资者也没有从中获得长期持续的收益，而基金公司和基金管理人也失去了投资者的信任，自然也无法从中获益。

下面再看看另一种情形：假如在C点买入，会出现什么情况呢？

当基金从A点上涨到B点，这段历史走势反映了基金管理人的投资能力。而基金从B点回调到C点，也属于市场和投资中的常态。当在C点进行基金销售推广时，买入的投资者数量可能会比B点降低不少。

不过，由于投资者进场的阶段正处于基金净值短期下跌的过程中，所以投资者一般不会有过高的预期要求。此后，随着市场回调到位并开始上涨，当投资者发现买入后基金的走势很好，超过了他原本的预期，此时投资者的信心会非常坚定，持有该基金的时间自然会更长。这种长期持有的方式，会使基金管理人和投资者双方都获利更多（见图4-3）。

即使投资者买入之后，基金的涨幅不大，或者稍有跌幅，由于基金投资者本身有着比较合理的收益预期，所以还是会继续持有，等待基金收益翻红。

总体上看，当基金历史收益高时，更容易募集，但投资者的持有时长会

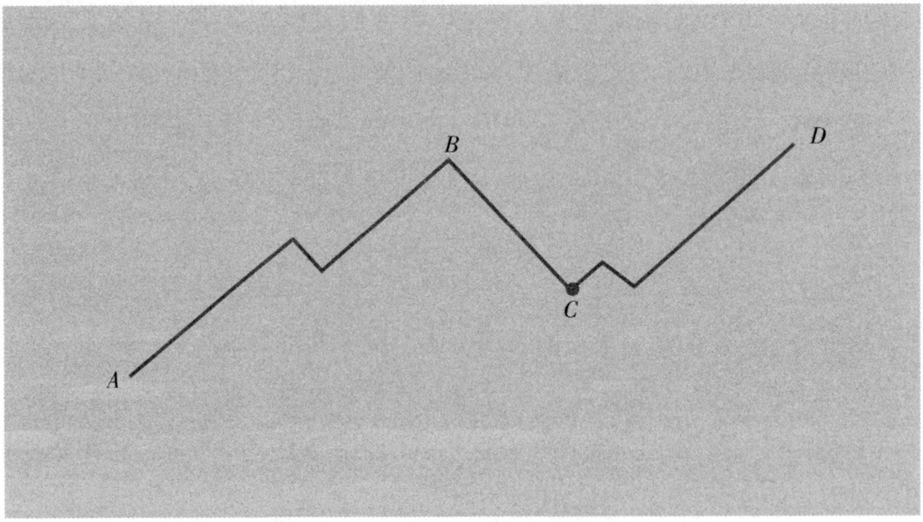

图4-3　基金净值走势图（2）

缩短，长久利益难以维持。而当基金净值回落时，募集比较困难，但投资者的持有时长会增加，双方长期都有更好的获益。

投资者在面对这两种不同的投资时点时，如何作出投资决策？想必你心里已经有了答案。

三、左侧交易vs右侧交易

在投资市场上，大部分散户有一个特点：追涨杀跌，就是喜欢在股票价格上涨的时候买入，在股票价格下跌的时候卖出。我做投资20年，不管是以前做技术面交易还是现在做基本面价值投资，都不会去追涨，而是会选择抄底。实际上，追涨和抄底反映出两种不一样的思维方式。追涨代表右侧交易策略，而抄底代表左侧交易策略，这两种投资策略对于投资时机的选择有着完全不一样的思维。

所谓左、右侧交易，就是以行情的拐点为轴，在拐点到来之前交易为左侧交易，在拐点到来之后交易为右侧交易，如图4-4所示。

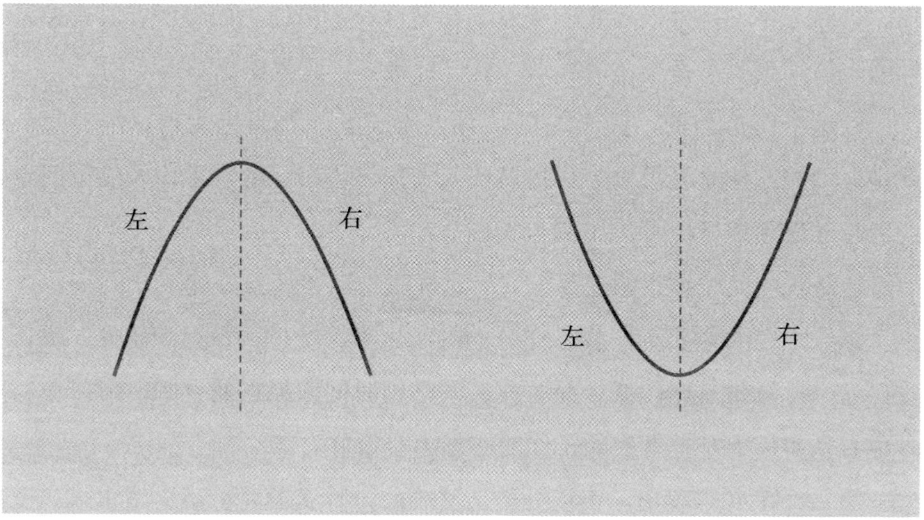

图4-4　左、右侧交易

下面用一个比较典型的走势图形来分析一下这两种投资思维的利弊。如图4-5所示，这种股票走势在整个股票市场上算是比较好的。因为列举不好的或者是没有代表性的图形说明不了问题，我们这里就找一个好一点的图

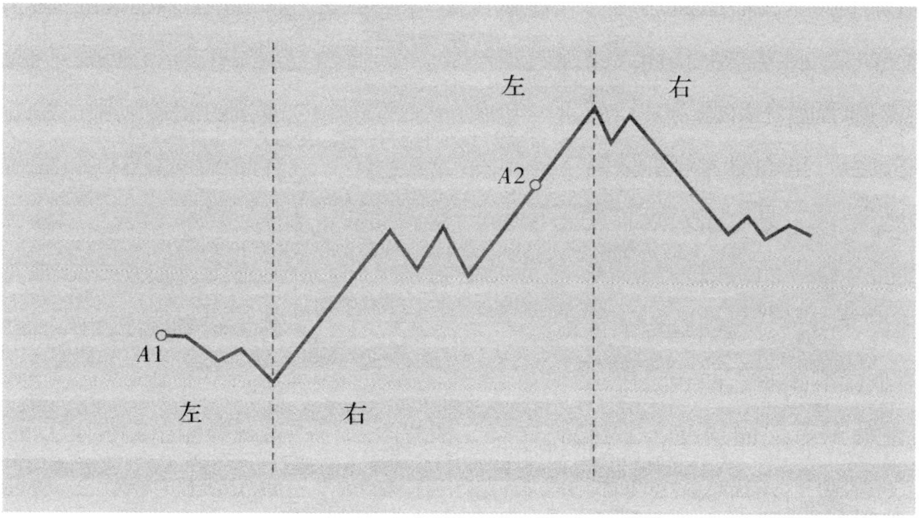

图4-5　左侧交易

形。当然，并不是说以后我们买股票都是这种走势的。如果所有股票都是这样的走势，只要不是买在最高点，就可以赚钱，这肯定是不现实的。

以这个图形为例，假设现在以A1点为买点，A2点为卖点。很显然，这就是典型的左侧交易思维。你提前买入布局，当市场涨到你比较满意的位置或者超过你预期目标时，在A2点卖出。

这是我们比较推崇的交易方式。这样做有以下两点好处。

第一，在A1点买入，你有充分的时间思考。经过一番思考研究，你认为它在这个位置价值比较低，此时你买入是用时间来换它的空间，所以在买入时你心里实际上是很有底的，你的心态也会很好。

第二，在A2点卖出，市场处于上涨阶段，你卖的时机不会跟市场产生冲突，因为市场整体在涨，所以这时候比较好卖。

再来看看右侧交易，如图4-6所示，假设在B1点买入，在B2点卖出，这就属于右侧交易思维。

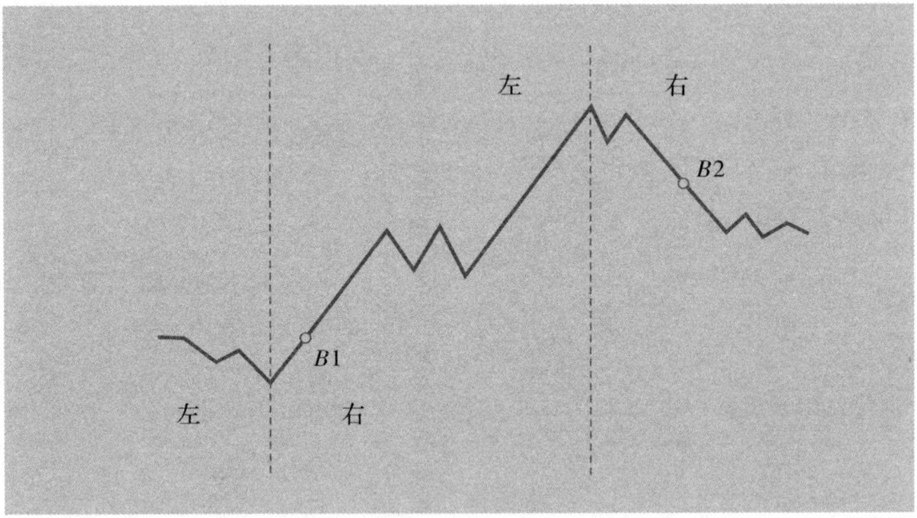

图4-6　右侧交易

在B1点，市场已经涨起来了，你看到市场涨了再买，实际上就已经被市场引导了。如果你在早期发现这个投资机会，你就应该在A1点买入，在B1点买入其实已经迟了。但在实际投资中，有很多投资者都是在B1点买入的，因为不涨的时候他就不想买。很多人都认为，来股票市场就是为了赚钱，没看到明显赚钱的机会肯定不会进场，所以B1点是大多数投资者喜欢买入的位置。

采用这种交易方式会出现一个问题：你看到它已经启动时才发现，被市场引导在B1点买入，但同时你又不知道它上涨的行情什么时候结束，在赚钱的时候你就一直想持有。结果到B2点时，你才能够确认上涨的趋势不存在了，这个时候你才选择卖掉。

可以发现，你在B1点买入时往往心态是不稳定的，因为这种投资机会都是临时发现的，而不是认真研究、权衡利弊之后得出的结果。相比于A1点，在B1点买入的投资者的心态会浮躁很多。

而且投资者在B2点卖出时的心态也不稳定。因为B2点已经从高点下跌了一段，这时候投资者在心理上会认为到高点这部分收益本来能赚却没赚到，那么他卖出的决心就会被削弱。很多投资者在这个时点会不甘心卖出，如果行情持续下跌，那么盈利会进一步回撤，甚至可能会导致严重亏损。

另外，在交易的时候还会遇到一个问题。当你在B1点买入时，市场处于上升趋势，市场在涨时你在买入，你与市场处于同个方向，这时资金量如果比较大，必定有一部分资金是追高买入的。

同样地，当你在B2点想卖掉时，市场正处于下跌趋势，市场上的资金在卖出，而你也在卖出，如果资金量比较大，那肯定要多付出一些交易成本才能顺利卖出。于是买入卖出的双向成本都增加了。

两种交易方式一对比，其中的利与弊很明显。相比之下，我推崇的是第一种交易方式，也就是左侧交易思维。你会如何选择呢？

其实全世界所有投资做得好的人，用的都是这种左侧交易的投资方式，比如美国的投资大师们。同样地，在国内，20年后你还能看到的那些投资者用的也都是用这种方式。我相信那些做实业的也是一样，他们之所以能够长期经营，其实都是因为有这种思维。

第三节　确定性

一、投资的大势

我们在社会上做事，大势很重要。你只有在一个正常发展或者趋势向好的行业里做事，才会有更多的机会。比如，20年前，有很多行业每年都有20%的增幅，在这种环境下做事，即使你的水平比别人差，可能也有10%的增幅。但是现在情况不一样了，很多行业可能每年就只有百分之几的增幅，甚至完全没有增长，这就意味着在很多行业你都要和别人抢饭碗，这样赚钱的难度就更高。

做投资，能不能把握大势也很重要。在投资市场上，没有什么事情是百分之百确定的。想要赚钱，你就得做大概率正确的事。要是看中了大势，你在大势当中就容易生存、容易获利；要是看错了大势，你可能再努力也不会有收获。就像芒格说的，你要打猎就应该选一个好的猎场，你要钓鱼就要找一个鱼多的池塘。

那么投资的大势要如何看呢？

我们投资股票，买卖的是股票价格。决定股票价格的无非是两个要素：一个是企业利润，另一个是市盈率。企业的每股收益是可以持续上涨的，只要企业的经营业绩越来越好，每股收益就会越来越高。而市盈率不会无限上涨，它会在区间内震荡，太高了未来可能会下降，太低了未来可能会上升。

所以判断股票的价格能不能涨，一是看它的利润明年是否上涨，后年是否上涨。不过这个很难预判。二是看它的市盈率的高低，这个是当下摆在眼前的数据，很容易看出来。如果市盈率处于低位，未来股价上涨的概率就比较大；如果市盈率处于高位，未来股价下跌的概率就比较大。

比如，你在2014年年中进入股市，市场整体的市盈率很低，这个时候即使你买的是盈利能力一般的企业，后面也会涨。但是如果你在2015年年中进入股市，市场整体的市盈率已经被炒得很高，那么这时候即使你买的是优质股，后面也会跌。

要把握投资的大势，关键要看市盈率。如果市盈率足够低，你在低位买入，那你就顺应了大势，未来涨上去的概率就很大。

这听起来很简单，但是很多投资者却很难做到。在实际投资中，很多人甚至是反着做的。最典型的就是多数普通投资者在牛市和熊市中的反应。

在大牛市的时候，很多股票价格疯涨。这时，你觉得股价继续涨上天是大概率事件还是小概率事件？拉长时间来看，继续大涨的概率可能不到1%。但是很多人却在牛市疯狂买入，做着小概率的事情。

反过来，看看大熊市，很多股票都被低估，未来上涨是大概率事件，可是大家却不敢买。在大熊市的时候敢于下重注，就是赌国家经济不崩溃、股市不崩溃，这是一个大概率事件。

成功的投资都应该是逆向的。投资大师芒格把投资比作打棒球，我们不需要每次都挥棒击球，而要在发现明显有利的投资机会并且有很大升值空间的时候下重注。敢于在下跌中找到确定的投资机会，这才是大智慧。

之所以有些人投资会严重亏损，是因为他们忽视了确定性，而去追求短期高额回报，看到哪只股票涨得好就去追，在股票价格远远超过内在价值时跟风去买。结果往往就是在高位买入，一旦出现暴跌，也许再也没有机会翻身了。

做投资，一定要用长远的眼光来看，仔细分析一些你看得懂的公司，分析它的价格和价值，学会用合适的价格买入好行业的好公司，这样才能避免严重亏损。

就像巴菲特的老师格雷厄姆，他的投资法则其实很简单，就是一句话：用40美分去买1美元的东西。你如果能够理解这种方式，用这种方式去做投资，就也可以在确定性中稳步前行。

二、宏观经济与投资之间的关系

很多人做不好股票投资，很重要的原因之一就是没有抓住核心，把过多的精力用于研究不相关的信息上。那么，想要抓住确定的投资机会，我们在研究投资标的时应该重点关注哪些方面？

在投资市场上，我们经常会听到很多人谈论宏观经济、政治格局，甚至根据经济预测来做投资。宏观经济、政治格局与股票投资之间到底有没有关系？如果有关，相关性有多大？需不需要花时间和精力去研究？

（一）宏观经济与金融投资的不同

不少人认为金融投资是经济的一部分，属于经济的一个研究领域。这种判断其实是不准确的，宏观经济和金融投资研究的内容本身就有很大的差别。

金融投资研究的是如何做投资的问题，主要探讨企业投融资、企业经营、投资组合这些实际内容，即投资者需要关注的内容。

而宏观经济研究的主要是国民经济、国民财富等国家治理层面的内容，针对的是大经济环境的整体目标，包括国民产出水平、充分就业、物价稳定等。作为普通老百姓，我们基本不会去关注这个层面的问题，这些问题主要是国家层面关注的问题。

其实经济理论并不能帮助我们做出投资决策。在宏观经济学领域，有许多不同的流派、不同的理论，例如古典经济学、凯恩斯主义等。这些流派众说纷纭，往往谁也说服不了其他流派，也无法实际验证自身理论的准确性。不难发现，很多经济学问题其实是没有标准答案的，所以我们很难根据经济学理论对问题作出精准的判断，更谈不上解决投资的问题。而且经济政策的制订和国家的政治格局有着直接的关系，每个国家的政治格局不同，经济政策自然也不同。

有人说："经济学家的预测就像前男友的承诺一样不牢靠。"之所以有这样的说法，其实主要就是因为经济预测往往是不明确的，就跟算命一样。算命先生对前来算命的人说："你今年有一劫。"而这个人前几天不小心摔了一跤，这算一劫吗？最近他还得了一场大病，这算一劫吗？这种模棱两可、不严谨的话语其实是很不明确的。而且经济预期的周期往往很长，短期内无法核实、无法证明，更无法量化，需要很长的时间才能验证它是否准确。另外，经济的走势和股票价格的走势也是不同步的。如果你预测明年经济向好，可能今年就会买入股票。股票价格的走势是要先行于经济表现的。

对于经济预测，股神巴菲特是这样评价的："经济预测本身是娱乐大众的东西，就像综艺节目一样，不要过分地看重，这种东西很容易干扰投资者，让投资者迷失方向。"他曾表示："我和芒格从不依据经济预测做投资决定。"

（二）"说"与"做"的不同

为什么我们没办法根据经济预测做出投资决策呢？因为经济预测与金融投资有着本质的不同，这种差别类似于"说"与"做"的差别。比如，对于同一件事，有些人虽然说得很好，但很难做好。为什么他们能说却不能做呢？

实际上，在"说"和"做"的过程中，我们追求的目标是不一样的。当我们“说”的时候，追求的效果是让别人听起来感觉不错。如果说的事情能够形成一个逻辑闭环，就会很吸引人。但是我们“说”的这个逻辑闭环不需要完全精确，即使有很多逻辑只是勉强搭边，很多人也听不出来。

而“做”一件事情却不一样，我们需要把内心的想法落实到现实中，做的时候容不得一丝瑕疵。如果按照不合理的逻辑去做，最后这些不合理的地方会让我们付出相应的代价。我们很难把“说”的逻辑闭环真正做出来，因为现实中会有很多不确定的问题，我们不可能把整件事情的每一个细节都想得很清楚，而且外部环境也在不断变化，在做的过程中会不断出现很多问题，这些问题都需要一个个去处理。当所有问题全部解决之后，我们才能实现之前的想法。

简单来讲，说的时候越明确越让人感觉有信服力，而做的时候面临很大的变数，所以很难完全明确所有的问题之后再执行到底。怎样才能做得好？最好是先明确方向，然后按照这个方向走下去，逢山开路，遇水架桥，见机行事去处理在这条道路上遇到的种种问题。

笔者一直提倡一种做事的逻辑：做任何事情之前都要先确定一个思路，这是做事之前的想法。有了想法之后不要急着去落实，这时你可以先站在这个想好的思路的对立面，不断寻找这个想法的各种问题，再一个个去解决。解决完这些问题之后，如果你觉得这个思路还能继续执行，再开始实践，明确下一步的行动。这种方式可以减少你在做的过程中产生的心理障碍和面临的问题。

正是因为“说”和“做”之间存在这么大的差别，所以在股票投资中，我们经常会发现一些人虽然讲起股票头头是道，但实际投资却做得一塌糊涂。

投资是一种概率事件，想要在投资中长期获益，最重要的就是能够解决概率事件发生以后出现的问题。例如，你买入一只股票，它一个月涨30%时应该怎么办？一年涨30%时应该怎么办？涨50%呢？涨80%呢？如果下跌10%该怎么办？下跌30%呢？下跌50%呢？在实际投资中，不同情况的解决方法是不一样的。

而经济预测就不需要这么清晰了，只需要给出一个长远的、大方向的预测。这就是投资中“说”和“做”的差别，说的都是宏观的，而做的都是微观的。在实际投资中，想要长期获益必须从微观层面出发去做事情、解决问题。在宏观层面上，你的看法是对还是错并不重要，最重要的是能够在微观层面解决问题。

一定要区分“说”和“做”的区别，区分经济预测和实际投资的区别。当你在现实中听到一些说法时，要辨别这些说法的可行性，减少亏损，提高投资的胜算。其实，人的能力就是解决问题的能力。在投资中，妥善解决问题才是关键。

（三）做股票投资，要研究什么？

虽然宏观经济与金融投资之间存在本质的区别，但是，它们之间确实有一定的相关性。在股票投资中，要不要花费时间精力去研究一些问题呢？

我们做股票投资，买的是个股。个股所在行业的发展情况会对个股有所影响，国家的整体经济形势会对行业有所影响，政治格局会对经济有所影响。虽然从行业到经济形势再到政治格局，都与个股有一定的相关性，但越往上的要素与个股的相关性越低。

下面以宏观经济为例来分析这种相关性。宏观经济指的是整个国民经济的经济活动和运行状态，包含着经济的各个方面。如果用股市和宏观经济对标，可能只有GDP增速勉强与股市涨跌有点关系。之所以这么说，是因为GDP代表的是国内生产总值，包含政府、企业、个人三个层面。企业只是其中的一个层面，而上市公司只是所有企业中的一部分，二者不能对等。另外，上市公司股价增长靠的是企业自身的利润，GDP与企业利润有相关性，但不是完全对等的关系。

如图4-7所示，GDP的增速从之前的每年10%到近些年的6%，每年都是在这个范围内。而股市好的时候一年能涨一倍多，差的时候可以跌50%以上，正常每年涨跌在10%～30%之间。

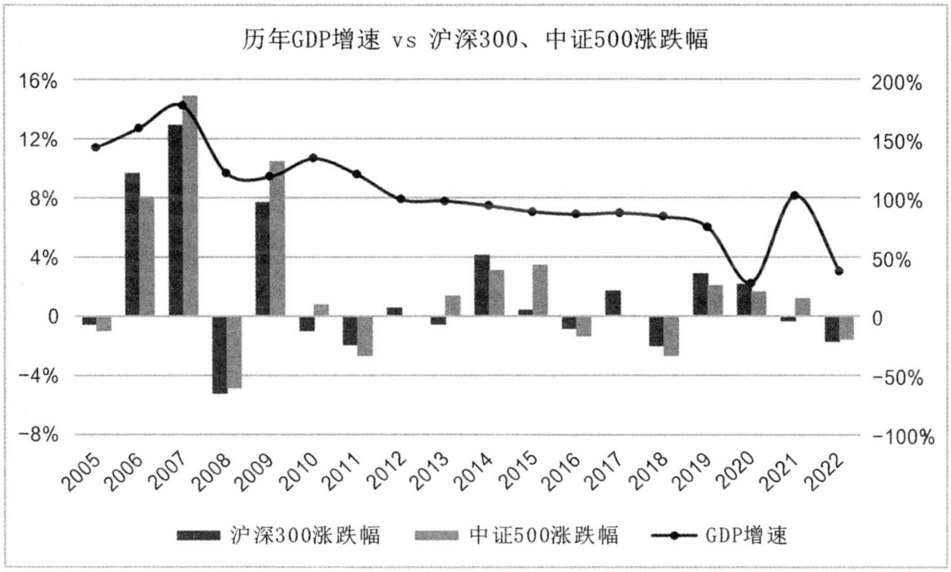

图4-7　GDP增速与股市涨跌情况的比较

从图4-7中可以发现，宏观经济与个股的相关性并不高。而政治格局对经济形势有一定的影响，从而对行业也会产生一定的影响，但与个股的相关性很低。

比如，你买入一只股票，股票未来的走势与企业的相关性是100%。而企业与所在行业的相关性可能是70%，与宏观经济的相关性可能只有30%，与政治格局的相关性可能只有10%，如图4-8所示。

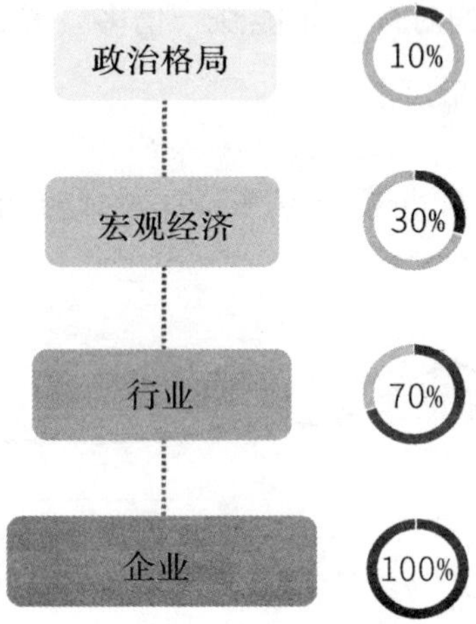

图4-8　企业、行业、宏观经济、政治格局与个股的相关性

我们在投资时，应该把绝大部分的精力都放在研究交易标的上，而不应该耗费在关注国际政治形势和国家的宏观经济形势上。

一方面，你的能力是有限的。想想看，全国真正懂得政治规则和经济规则的人有几个？实际上，普通人根本就看不懂宏观经济。我们关注宏观经济形势，其实就跟不懂足球的人看足球一样。有些人既不了解什么是越位，也不清楚罚球区在哪里，连最基本的足球规则都不懂，但是在看世界杯时也会去点评别人的球技，说“这小子踢得真差”。研究经济、政治的难度远远大于研究一只股票的难度。把心思放在那些自己没有能力判断的问题上，本身就是不合理的。

另一方面，你的精力是有限的，我们做投资算的是经济账，算的是风险收益比，要做的应该是衡量付出多少时间成本能够换来多少有用的信息。花费时间精力去关注整体的经济形势、政治问题，抛开能不能分析明白的问题，你用同样的时间去分析难度很大，但与投资标的相关性只有10%～30%的事情，收获肯定是很少的。

这就好比你找对象，对方是你要找的人，你就应该把精力都放在他身上。如果你考虑家庭背景，也算有一些相关性，就像你看个股时考虑它所在的行业，还是合理的。但是如果你去考虑他祖上的问题，这就不太合理了。你找的是这个人，而他祖上无论是富商还是贫农，是慈善家还是盗窃犯，和他本人的相关性都是非常小的。

世界上投资收益率最高的两位投资大师——彼得·林奇、巴菲特也都认为，研究宏观经济只是浪费时间。

彼得·林奇说："如果你花十分钟研究宏观经济，那你就浪费了十分钟。"

巴菲特说："关于宏观经济形势或者倾听他人有关宏观经济或市场走向的预测，都是在浪费时间。这样做还会很危险，因为他可能会模糊你的双眼，你反而看不清正在发生的事情。"

就连投资大师们都没有把握对宏观经济进行确定的分析，更何况是我们普通人？分析经济问题和政治问题，在投资中是一件性价比不高的事情，也是一件不合理的事情。

像巴菲特、彼得·林奇这些投资大师，他们的日常工作就是了解企业、拜访上市公司和看公司的财务报告，了解同行业公司的情况。他们没有花时间在技术图形上，也没有花时间关注宏观经济。其实我们做投资，买的是个股，就应该围绕着个股这个点去充分了解，而针对个股和相关行业以外的探讨都是在浪费时间。

我们不应该研究那些宏观方向的问题，而应该把心思都放在更微观的因素上。什么是更微观的因素？就是决定企业利润的产品。这些给企业带来最直接影响的产品才是我们最应该关心的，包括产品的竞争力、技术能力、发展潜力等。

巴菲特买可口可乐、吉列、华盛顿邮报的股票，一旦买入就持有几十年。在这几十年内，宏观经济、政治格局的变动很大，但他一直持有股票。因为他关注的始终是这个企业的产品，企业产品的增长才是他持有股票的核心要素，才能给他带来收益。段永平投资网易获得了近百倍的利润，他看的也是网易游戏这个板块强大的能力。

既然研究宏观经济对股票投资没有多大的作用，为什么还有很多人喜欢谈论宏观经济呢？从心理学的角度来看，有些人谈论宏观经济是因为他们想表达想法，但又不能精确地给出一项明确的理由，于是就讲一些笼统的、短期内无法核实的事情，来满足自己当下的表达欲望。如果你身边有人很喜欢谈论宏观经济，下次你不妨让他讲一些微观的、可以尽快证实的观点，看看他说得如何。

三、巴菲特说“你懂的生意不会超过六个”

在投资领域，经常有人说：“鸡蛋不要放在一个篮子里。”实际上，这句话的原话是“不要把所有鸡蛋放在一个篮子里，但也不要放在太多的篮子里”，这是1981年诺贝尔经济学奖得主詹姆士·托宾的经典言论。

从表面上看，把鸡蛋放在不同的篮子里可以分散投资风险。但是实际上，将鸡蛋集中放在我们能看好的少数篮子里，才能更好地控制投资风险。在投资市场上，好公司并不多，而且一个人的能力和精力有限，关注的股票多了，反而不能深入研究。所以投资还是要集中在少数有把握的好公司，把鸡蛋集中放在一个篮子里，并且小心看好这个篮子。说到底，我们在投资中应该首先追求确定性。

对于普通投资者来说，买3～5只股票是比较合理的。如果你只买一只股票，情绪随着行情的起伏会变化比较大，在大赚的时候会信心膨胀，在大亏的时候会心态低落。无论膨胀还是低落的心态，对于投资者都不是好事。如果你买10只股票，就太分散了。一方面，持股太分散，每只股票的波动产生的盈亏比较小，你不会太在意，所以心力不够集中。另一方面，一个普通投资者很难同时把10只股票都研究清楚。

将股票数量控制在3～5只主要有两个好处：第一，盈亏的波动幅度相对比较平均，可以减缓投资心态的大起大落；第二，这个数量不会太多，你的心力可以兼顾。而且这种方法成型后，你可以一直用，即使你现在的资金量只有10万元，以后变成了100万元、1000万元也不影响。找到一劳永逸的好方法在投资中实在太重要了。因此，投资者选择3～5只股票进行组合投资是比较合适的方式。

投资大师巴菲特也很擅长集中投资，他说他认识的那些成功的投资者都是集中投资。那么具体要如何做好集中投资呢？巴菲特曾说过："一个人真正能看懂的生意最多不会超过六个，你不可能在第七个生意上赚到钱。如果是我，我只会选三个我最看好的生意。"

想想看，巴菲特现在已经90多岁了，做投资的时间长达六七十年，同时还是世界上最牛的投资大师。无论投资经验还是天资，或其他很多条件，巴菲特都是这个世界上凤毛麟角般的存在。即便如此，他认为自己能够了解的行业最多只有六个，而且只会选择其中最熟悉的三个行业。巴菲特的经验足以证明，想要充分了解一个行业是一件非常难的事情。

可是，大部分普通投资者平时做投资时买的股票都不止6种行业。这就说明一个问题：很多人对自己买的股票根本就不熟悉。

这个星球上最牛的投资大师已经有六七十年的投资经验，他也依然认为一个人能看懂的行业不超过六种，而自己重点投资的只有三种。对于普通投资者来说，天资不如他，资金量不如他，能力不如他，更应该缩小投资范围，甚至只把一个行业了解透彻，只投资一个行业，追求确定的投资机会。在操作层面也是一样的，把一种方法研究透彻，用好一个方法，这可能是广大普通投资者最优的路径。

对一个行业掌握到什么程度，才能算真正了解呢？下面以汽车行业为例来说明一下这个问题。需要先声明一点，我不是专门研究这个行业的，只是对汽车比较感兴趣，关注得多一些。这里所写的未必是汽车行业的真实逻辑，只是从行业、企业的角度来说说其中的一些要素。

首先，汽车制造业属于弱周期性行业，它受经济变化的影响比较直接，政府在消费政策上的刺激会使汽车销量出现增长。

其次，汽车的技术会不断升级迭代。汽车销量如何、能不能长期得到消费者认可，与企业持续的研发投入是分不开的。从2020年的研发费用情况来看，上汽集团投入134亿元（在所有A股公司中排名第8），比亚迪投入75亿元（在所有A股公司中排名第17），长安汽车投入32亿元，长城汽车投入31亿元，广汽集团投入9亿元。

和其他类型的企业相比是什么情况呢？A股的“股王”贵州茅台2020年的研发费用只有0.5亿元，五粮液1.3亿元，山西汾酒0.17亿元，这些和汽车企业相比几乎可以忽略不计，但这些酒企的净利润都比车企更高。再看证券、保险、银行这些金融企业，研发费用都是0，根本不需要研发投入。

另外，看看上面列举的几个汽车公司，上汽、长安、广汽早期就和大众、丰田、本田、通用、福特等企业合作成立合资品牌，而比亚迪和长城都是自主品牌。相比之下，合资企业的品牌优势更强一些。

自主品牌想要提高市场份额，不仅要加大研发投入，而且对企业的管理能力要求也更高。这就需要企业领导人有较强的能力。那么，比亚迪、长城汽车的领导人和贵州茅台、五粮液的领导人比起来，你觉得谁更重要呢？会不会觉得贵州茅台、五粮液的领导人不需要像比亚迪、长城汽车的领导人那么强？

最后再说车型定位方面，合资车主要看合作的外资企业如何定位。而自主品牌往往都会打造自己的风格，比如比亚迪的重点是新能源，长城汽车的重点是SUV。

从消费者的角度来看，如果你在街上看到比亚迪的主打车型“汉”，你觉得外观很漂亮，价格、性能等各个方面都比较合适，打算买一辆。但考虑到纯电版只能跑550～600公里，而你经常出远门，怕路上充电不方便，最后决定买续航800公里的油电混合版（2021年数据）。可能你开回去后会觉得好像哪里不对，仔细一看发现，你在街上看到的那个漂亮的封闭式前脸没有了，下面多了个网状的进气格栅。

没错，因为你买的是油电混合版，燃油车的工作原理就是需要空气进入气缸后点火燃烧产生动能，而纯电车不需要进气，所以外观设计不一样。你看，了解得不够清楚，看到的和买回来的可能会不一样。

上面列举的这些要素，只是汽车行业的冰山一角。要真正了解清楚一个行业，需要关注的内容有很多。普通人没有能力去了解那么多，能够针对两三个行业深入研究就已经很不错了。

如果你什么行业都不懂，想找一个行业入手，我建议你选择消费行业。原因有三个：第一，在整个市场上，消费行业的长期涨幅是靠前的；第二，消费行业随处可见，你在日常生活中经常接触到，比如酒、家电、食品等，对于这种比较熟悉的行业你会有更深刻的体会，研究起来会容易很多；第三，大众化的消费品有一个优势，当用户习惯了一种商品之后，它的品牌会在不知不觉中植入用户的心里，让用户一直牢记，这个优势是其他很多行业都比不了的。

可能有些人会有疑问，只了解两三个行业，如果这两三个行业没有机会，该做什么？我建议可以考虑整体市场。如果你觉得自己关注的行业没有机会，但整体市场有机会，可以买入指数基金来代替。如果你觉得都没有机会，那就不做。

很多人开始买股票后，账户里面几乎很少有空仓的时候。大多数人要么是因为害怕失去机会而买入，要么是被套了不忍心止损离场。如果因此而持仓，进行的交易多数只是为了满足或者解决自己的心理需求，并不是为了追求盈利。正确的投资应该是发现该做什么、不该做什么，然后做出正确合理的选择。

一、买卖一致性原则：因为什么买，就因为什么卖

（一）因为什么买，就因为什么卖

在投资市场上，很多投资者常常不知道一笔交易为什么能盈利，为什么会亏损，买卖的时候没有清晰的理由，或者是买卖的理由不一致。有些人在投资中，无法在该止损的时候果断止损，结果越套越深；而股票稍有盈利时，又常常忍不住赚了一点就卖出，无法坚定持有能赚钱的好股票。

实际上，这些投资者之所以会遇到这些问题，主要是因为没有遵循买卖一致性原则。所谓买卖一致性原则，简单来说就是“因为什么买，就因为什么卖”。在投资中，每一个举动都要有对应的理由，因为什么原因买入，就要因为同样的理由卖出，这样才能清晰地评估产出的结果。

比如，你认为某只股票跌得多了，因为它被低估而买入。过了一段时间之后，它的股价开始上涨，低估的理由已经不存在了。但是此时，你又发现这只股票的业绩开始变好了，可以持有，从而随着企业利润增长获得更多的投资收益。此时你买入的理由已经发生了变化，严格来说，这是两笔理由不一样的交易。按照我的习惯，此时我会选择先卖出原先因低估这个理由买入的股票，然后根据业绩变化因素重新买入这只股票。

这样做就完全遵循了买卖一致性原则，在心理上严格分割每笔交易，才能够更清晰地认识到自己在做什么，保持清醒，从而避免产生不理性、不清晰的想法。

可能有些人会认为，反正都是同一个标的，既然打算继续持有，那留着就好了。但在实际投资中，你在持有这一股票的过程中会有很多新的想法，当你持有的理由是两个不同的原因时，思路也会随之而变得没那么清晰，最后什么时候应该卖出、因为什么卖出就没有一个明确的、对应的原则。即使赚了钱也不知道因为什么赚的，亏了钱也不知道因为什么亏的。

只有真正做到因为什么买入，就因为什么卖出，才能清晰地判断什么情况下应该卖出，什么情况下应该坚定持有，这样你才能清晰地知道自己在做什么，最后赚到你能力范围内的钱。

（二）浮亏巨大，要不要止损?

当投资产生较大浮亏的时候，很多人就感到苦恼，到底应该痛快点止损还是要继续扛。如果你在买入之后能够坚持买卖一致性原则，这个问题就很好解决。

你是因为什么买入，那就因为什么卖出，买卖的理由要一致。如果你买入的理由不存在了，你就应该卖出。如果你买入的理由确定还存在，你就应该继续扛。

假如你做技术面交易，你认为一只股票的形态好看，决定买入。当它的形态不好看，买入的理由已经不存在时，你就应该卖出。

假如你做价值投资，你认为某个股票的基本面不错，估值很低，你因为这个理由买入。后来企业的基本面发生变化，你买入的理由就不存在了。这时候就算这笔投资出现浮亏，你也应该果断卖出。如果一笔投资产生巨大的浮亏，但是你买入的理由还存在，股票的基本面没有变化，估值也很低，你就应该继续持有。当股票涨起来，估值不再便宜时，你买入的理由就不存在了，这时才应该卖出。

当然，在投资的过程中，也有可能出现其他情况，有一些外界因素是你无法把控的。所以不要在单一股票上满仓，要给自己的错误留一些回旋的余地。

（三）基本面不错，为什么就是不涨？

在做基本面价值投资时，很多人常常会遇到这种情况：一只股票的基本面明明不错，但是它的股价就是一直不涨。遇到这种情况时，我们该如何应对呢？

一般来说，出现这种情况是因为还没有资金入场。如果市场上没有增量资金，原有的资金都集中在原本大家看好的板块上，有些股票就得不到资金。这时即使它的基本面不错，股价也有可能不涨。

如果遇到这种情况，只要你买入的理由没有发生变化，你要做的就是耐心等待，坚定持有。只要股票的基本面确实是好的，股价确实被低估，股价迟早会上涨。

不过在现实中，有很多人做不到这一点。一些人看到自己买入的股票基本面很好，却怎么都不涨，再看看别人买的垃圾股却涨势很好，就会担心错过赚钱的机会，于是把手里的股票卖了，去追那些已经涨起来的股票。他们买入那些已经涨了很多的股票之后，很可能发现这些股票又不涨了。过了一段时间，他们原本看好却迟迟不涨的股票反而涨了起来。因为没有坚持自己最初的想法，没有坚持“因为什么买，就因为什么卖”的原则，最后白白错过了本来可以抓住的机会。如果没有意识到这个问题，这样循环几次，可能就错过牛市了。

（四）当市场悲观时，如何保持理性投资？

每当市场持续下跌时，很多投资者就会变得很悲观。比如2022年，市场到处弥漫着悲观的情绪。逆向投资大师邓普顿说过：牛市在悲观中诞生，在怀疑中成长，在乐观中成熟，在兴奋中死亡。最悲观的时刻正是买进的最佳时机，最乐观的时刻正是卖出的最佳时机。

市场悲观时，我们一定要稳定情绪，用更理性的态度看待投资。

市场是不是理性的？短期有可能是非理性的。因为受到外界的干扰，政治、宏观经济的预期等各种影响，投资者可能会产生某种心理倾向，造成市场非理性的波动。但是长期来看，市场是理性的，公司持续的收益一定会反映在股票价格上。回顾中国股市过去二三十年的历史可以发现，贵州茅台、格力、伊利、东方财富等这些涨幅大的股票，没有一家企业的收益不是持续增长的。因此，市场短期可能是非理性的，长期一定是理性的。

对于非理性的波动，我们无法掌握，应理性地评判股票，利用市场的非理性寻找投资机会，坚持“因为什么买，就因为什么卖”的原则。在投资之前就充分考虑各个因素，有明确的买入和卖出理由。

做投资，我们应该接受市场有时是非理性的这个现实，甚至可以利用市场的这个特性赚取一些超额收益。比如，当市场因过度恐慌而波动时，我们可以在股票价格低于价值时买入。而当市场因过度兴奋而出现泡沫时，我们就要在股票价格远超价值时卖出，这样不仅赚到了投资的钱，还赚到了投机的钱。

比如，一个做基本面价值投资的人，他看到现在有一只股票跌到10元，觉得应该买入，可以持有到股价30元。当股票的价格跌到10元的时候，因为在技术力量上股票的下跌趋势很猛，所以他决定先等一等。之后股价快速下跌到8元，他在8元的位置买入。以投资的眼光来看，10元就是值得买入的价格了，不过因为跌得比较猛，等跌到8元时他才买入。那么从10元跌到8元，就带有投机的成分。

后来，股票价格涨到30元，但是市场行情很好，上涨的力量还很强，所以他决定继续持有，最后等到股票涨到40元才卖出。

原本他投资的预期目标是10元买入，30元卖出，赚2倍。不过因为抓住了投机的机会，他在8元的时候买入，40元的时候才卖出，最后赚了4倍，其中2倍是投资赚的钱，2倍是投机赚的钱，这部分投机的获利就是市场非理性波动带来的额外收益。

二、基本面、消息面、技术面，重点看哪个？

很多人在投资的时候，总是想要学习所有的招式、所有的方法，掌握各种信息，做到基本面、消息面、技术面全覆盖，可最后不仅没赚到钱，还耗费了大量的时间和精力。其实我们做投资，不需要掌握所有的信息、所有的招式，你只需要明确一种投资方式，然后关注最重要的点就够了。

如果你是炒股，就看技术面和消息面，不用看基本面。炒股看中的无非是短短几天里的股价快速波动，基本面根本决定不了短期的股价波动，或者说关注基本面也没有用。

如果你是做价值投资，就要以基本面为核心，有一点技术面作为辅助更好，但不看技术面也不会有太大的影响，也不需要关注消息面，最好能做到完全忽略。其实消息都是临时性的，市场上每天有各种乱七八糟的消息，如果都关注，只会给你带来很多干扰。很多消息跟企业经营是没有任何关系的，多数时候只是短暂地影响了股价几天内的走势，你根本就不需要针对这些消息采取什么措施。

另外，你得到的大部分消息都被媒体加工处理过。媒体追求的是流量，会重点考虑信息的传播性，在推送消息时会想方设法加入一些能够带来流量的要素，这就导致很多信息都被夸大了。

我们真正需要重视的是实质性事件对企业造成了比较大的影响，会给行情带来大转折，这时可能就需要采取一些措施。实际上，当你对一家企业进行了足够深入的研究，你自然知道什么信息应该重视，什么信息应该屏蔽。

三、投资应不应该关注庄家和主力？

在投资市场上，我们经常看到有些人喜欢分析庄家、主力。他们觉得只要自己能看懂，跟着主力操作就能赚钱。我可以很肯定地告诉你，这条路是行不通的。严格来说，你根本不应该去关注这些庄家、主力，这些信息对你的投资只是一种干扰。

你想想，庄家赚的是什么钱？做交易，赚到的钱无非是两种：一种是企业利润增长带来股价上涨的钱，另一种是零和博弈的钱。企业未来的利润如何，往往需要几年时间才能逐步兑现，最终才反映在股价上。这种钱赚得太慢了，肯定不是庄家想要的。庄家想赚的是第二种钱——零和博弈的钱。

那么庄家是如何赚到这种钱的呢？他们主要是通过题材炒作等方式吸引散户进来，操控散户，庄家买的时候要散户卖，庄家卖的时候要散户买，最后不知不觉地把散户的钱赚到自己口袋里。想想看，你拿小资金、庄家拿大资金，你想的是跟着他赚钱，而他的目的是操控你。你们之间如果出现一个操控者，你认为这个操控者是你还是他？在散户和庄家的博弈中，受伤害的大概率是散户。

有些人总觉得自己跟其他散户不一样。如果你确实有足够的优势，那也有获利的可能。但是这种钱真的那么好赚吗？散户和庄家玩零和博弈的游戏，散户明显处于劣势，何必把精力花费在这种赢面较小的事情上呢？

我认为，交易股票时过多关注庄家是很不合理的。主力资金有没有参与到个股中呢？我相信是有的，但即使主力资金在里面，你知道他会怎样操作吗？他的目标收益是多少？时间跨度是多长？他同时是几只股票的主力？在计划的周期内有多少外界的干扰？如果计划不能正常进行，他会采取什么解决方案？……这些问题，你能判断出来吗？

实际上，不管你想赚企业价值增长的钱，还是想赚零和博弈的钱，都没有问题。但是你不应该过多地去关注庄家、主力，而应按照自己的框架坚定执行。如果你是短线炒作，那就看你关注的股票的波动情况，制订好自己的方案，出现你计划的形态就入场，不出现就等待。如果你做的是价值投资，那就找到你认为合理的估值，认为估值低就买入，估值高就卖出。

对于投资者来说，庄家、主力这些都是干扰因素，过多关注这些因素只会影响原定的方法和计划，因此，最好排除掉这些干扰因素。

那么我们怎样才能避开庄家操控的股票呢？要看一只股票是不是容易被操控，可以重点看它的市值和业绩。容易被操控的股票往往都是那些市值小、业绩不稳定的公司的。业绩一年好、一年差，或者两年好、一年差的股票往往适合“讲故事”。而且它的业绩差、不稳定，平时不会有什么大资金关注，所以适合被操控。反过来，那些业绩比较稳定的，或者业绩能够持续增长的公司几乎不会被操控。这些股票往往会有很多长期资金在里面，包括各路基金。如果庄家去炒作这类股票，一旦拉升幅度太大，里面的大资金可能会出来，庄家就等于给别人“抬轿”了。一般来说，庄家不会去炒作这种股票。

因此，在选股的时候，尽量不要考虑市值太小的公司，首选业绩情况稳定的。这样可以帮你回避掉八成以上被操控的股票。

有些人可能会觉得，买这种有庄家操纵的股票才能快点赚钱，我劝你们放弃这种想法。因为这种被操控的个股在被操控之前，它的价格一般已经远超过股票的价值。庄家一炒作，它的股价就会拉得更高，这时可能已经比真实价值高了好几倍。比如一只股票每股只值10元，结果被炒到40元，它的价格就比价值高了3倍。像这种在高位的股票本身业绩不增长，可能再过几十年，它都未必有这个价值，一旦追高买入，也许永远都没有机会回本，所以一定要回避。

做人也好，做投资也好，都应该做好自己的事情。外界的干扰太多，我们不应该理会那么多。在投资中，看庄家、主力其实就是在看外界。如果你总是看外界，就很容易迷失。一只股票有很多相关的信息，既有正面的，也有负面的。你应该抓住你认为最核心的、关键的点，如果认为是正面的就买入持有，如果认为是负面的就果断放弃。

就像在社会上生存，你应该知道自己的角色。对于应该做好什么事，就按照你的逻辑、你的方案坚定地去做事，不应该因为外界的看法而改变自己的做法，因为不管你做什么，外界总会有人说你好或者说你不好。

如果你在做事时过于关注外界，可能什么事都没办法做好，这样，你也创造不了什么价值。国内有一位知名投资人曾提出过一个关于投机和投资的观点，他说："那些做短期投机的，最后会被计算机打败，那些计算机运用能力强的相互竞争，产品设备也就必然非常昂贵，结果这些做设备的赚了大钱。最终，价值投资者投资了这些生产设备的企业。"

第五节 方法和结果

一、为什么总有人质疑巴菲特的水平？

在投资市场上，我们经常听到一些普通投资者质疑巴菲特的声音。每隔一段时间，就总会有人跳出来说："巴菲特是不是不行了？"除了巴菲特，其他一些在市场上名气比较大的专业投资者也常常遭到这种质疑。

要知道，巴菲特的年化收益率可是常年保持在20%以上，注意这不是三五年的投资成绩，而是在长达六七十年的投资生涯里的收益水平。目前，全世界只有巴菲特能够达到这种水平。即便如此，巴菲特也常常遭受散户们的质疑。实际上，其中有很多人甚至没有找到正确的投资方法，但是他们却敢嘲笑长期业绩优秀的专业投资者。反观对弈这个领域，我们往往很少看到业余选手质疑专业选手的水平，这是为什么呢？

分析一下投资和对弈的差别，也许你就能够理解了。

两个人比棋艺，可能棋艺差的和高手下100盘棋也赢不了1盘。可是投资却不一样，即使一个人水平低，有时候也可以暂时胜过高手。之所以会产生这种区别，主要是因为投资和下棋有着明显的差异。

下棋是两个人的对弈，而做投资的两方并不是对立关系，每个人交易的对象都是市场这个第三方，两者的对手不同。市场并不是一个意识常态化的事物，当市场和个股处于非常态的、完全不理性的状态时，合理的方法就会失效。这时那些方法不对或者根本没有方法的人可能就会暂时超过方法好的人。你交易的对手可能是高手，也可能是菜鸟。高手有时候也会赚得少，菜鸟有时候也能蒙中。即使你有很好的方法，在市场上也不会时时刻刻都奏效。当然，一个好方法长期来看一定会奏效。

对弈时，你随便走几步棋，高手就知道你的水平了；投资也一样，看到你的几笔交易，高手就知道你的投资水平了。那么投资高手是如何通过几笔交易看出你的投资水平的呢？主要就是看你交易的点位符不符合逻辑。

有人想，打扑克牌也是竞技，为什么水平高的人不会像功夫高手、下棋高手那样百分之百赢呢？这是因为起点存在差异，这也是投资与比武、下棋的第二点不同。

比武的两个人都是四肢健全的，下棋双方的棋子也是同样的，也就是说，双方开局的起点是一样的，很容易就能衡量出双方能力的差距。而打麻将、斗地主，每一局开始的时候，大家手中的牌是不同的，其中就有很大的运气成分。只玩一两局的时候，运气成分就显得很重要，运气好的人可能会战胜水平高的人。不过如果长期玩下去，大家的运气几乎相同，最后整体获胜的一定是水平高的那个人。

我们做投资，虽然面对着同样的市场，但是大家的起点其实是不一样的。市场上有四千多只股票可以选择，可能一个人打开电视看到医药类资讯，另一个人打开网站看到了军工行业的信息，你身边的朋友最近关注半导体……每个人接触的不同信息，也影响着他们的投资决策，这就使得每个人的起点有所不同，短期之内的运气成分也很大。

总体来看，无论是比武还是下棋，双方开局时的起点是相同的，看的完全是实力。因此，我们可以很清晰地感受到双方能力的差距，没有一个普通人认为自己能打得过泰森，也不会认为自己下象棋能赢过许银川。

而打牌的起点不同，在牌局开始时就已经带有一定的运气成分。如果你和世界第一、第二的斗地主高手打一局牌，你也是有获胜的机会的，只要你拿到的牌足够好，任他们水平再高也没用。因为短期的运气成分很大，所以技术的差距就没有那么明显。只要拿到的牌足够好，即使打错牌也有可能赢，随机性很强。这就导致很多人不知道自己的真实水平，可能需要很多次较量才能知道自己的水平高低。

每个人的投资起点不同，与打牌比较相近，短期靠运气获利的可能性很大，会有随机奖励错误行为的机制，但是长期还是取决于实力。

除了投资起点不同，投资对手也不同。不管是比武、下棋，还是打麻将、斗地主，都是人与人之间的竞技。而做投资时，我们交易的对象是市场。市场有多种形式，比如快速上涨的大牛市、缓慢上涨的慢牛市、上涨几个月又下跌几个月的震荡市、缓慢下跌的慢熊市、快速下跌的大熊市，投资者可以在不同的时机中交易。因为不同时机的形式不同，所以投资者面临的对手也不相同，投资方法的有效性也不一样。也许你的投资方法可以应对反复上涨和下跌的震荡市，却不能抓住快速上涨的大牛市；也许你的投资方法在快速上涨的大牛市表现很好，但是在快速下跌的大熊市会面临巨大的风险。

前文讲过，市场有时候是无效市场，有时候是有效市场。在无效市场中，好方法可能会失效，那么高手的能力就体现不出来，此时运气更加重要。因此，在无效市场中，水平差的人暂时凭借好运气超越水平高的人也很正常。

正是因为有这种机会存在，所以投资市场上有很多人会无视高手，经常会有拿着10万元做投资的人评价那些拿1亿元的人投资水平不行。而真正懂投资的人都知道这个道理，也分得清这背后的运气和能力成分。

在投资市场上，目前来看巴菲特无疑是最牛的人，可以算是投资领域的世界第一高手，虽然有些人会说他水平不行，但是那些真正投资成功的人都认可他。

有很多人把投资比作进赌场赌博，但是不会把投资和打麻将、斗地主画上等号。其实从时空限制角度来看，投资和打牌有着明显的区别。

打牌有时间的限制。你和其他人一起打麻将、斗地主，无论输赢，到了一定的时间点都会散场。同时，打牌还有注码的空间限制，如果牌局是打10元的，你就不可能这一把打10元，下一把打100元。

如果是去赌场赌博，那你就可以自由调整赌注，时间限制更小一些，可以连续好几天没日没夜地一直赌下去。这就导致很多人去赌场赌博常常会比斗地主、打麻将输得更多。不过你在赌场也不可能一直赌下去，相对来说还是有一定的时间限制。

而投资不仅可以自己随意调整赌注，而且没有时间限制，可以无穷无尽地持续做下去，开局的随机性会让很多人沉迷其中，所以投资的风险是最大的。这也是造成很多人投资多年依然没有好方法，持续亏钱的最大难点。

对于投资水平低的人来说，靠运气暂时获利并不是一件好事。在现实社会中，正确的行为可以获得奖励。但是在投资市场上，有很多行为即使是错误的，在某段时间内也有可能获得奖励。这种奖励错误行为的机制会导致很多人在“做”的态度上不够认真，因为做错了也不会受到惩罚，还有可能获得奖励，这对交易能力的提升造成了极大的阻碍。

在投资中，短期的投资结果并不重要，因为一两笔交易中的运气成分很大，长期投资下来，最后胜出的一定是水平高的那个人。这也是巴菲特可以在六七十年的投资生涯里做到年化收益率20%以上，而那些质疑巴菲特的人却不行的原因。

二、投资中的运气和能力

（一）如何判断一个人的投资水平

即使是巴菲特这样高水平的投资者，也会被各路散户嘲笑和质疑。说到底，这些人看的是短期的结果，而不是长期的投资水平。

短期来看，市场有可能出现不理性的状态，这时候即使你有很好的方法，也可能会失效。而那些没有方法或者方法不对的人，误打误撞，反而可能收益不错，暂时超过那些方法好的人。因此，要看一个人的投资水平，只看一个月、一年的收益率是不科学的，这样根本无法看出他的水平。

如果一个人没有好方法，凭借好运气蒙中最牛的股票，以后肯定是会亏回去的。做投资，一定要有一个长期有效的投资方法，赚长久的收益。想要比较投资水平，就要看长期的结果，可以看看7～10年的投资水平。

就像巴菲特之前和美国一个基金经理的赌约，用10年的时间证明指数基金的表现会比共同基金好。为什么要用10年的时间来证明？因为10年的结果才具有代表性，三五年的结果可能会有比较大的运气成分，不具有代表性。

因此，如果你想判断一个人的投资水平如何，一定要看他长期的投资结果。自己做投资也一样，不要过分关注短期的结果，最重要的是有好的投资方法。

（二）投资，如何做到知行合一

经常有人会说买卖股票知易行难。实际上，很多人一直做不好投资，主要问题就在于“知道但做不到”，也不知道要怎么解决。为什么有些人在投资中能做到知行合一，而有些人好像什么都知道，却怎么也做不好呢？最核心的问题就在于他们有没有抓住最重要的东西。做投资，有好方法才是最重要的，短期的结果其实并不重要。

在实际投资中，多数人最在意的是每一笔交易的结果，因为人们普遍关注短期的利益，比如今天买的股票能赚多少收益，最近几笔交易是不是都赚到钱了……

如果你过于关注短期的结果，就会出现很多心理问题。当一笔亏损的交易应该止损时，你可能不愿意止损。而当一笔获利的交易应该止盈时，你可能想要再等等。这些恐惧、贪婪等心理会严重干扰你的投资，让你不能按照方法做你本来应该做的事情，因为你总想着一次结果的好坏，总想着做点什么让一笔交易的坏结果变成好结果。在这些心理问题的影响下，你必然做不到知行合一。

如果你知道方法最重要，那你就会自觉淡化一笔交易的结果，不容易受到各种心理问题的影响。你最关注的是一笔交易要怎么买、怎么卖，有没有严格按照这种方法去执行。只要做到了这一点，做到知行合一对你来说就不是难事。

当你做了10次交易时，即使前面错了3次，你依然能够坦然面对，因为你在意的不是短期利益，而是好方法带来的持续长远的收益。按照好方法去执行，可能你前面3次错了，但后面7次都是对的，最后你也可以获利。这就是好方法带来的长期结果，这才是最重要的。

你关注的是结果还是方法，这就是问题的关键。关注结果会让你知易行难，而关注方法才能让你知行合一。

任何一笔投资，结果都不是完全确定的，只有方法是可以确定的。做投资就要找方法，你有了好方法也许可以让你用一辈子，能让你赚一辈子的钱。而一次结果的好坏、一次赚钱或亏钱，在你的投资生涯中根本算不上什么。

（三）最好的人生态度，最好的投资态度

有一种现象，相信大家也有体会：在这个世界上，不是所有的努力都有结果，当然也有一些人没有付出多少努力，可是他的结果却比很多人都要好。我们在投资市场上也经常遇到类似的情况。比如，有些不懂投资的人最近随便跟风买了几只热门股，就赚得盆满钵满。而你花了大量时间和精力研

究之后才买入的好股票却迟迟不涨。面对这类情况，你会不会愤愤不平，或者觉得很疑惑、很不解？

为什么努力和结果不成正比？因为决定结果的不仅有人为因素，还有自然因素。你努力只能代表你在人为方面做得好，但是自然带来的东西未必尽如人意，所以有些时候你努力之后的结果也达不到你的预期。

反过来，有时候一个人的能力并不高，也没有付出多大的努力，但是他的结果很好。这是因为自然带来了很好的优势，与这个人无关。同样的位置，换一个人的结果大概也会很好。

虽然我们决定不了自然因素，但是你一定要分清楚人为和自然之间的关系，分清楚自然带来的利益，你要知道这不是你的能力带来的。

如果分不清会有什么后果呢？如果是自然的优势让你获得了好结果，你却把它当作自己的能力，最后你肯定会把它弄丢，因为你的能力不足，守不住，而且不知道自己守不住。明明一件事情你只能做到3分，自然带来的利益有7分，最后让你拿到了10分，而你却以为自己有10分的能力，最后就会一步步膨胀，膨胀之后很容易就走向灭亡。

看待别人也一样，要分得清楚哪些是人为的，哪些是他做不到的，这样你就不会轻易去责备别人。如果是他能力范围内本来能做好却没做好的，你可以去责备他。如果事情搞砸了，但不是他能够控制的，你就不应该责备他，责备是没有任何意义的。有这样的认知，你在生活中、工作中很容易就能保持平和的心态。

做投资更需要有这种思想，要分清楚什么是市场给你带来的，什么是你自己能做好的。比如在投资时，我不会考虑短期市场有没有快速上涨的机会，或者最近有什么消息，因为这些都不是靠个人能力就能分析的。我们能做好的是什么呢？就是考虑自己想买的这个标的的价格和潜在价值之间的关系。如果价格低了就买入。当结果好于预期时，那就算是自己运气好；当结果不如预期时，最多只能算运气差，可以多花点时间再等等。

分清了自然和人为的因素，你就能够比较坦然地面对结果，这样才能够知道结果的好坏里人为的成分有多大。我们应该做的、能做好的就是人为的这部分。

20岁的时候，我曾经有半个月的时间一直在思考一个问题：我以后一定会过得好吗？努力不见得就一定会好，而不努力就永远不可能好，甚至可以说一点机会都没有。因此，我的选择就只有一条路：把自己能做的事情做好，至于自然因素就顺其自然。从那以后，我就再也没有为这种事情苦恼过。

第六节 成功投资者必备的关键点

在投资市场上，我们都能看到成功投资者非常少，足以说明投资这件事很艰难。那么成功投资者需要具备哪些关键点呢？笔者总结出最主要的六点。

一、目标性强

第一点是目标性强。很多人在做事情的时候，虽然表面上在做，但是目标性并不强，而目标性是最重要的一点。

比如在日常生活中，很多人都在工作赚钱，而有些人对赚钱这件事情的目标性很强，他们往往就更容易赚到钱。有这样一句话：如果你想有钱，你得先想赚钱。

假设你今晚约见了一个客户，不巧小孩发烧了。请问你是见客户还是跟客户再约其他的时间，回家看小孩？那些赚钱目标性强的人会选择今晚去见客户，而那些赚钱目标性不强的人会选择今晚先回家看孩子，改天再跟客户约时间。

所有成功者都是目标性强的人。很多人虽然掌握了很多技能，但是并没有赚到什么钱，可能主要就是因为这些人赚钱的目标性并不强。对于这些赚钱目标性不强的人来说，可能在读书时身边其他人很多方面都不如他，但是出来工作十年之后，别人的财富反而比他要多很多。可能他并没有很强烈的追求财富的欲望，而其他人有，他们虽然能力相对差一些，但是把所有的精力都投入对财富的追求上，因此，他们的财富更多也是合理的。

如何增强目标性呢？我经常用“第一性”这个词。所谓第一性，其实就是指当你做一件事的时候，要以什么为主导思想。如果你明确了以某一个标准为主导思想，那么你在做事的时候就会集中往这个点走，因为你已经找到了最重要的那个点，这样，你的效率会更高。

比如，在信誉和财富之间，我会觉得信誉更重要。如果现在有一件事，我做了就可以得到一笔财富，但同时会丧失信誉，那么我宁愿守住自己的信誉，不要这笔财富。我们评判一家企业时，也要看企业创始人在经营过程中以什么为第一性。如果创始人把用户放在第一位，把员工放在第二位，把投资人放在第三位，把自己放在第四位，这样的企业是具备长期竞争力的。

做投资也必须明确第一性，只有目标明确才知道应该做什么。做价值投资，利润增长是股价长期上涨的唯一驱动力，这就是我们投资股票的主导思想。

很多人总是花费大量的时间和精力在与投资无关的事情上，关注自己看不懂的宏观经济、政治格局，关注各种垃圾信息。就是因为没有第一性，目标不明确，这样是很难提高投资水平的。你必须明确第一性，找到一个点，认真努力地钻研下去，才能够把这个点挖深挖透，最后才能够通过它获利，在这个基础上再深层次横向延伸到第二个点、第三个点……真正的投资高手一定是按照这个路径走的。

二、不赚能力范围以外的钱

第二点是不赚自己能力范围以外的钱。能力范围以外的钱往往是靠运气得来的。一个人如果不想赚自己能力范围以外的钱，往往就会看重自己的能力，而不会考虑运气问题。这样的人在现实生活中会比较真，在投资中也会知道自己到底对在哪里，错在哪里。

很多人的目标是赚钱，但是并不考虑钱是怎么赚来的，不管是靠能力还是靠运气，只要能赚钱就好。这样的人在投资市场上往往分不清自己的钱是因为什么得来的，这就导致他们无法找到一个明确的、可以长期持续获利的方法。如果没有长期持续获利的方法，那么靠运气赚来的钱迟早会还出去。

能力和运气的特征就好比前文讲的利润和市盈率。能力就像利润一样，可以持续提升。而运气就好像市盈率一样，上下起伏，最终会回归到中枢值。短期来看，我们可以暂时靠运气赚到一些钱。但是长期来看，每个人的运气最终都是差不多的，运气好的时候赚钱，运气不好的时候亏回去。只有能力持续提升，才能长期持续赚钱。

三、愿意承认自己的错误

第三点是愿意反思，愿意承认自己的错误。如果你不愿意反思，那就永远不能发现自己的问题。很多人即使知道自己有很多问题，也不愿意反思。说到底，他们就是不愿意承认自己的错误。可是，你如果不愿意承认自己的错误，就不能很好地融入这个世界。我们不仅要善于反思，而且要主动发现自己的问题，承认自己的错误，这样才能够和市场融合。

四、独立思考

第四点是必须独立思考，要敢于屏蔽外部信息，要敢于和多数人反向操作。每个人都觉得自己在独立思考，其实在投资市场上真正能够做到独立思考的人可能连1%都不到。这个世界有太多的外部干扰，市场上4000多只股票开盘交易时每分每秒都在波动，有的持续大涨，有的持续大跌，有的两年都不动一下。你如果盯着股票的价格波动，就会受到干扰。你如果同时还关注市场的涨跌排名，就会受到巨大的干扰。

这个社会的各种条条框框，会让我们不自觉地形成一些应对社会的套路，包括在商业社会中如何应对各种问题、如何应对下级、如何应对亲朋好友等，每个人都有自己的一套方式。这些处事方式在无形中会植入你的交易，对你造成干扰。

另外，你身边的各界人士所表达的一些意见也会对你产生干扰。比如，你看好某个行业，而一个你认为比较有能力的人却说这个行业未来的前景不好。其实他的分析未必是正确的，可能只是为了刷存在感而随意发表的看法。但是，他的意见可能对你产生干扰，使你不敢坚定地买入。

现在很多人都是手机控，大家每天都接触不计其数的互联网信息，微信群、朋友圈、各种社交媒体软件都充斥着无数垃圾信息。这些垃圾信息往往会让你的心理变得矛盾，所以保持独立思考是一件极难的事情。

五、学会博弈

第五点是学会博弈。学会博弈本质上就是要权衡概率和赔率。其实人生中所有的事情都要衡量概率和赔率。人对一切事物的预判、评判，如何解决发生的事情，实际上都是基于概率和赔率的统计结果。你的每一个举动、你交的每一个朋友、你合作的生意伙伴、你选择的配偶等，你为什么这么做，为什么是他们？你对金融交易的每一笔操作是如何理解的，如何判断金融产品的价格？……这些其实都是隐形的概率和赔率之间的博弈。

为什么一个人向你借钱，你会借给他？因为你知道借给他之后，他不还的概率很低。另外，他把钱还给你之后会记着你的人情，以后他也有能力以更大的价值补偿给你，赔率比较高。为什么有些人向你借钱，你却不借给他？因为你觉得借给他之后，他还的概率很低，或者这个人没什么能力，即使还钱了，他以后也不会对你有人情上的补偿，赔率很低。

在打牌的时候，概率和赔率的表现也很明显。那些打牌打得好的人，在记牌的同时还能够算出每一手牌的概率和赔率，且比其他人算得更明白，因而会成为长期赢家。

比如你跟别人斗地主，下家出完现在的这手牌就只剩一张牌了，不过这时你可以出炸弹压制他的这手牌，同时你预估他手里剩下的牌是A或者2的可能性各占50%，如果是A你可以赢，如果是2你会输，此时你要不要出炸弹呢？从概率的角度来看，输赢的概率各占50%，结果如何取决于运气。但是从赔率的角度来看，如果你不炸就必定会输1注，而如果炸了就有50%的可能性输2注，也有50%的可能性赢2注。也就是说，炸了有50%的概率比不炸多输1注，有50%的概率赢2注，而且还能比不炸少输1注，炸的赔率就是输1赢3。虽然出炸弹赢的概率是50%，没有任何优势，但是赔率是3倍，所以此时按照概率和赔率的逻辑来看，你应该出炸弹。

在生意场上也是一样的道理，虽然有些钱是你能赚的，但是你可能未必想要赚这些钱。如果对方不是一个可以长期合作的人，即使这一次成功的概率很高，但是赔率很低，那么你可能不想和他做生意。而你和有些生意伙伴合作之后虽然暂时没赚到钱，甚至白忙一场，但是你还是愿意跟他合作，因为你相信和认可对方，知道他是一个可以长期合作的对象，合作的赔率很高。

投资更是如此，你的每一笔交易都是概率和赔率的体现。成功的投资者都是把概率和赔率算得很明白的人，他们可能不会具体地描述，但是脑中一定有这种清晰的逻辑。成功的投资者都懂得筛选低风险、高收益的投资机会，而亏损的投资者常常陷入高风险、低收益的投资陷阱。说到底，对风险和收益高低的把握，其实就来自对概率和赔率的理解。

具体要如何衡量概率和赔率呢？举个例子，假设你做对和做错的概率各占50%，那就将50%作为一个乘数。如果你赢了，可以赢10元，亏了会亏10元，那你的盈亏比就是赢的10元除以亏的10元等于1。我们用概率0.5乘以赔率1，得出来的概率赔率值为0.5。

0.5是最基本的标准线。如果闭着眼随便蒙一个点位买入，按固定的涨跌比例或者固定的时间卖出，长期做下来概率赔率值平均应该是0.5。如果一笔交易的概率赔率值连0.5都达不到，那就连瞎蒙都不如了。在我看来，概率赔率值大于1才是合理的。

比如获利的概率是50%，但是如果赚可以赚20元，亏的话只亏10元，那么赔率值就是20÷10=2，概率赔率值就是0.5×2=1。比如，你获利的概率是80%，如果赚可以赚15元，亏会亏10元，那么你的概率赔率值就是0.8×（15÷10）=1.2。笔者早期交易期货时，获利概率大约是40%，赔率是3倍，一直以1～1.2这个概率赔率值为目标进行交易。

其实我们人生中的一切行为都建立在概率和赔率的基础上，再靠效率提高概率和赔率的频次，往大了说，财富就是这样积累的。

六、懂得人性

第六点是要懂得人性。趋利避害是人的天性，所以用利害关系去看待人性才能看清人的本质。很多人会用情感去看待人性，这肯定是错的。我们之前讲过贪婪、恐惧、害怕损失、选择性记忆等种种人性的弱点，你要懂得一步步克服自己身上这些人性的弱点。当你克服了这些弱点，而你交易的对手没有克服时，他就会因为犯错而产生损失，市场的钱不会外流，这些犯错产生的损失最后就会流入没犯错的人手里。

以上六点，每一点都是很难做到的事情，所以投资这件事情的难度自然也很大。

后记

此前，我就一直想将自己多年在投资方面积累的经验和成果梳理出来，经过两年的反复推敲和打磨，终于将《规律与人性》这本书整理完成。市场规律和人性规律是投资中最重要的两门必修课，每一个投资者都必须掌握。希望你能够挖掘到本书真正的价值，吸收并为己所用。

在这里，我要感谢每一位支持本书出版的朋友，感谢每一位认真阅读的读者。

我还想额外强调几个关于投资的关键点。

首先，对于普通投资者来说，在投资中一定要坚持保值增值的思路。很多人来到投资市场的目的是想快速获取暴利，有些人甚至迫切地想要通过投资赚到第一桶金。这种想法是不切实际的。投资市场不是一个获取暴利的场所，而是一个让资金保值增值的去处。

大多数人都有自己的主业，平时大部分的时间和精力都会投到主业上，想要赚大钱还是要在主业上想办法。相比之下，投资对你来说是一个陌生的行业，在一个陌生的行业是很难赚到钱的。你要做的是努力在主业上赚钱、积累财富，同时慢慢提升自己的投资能力。当你的主业不能创造持续增长的收入时，你就可以将积累的财富放到投资市场实现保值增值。

也许有人会问，有一部分人确实在投资市场里赚了大钱，为什么我不行？因为这部分人的主业往往就是投资，所以他能赚到钱。当然，投资本身的难度非常高，不是每一个把投资当作主业的人都能够赚到钱，其中有一大部分人是亏损的。

当你在主业方面已经有了一定的财富积累和经验积累时，你对商业运作就有了一定的理解，在投资方式的选择上应该更偏向于基本面价值投资。如果这时候你做技术面交易，反而没什么优势。一方面，你对商业社会的理解在这种零和博弈游戏中没有多大用处。另一方面，技术面交易多数是短线交易，而你的年龄已经比较大了，灵活性没有那么强。相比之下，价值投资可以让你多年积累的世界观、价值观和生意理念发挥作用，所以你应该选择价值投资。

其次，想要做价值投资，就要用入股的眼光来看待。也就是说，你想买入一只股票就代表你想成为这家公司的股东。你如果打算成为一家公司的股东，就应该关注这家公司未来的发展情况、盈利情况。

通过对企业未来的价值进行判断，同时与现在的价格作对比，衡量现在的价格与未来的价值之间有多大的利润空间、实现未来的价值需要多长的时间，从而估算这期间的年化收益率，最后考虑是否入股。简单来说，你应该关注这家企业未来的价值和目前的价格之间的对比关系，收益目标是它的估值修复空间或者未来的成长空间。

在衡量年化收益时，我们要有合理的目标收益。一般来说，市场的无风险利率是3%～4%。在股票市场做投资，存在一定的风险溢价，对股票投资的回报要求自然高于无风险收益率。股票市场整体的平均年化收益率大约是6%～7%，其中头部20%那批相对优质的股票平均年化收益率大约是10%，美国股市收益水平与之差不多。我们知道，世界上最牛的投资者是“股神”巴菲特，他的平均年化投资收益率超过20%。对于普通投资者来说，他们追求的目标收益率应该在10%～20%，这才是一个合理的预期。

最后，在实际投资中，市场的走势可能常常与我们的预期产生偏差。股票的价格要多久才能修复、会不会出现企业持续成长而股价却迟迟不涨的情况，这是任何人都不能确定的。当运气好时，我们可能很快就达成了预期的目标；而当运气不好时，可能会耗费几年的时间。但是什么时候能达成预期目标不是我们能决定的，我们能做的是寻找这个修复或者成长的空间，以时间换空间。

在这个过程中，市场的干扰、情绪和心态的变化会让很多人难以坚持最初的想法。投资的过程也是一个修行的过程。投资不仅是为了赚钱，也是一场人生的修行，不断磨炼你的心性。做好投资的核心就在于你能够把心修好。你的贪心、恐惧、矛盾心理、意志不坚定等都是造成投资亏损的原因。只有把心性修炼好了，你才能做好投资，才能从中获利。

当你修炼到了一定的境界，你就不会再因当下的短期亏损而困扰，而是看重长远的得失，只要坚持长期做对的事情，最后你能够得到的就会更多。衡量一个投资者是否成熟的标准就是：对股市未来的判断越来越少，而对自己该做的事情知道得越来越多。

祝各位读者朋友早日找到自己的投资路径，成为一个成熟稳健的投资者！